아산재단 연구총서 第339집

청소년 생활역량

윤명희 · 서희정

집문당

머리말

아침마다 눈을 뜨면 새로운 세상이 펼쳐져 있다. 수백 권의 책이 새로이 출판되고, 몇 시간을 보아도 미처 확인할 수 없을 만큼 많은 소식들이 다양한 매체를 통해 쏟아져 나오며, 수백 가지의 정보가 사라지고 사라진 것보다 더 많은 정보가 탄생한다. 또한 미처 익히지 못한 기술보다 더 획기적인 기술이 우리를 기다리고 있다.

빠른 속도로 변화하는 사회만큼이나 오늘날의 청소년을 바라보는 시각도 많이 바뀌고 있다. 청소년은 더 이상 보호와 통제가 필요한 나약한 존재가 아니라 스스로 자신의 삶을 선택하고 책임질 수 있는 삶의 주체자이자 사회를 유지시키는 주요 구성원인 것이다. 가능하면 조용하게 빨리 지나가기를 바라던 청소년기를 내면세계에 대한 탐색과 자신의 가능성을 발견하여 새로운 목표를 설정해 나가는 시기로 이해하게 된 것이다.

청소년에 대한 이런 인식의 변화는 청소년지도 현장에서도 그대로 나타나고 있다. 과거 청소년지도는 청소년의 문제, 일탈, 결점 등과 같은 것에 초점을 맞춰, 부정적인 행동이 감소되도록 지도하는 것을 강조하였다. 반면, 현대에는 청소년의 잠재력, 아이디어, 장점 등을 발견하여 자신들의 삶 속에서 이것들을 긍정적으로 활용하기를 기대한다. 이와 같은 강점중심의 접근에서는 청소년이 갖고 있는 다양한 자원을 파악하고, 이를 가치로운 능력으로 개발해 나가도록 지원하는 데 관심을 갖는다. 말 그대로 청소년 스스로 자기 삶의 주인, 곧 주체적인 생활인이 되길 기대하는 것이다.

이러한 관점에서 저자들은 한국사회의 청소년이 자신의 삶 속에서 최대한 능력을 발휘하고 미래를 준비하기 위해 함양해야 할 실제적인 능력인 생활역량을 탐구하였다. 즉, 청소년이 자신의 삶을 스스로 개척해 나가는 생활인이 되기 위해 개인의 감정, 사고, 행동을 적극적으로 변화시킬 수 있는 실제적 능력이라 할 수 있는 생활역량의 개념과 구조를 구체화하고, 실제로 개인의 생활역량을 진단해 볼 수 있는 검사를 개발하였다.

구체적으로 본 문헌 속에 수록된 내용은 다음과 같다.

첫째, 과거 문헌 속에서 생활역량과 유사하게 사용되고 있는 역량, 사회적 역량, 직업기초능력 및 생활기술에 대한 개념적 탐색을 통해 청소년 생활역량의 의미를 명확히 도출하였다. 둘째, 청소년 생활역량의 하위 역량과 각 하위 역량을 개발하기 위해 실제적으로 요구되는 생활기술이 구체화된 청소년 생활역량모델을 제안하였다. 셋째, 228문항으로 구성된 청소년용 생활역량진단검사를 개발하였다. 넷째, 개발한 청소년 생활역량진단검사를 사용하여 청소년의 생활역량 수준을 진단하였다. 다섯째, 청소년 생활역량진단검사 개발에 토대가 된 생활역량모델이 적합하였는지를 구조방정식모형을 통해 검증하였고, 그 타당성을 확보하여 제시하였다.

이상의 내용을 도출하기 위해 저자들은 오랜 시간을 거쳐 자료를 수집하였을 뿐 아니라, 체계적으로 연구 대상자를 선정하고 연구를 진행하였다. 또한 진행된 연구 과정이 누락되지 않게 최대한 정리하여 후속 연구자들이 참고할 수 있도록 노력하였다. 따라서 본 문헌에는 최종 연구 결과물인 청소년 생활역량모델 및 진단검사의 도출 과정인 문헌탐색, 예비조사, 본조사의 과정이 그대로 수록되어 있다. 특히, 예비조사 문항을 개발하고 자료를 수집하여 문항양호도를 검증하고, 이를 본조사에 반영하여 또다시 자료수집과 문항양호도 확인을 통해 최종 검사도구를 확정해 나가는 과정에서 세밀하게 진행된 고민과 협의의 과정을 본문과 부록에 자세히 수록하여 심화된 전공서적으로 활용될 수 있도록 하였다.

본 연구의 과정과 결과물이 청소년에게는 자기 삶의 주인이 되어 행복하게 생활해 나가는 힘을 갖추는 데 도움이 되길 원하며, 교사 및 청소년지도자에게는 교육의 아이디어가 되길 바란다. 또한, 청소년을 대상으로 연구하는 동료 연구자들에게는 후속연구를 위한 정보가 되고, 후배 연구자들에게는 도구 개발 및 조사연구 수행 과정의 지침이 되어 청소년 전공분야의 다양한 응용연구에 적극 활용되길 희망한다.

이 책이 나오기까지 많은 사람들의 적극적인 지지와 수고가 있었다. 긴 시간 동안 연구가 진행될 수 있도록 연구비를 지원해준 아산사회복지재단과 기초연구를 함께 한 김진화 교수님께 감사를 드리고 싶다. 또한 본 연구에 참여한 한국교육개발원의 임현성 선생과 한국산업관계연구원의 최현자 선생, 그리고 부족한 원고이지만 끝까지 읽어주고 조언을 아끼지 않았던 동의대학교 대학원생, 특히 김경희, 안정아, 조정은 선생에게 감사의 인사를 전하고 싶다.

2013년 1월

엄광산 기슭에서 저자 일동

| 차 례 |

제6장 청소년 생활역량 실태분석

제7장 청소년 생활역량모델 검증

제8장 요약 및 논의

| 표 차례 |

| 그림 차례 |

제1장 청소년과 생활역량

제 1 장 청소년과 생활역량

1. 청소년기 생활역량의 필요성

지식기반사회로 표현되는 현대사회에서는 단순히 정보를 습득하고 익히는 것을 넘어서 새로운 정보와 지식을 창출하고 확산하여 활용하는 능력까지 강조한다. 뿐만 아니라, 급속히 변화하는 사회에 적응하기 위해 의사소통능력, 분석적 사고, 문제해결능력, 창의적 사고, 인간관계능력, 자기관리, 더 나아가 국제시장에서 생존하기 위해 세계적인 안목과 적응력 등을 갖출 것을 요구받고 있다(윤정일 외, 2007; 이돈희, 1999). 이러한 사회에서는 지식의 생성, 저장, 활용, 공유에 필요한 기본적인 능력과 지식의 고도화 과정에 필요한 마인드, 습관, 기능을 갖추어 실질적인 가치를 창출해 낼 수 있는 역량이 필요하다.

역량은 본래 직업교육이나 훈련 분야, 혹은 성인교육 분야에서 논의되이 온 것으로, 무엇을 아느냐보다 특정 맥락의 수행과 관련하여 무엇을 할 수 있느냐를 강조하며 숙달하고자 하는 직무나 업무를 성공적으로 수행해내는 것과 관련된 개념이다(소경희, 2007). 이처럼 역량은 본래 직업사회의 필요에 의해 등장했으나, OECD(2001)가 1997년부터 수행한 DeSeCo(Defining and Selecting Key Competencies) 프로젝트에서 직업이나 직무와 관련된 것에서 벗어나 일반적인 인간의 삶의 질과 관련하여 역량이 중요한 역할을 한다는 점을 전 세계적으로 인식시켜 준 바 있다.

우리나라의 경우 1996년 신직업교육체제의 일환으로 '직업능력인증제'의 도입 필요성이 교육개혁위원회에서 제안된 이후, 직업기초능력 요소의 도출, 제도 운영 및 관련 프로그램을 개발하는 연구가 시도되어 왔으며(나승일 외, 2003; 이동임 외, 2000; 이종성 · 정향진, 2002), 대학생의 직업기초능력 진단평가제도 도입을 위한 공청회(2007. 11. 29)가 개최되기도 하였다. 일반적으로 직업기초능력(job general competencies)은 직업을 초월하여 요구되는 공통능력으로서, 대부분의 직종에서 직무를 수행하는 데 공통적으로 요구되는 능력을 의미한다(정철영 외, 1998). 따라서 직업기초능력은 기본적으로 교육적인 요구보다 산업 부문의 요구에 의해 강조되고 근로자에게 필요한 자질로 파악되어 주로 성인에게 필요한 것으로 여겨져 왔다.

하지만 직업기초능력은 청소년의 학습능력, 생활능력 및 사회생활에서 필요로 하는 능력과도 매우 관련성이 높은 것으로 확인되고 있다. 성인에게 필수적인 역량으로 고려되어 온 직업기초능력이 청소년의 학교생활이나 사회생활에서 요구되는 생활능력, 즉 생활역량과도 일맥상통한다는 것이다. 청소년이 자신의 삶을 주도적으로 개척해 나갈 수 있는 생활인(生活人)이 되기 위해 요구되는 생활역량을 지속적으로 개발해 나간다면, 자연스럽게 성인기의 직업기초능력 함양도 이루어질 것이기 때문이다. 이러한 관점에서 생활역량이 성인이 되기 이전인 청소년기부터 갖추어 나가야 할 부분으로 강조됨에 따라, 학교교육의 일환으로서 그 중요성이 부각되기에 이르렀다(서우석, 2000).

그러나 한국사회에서의 청소년은 치열한 입시경쟁 속에서 교과중심의 지식과 정보를 전달받는 데 치중하고 있어, 자연히 독립된 생활인으로서 필요한 역량과 기술의 습득은 소홀히 취급되고 있는 실정이다. 또한 현재 대부분의 청소년은 가정과 학교에 소속되어 양육・보호받아야 할 존재로 여겨져 정작 성인기에 필요한 직업과 사회생활에 필요한 기초능력 개발에는 무관심한 채 그대로 사회에 진출하고 있다. 사회적 기초능력에 해당되는 생활역량의 발달은 어린 시절부터 개발될수록 개인의 장점이 될 수 있음에도 불구하고, 현재 우리 사회에서 대부분의 청소년은 이에 대한 준비 없이 사회에 진출함으로써 이후 사회생활을 영위하는 데 많은 어려움을 겪고 있다. 따라서 급변하는 현대사회에서 청소년들이 학교생활에 잘 적응하고, 사회에 봉사할 수 있는 시민으로 성장하며, 이후에 성공적으로 직장생활을 수행해 나가기 위해서는 무엇보다도 개인적・사회적으로 영향력을 발휘할 수 있는 생활역량에 대한 관심과 개발이 절실히 필요하다고 볼 수 있다.

한편, 청소년의 생활역량이란 '청소년이 일상생활 혹은 주어진 환경에 적응하기 위해 실생활에서 발생하는 문제를 해결하고, 자신과 타인을 이해하여 상호 호혜적인 관계를 유지할 수 있도록 개인의 행동과 감정, 사고를 변화시킬 수 있는 힘'이라 정의할 수 있다. 따라서 청소년이 이러한 생활역량을 일찌부터 향상시키면 일상생활 속의 다양한 상황이나 문제상황에서 적절하게 대처할 수 있는 능력을 발휘할 수 있을 뿐 아니라 적극적이고 긍정적인 성인으로 성장할 수 있을 것이다.

이와 같이 청소년의 생활역량 개발은 현대사회를 살아가는 데 필수불가결한 요소임에도 불구하고, 현재 우리나라의 어느 기관에서도 이를 책임감 있게 적극적으로 교육하지 못하고 있는 실정이다. 실제로 현재까지 진행된 연구를 보면, 청소년이 생활인으로 일생생활에서 습득해야 할 전반적인 역량에 대한 연구보다는 리더십 함양을 위한 프로그램(박선경, 2002; 엄완용, 2007; 이은경, 2004; 조혜연, 2005; 최창욱, 2001)이나 창의성을 개발하기 위한 방법(김세광, 2007; 김정순, 2003), 개인적·사회적인 문제를 해결하는 능력(김경희, 1998; 김성아, 2006; 윤성지, 2001; 최이숙, 2003; 허규, 1999) 등과 같이 생활역량을 성취하기 위해 필요한 일부 단편적인 요인 중심으로 연구되어 왔음을 볼 수 있다.

이러한 연구들은 다양한 상황에 처해 있는 청소년을 특수한 측면에서 도울 수는 있으나, 생활 속에서 발생하는 다양한 문제를 해결하고 타인과 적절한 관계를 맺으며 사회의 건강한 구성원으로서 기능하기 위해 요구되는 전반적인 역량을 지원하는 데는 한계가 있다. 따라서 청소년이 주도적이고 독립적인 생활인으로 성장하는 데 필요한 생활역량이 구체적으로 도출되어야 하며, 개인의 생활역량 진단을 통해 부족한 역량을 파악하고 이를 개발할 수 있는 지원방안도 시급히 마련되어야 한다.

이에 본 문헌에서는 독립된 생활인으로서 청소년이 학교, 가정, 사회에서 필수적으로 갖추어 나가야 할 생활역량을 종합적·체계적으로 진단할 수 있는 생활역량진단검사를 개발하여 청소년의 생활역량 실태를 분석하였다. 또한, 청소년 생활역량모델의 적합성을 점검해 나가는 과정을 단계적으로 제시하였다.

2. 연구 절차

본 장에는 청소년용 생활역량진단검사를 개발하여 실태를 분석하고, 설정한 모델의 적합성을 제시하는 과정에 포함된 연구 내용과 이를 수행하기 위해 실시한 연구 방법을 정리하였다. 먼저, 체계적인 연구 과정을 통해 도출한 전체적인 연구 내용은 다음과 같다.

첫째, 청소년 생활역량의 개념을 정립하였다. 이를 위해 역량, 사회적 역량, 직업기초능력 및 생활기술과 같은 유사개념을 우선적으로 탐구하여 청소년 생활역량의 의미를 보다 명료화하였다. 또한, 이를 구성하고 있는 하위역량과 각 하위역량을 개발하기 위해 실제적으로 요구되는 생활기술이 구체화된 청소년 생활역량모델을 개발하였다.

둘째, 청소년용 생활역량진단검사를 개발하였다. 선행연구의 탐색을 통해 수립한 청소년 생활역량모델을 토대로 예비문항을 개발하고, 예비검사 실시 후 하위 검사 및 문항의 양호도를 분석하여 본검사 문항을 선정하였다. 이를 토대로 본검사를 실시하고, 또다시 검사 및 문항에 대한 양호도 분석을 실시하여 228문항으로 구성된 청소년 생활역량진단검사를 최종 확정하였다.

셋째, 개발한 청소년 생활역량진단검사를 토대로 청소년의 생활역량 수준을 진단하였다. 특히 성별, 학교급별로 결과를 비교하여 집단 간 차이를 알아보았다.

넷째, 청소년 생활역량진단검사 개발에 토대가 된 생활역량모델이 적합하였는지 구조방정식모형(SEM; Structural Equation Modeling)을 통해 검증하였고, 그 타당성을 확보하였다.

위에서 제시한 연구 내용을 도출하기 위해 관련 문헌 분석, 예비검사 실시, 본검사 실시, 청소년의 생활역량 실태 분석 및 모델의 적합성을 검증하였다. 이를 구체적으로 살펴보면 다음과 같다.

첫째, 연구자들 간에 혼용하고 있는 생활역량의 개념을 명확히 정리하기 위해, 먼저 선행연구 탐색을 통해 역량 및 유사개념을 정리하였다. 도출된 각 유사개념의 의미와 청소년 생활역량의 의미를 비교・분석하여 청소년 생활역량의 개념을 보다 명료화하였다. 또한, 청소년 관련 정책, 이슈, 관련 문헌 및 연구물들을 분석하여 현대 청소년에게 요구되는 하위역량을 도출하고, 각 하위역량을 달성하는 데 실제적으로 요구되는 구체적인 생활기술을 제안하였다.

둘째, 선행연구 탐색과 교육학 및 청소년 분야의 전문가 협의를 거쳐 395개의 초기 문항을 개발하였고, 393명의 청소년을 임의표집하여 예비검사를 실시하였다. 예비검사의 문항 및 검사도구의 양호도를 검증하기 위해 SPSS 18.0 프로그램을 활용하여 기술통계, 요인분석, 상관관계, 신뢰도 및 타당도 분석을 실시하였다.

셋째, 예비검사에 대한 양적분석(통계적 분석)과 질적분석(선행연구를 토대로 한 반복적인 전문가 협의) 결과를 토대로 문항을 수정・보완・삭제하여 288개의 문항으로 확정한 후, 본검사를 실시하였다. 본검사에는 1,641명의 청소년이 참여하였으며, 예비검사와 동일한 과정으로 문항 및 검사도구의 양호도 분석을 실시하였다. 이를 통해 6개의 하위역량, 19개의 생활기술, 각 생활기술별 12개의 문항으로 구성된 최종 228개 문항의 생활역량진단검사를 확정하였다.

넷째, 본검사에 참여한 1,641명의 조사 결과를 토대로 청소년의 전반적인 생활역량 실태를 분석하고, 성별 및 학교급별에 따른 집단 간 비교를 실시하여 청소년 특성에 따른 생활역량 실태를 알아보았다. 먼저, 전체 청소년의 생활역량은 기술통계값을 산출하여 알아보

연구 내용		연구 방법
생활역량 및 생활기술 정립	청소년 생활역량의 의미 정리	• 선행연구 분석 • 유사개념 정리
	하위 역량 및 생활기술 도출	• 청소년 관련 정책, 이슈, 선행연구 분석 • 연구진 협의 및 전문가 자문
진단검사 개발	문항 개발	• 생활기술별 문항 개발 • 연구진 협의 및 전문가 자문 • 탐색조사
	문항 수정 및 확정	• 예비검사 및 본검사 • 문항양호도, 신뢰도 및 타당도 분석 • 연구진, 전문가의 재검토 및 협의
청소년 생활역량 실태분석	생활역량 수준 진단	• 전체 청소년의 생활역량 분석 • 평균과 표준편차 산출
	집단 간 차이분석	• 성별, 학교급별 차이 분석 • *t*-검증 시행
청소년 생활 역량모델의 적합성 검증	개념모형 고안	• 측정모형 구성 • 구조모형 구성
	모형 도출	• 측정모형의 검증 • 구조모형의 검증
	모형 확정	• 모형의 적합성 검증 및 수정 • 최종 모형 확정

〈그림 1-1〉 연구 내용과 연구 방법

았고, 성별 및 학교급별에 따른 비교는 *t*-검증을 통해 분석하였다

다섯째, 청소년 생활역량모델의 적합성을 검증하였는데, 이는 구조방정식모형을 통해 분석하였다. AMOS 18.0 프로그램을 활용하여 구조모형의 경로계수(B), 측정오차(SEB), 표준화 경로계수(β)와 경로의 채택여부를 알 수 있는 *t*-값을 산출하여 모형의 구조가 통계적으로 유의미한지 아닌지를 알아보았으며, 적합도지수를 산출하여 양호

한 모형인지를 확인하였다.

지금까지의 연구 내용과 연구 방법을 도식화하여 〈그림 1-1〉에 제시하였다.

제2장 생활역량 관련 개념 탐색

1. 역 량
2. 사회적 역량
3. 직업기초능력
4. 생활기술
5. 청소년 생활역량에 관한 선행연구
6. 요 약

제 2 장 생활역량 관련 개념 탐색

생활역량의 개념을 명확히 정의하기 위해서는 생활역량과 관련성이 높은 개념을 우선적으로 정리할 필요가 있다. 이에 본 장에서는 생활역량과 혼재되어 사용되고 있는 역량, 사회적 역량, 직업기초능력, 생활기술 등을 명확히 정리하였다.

1. 역 량

1) 역량의 도입배경

역량은 본래 직업교육이나 훈련 분야, 혹은 성인교육 분야에서 논의되어온 것으로, '무엇을 아느냐'가 아니라 특정 맥락의 수행과 관련하여 '무엇을 할 수 있느냐'를 강조한 개념이다. 즉, 숙달하고자 하는 직무나 업무를 성공적으로 수행하는 것과 관련된 개념으로서, 직업세계에서는 유능한 인력의 충원이라는 차원에서 도입되기 시작하였다. 이때 역량이란 특정 직무의 성공적인 수행과 관련된 능력이라는 의미를 지닌다(소경희, 2007). 한편, 교육계에서 사용되는 핵심기술(core skill), 핵심역량(key competency), 일반기술(generic skill), 핵심자질(key qualification) 등 다양한 유사용어의 사용은 교육 분야에서도 역량에 대한 관심이 높음을 보여주는 일례라 할 수 있다.

역량이라는 개념은 Flanagan(1954)이 중요사건 면접기법(Critical Incident Interview)을 통해 특정 상황에서 어떻게 행동하는가에 대한 자료를 수집하여 지원자의 특질이나 기술을 파악하기 위한 시도로 처음 활용되기 시작하였다. 그 후, White(1959)에 의해 처음으로 학문적 논의가 이루어졌다. 그는 역량을 '환경과 효과적으로 상호작용하는 능력'으로 규정하고, 유기체의 본능이나 욕구에서 비롯된 특성과 대비되는 것으로 이해하였다. 따라서 성숙이나 욕망, 본능만으로는 도달할 수 없는, 유기체를 둘러싼 환경을 다루기 위한 선택적이고, 지속적이며, 유목적적인 동기적 특성을 포함한다고 보았다. 즉, 역량은 환경과의 효과적인 상호작용과 같은 구체적인 수행상황을 통해 획득되는 인간의 능력으로서, 타고난 것이기보다는 길러지고 학습될 수 있는 속성을 지니고 있다는 것이다(윤명희 · 정향진, 2002).

White의 제안을 시작으로 역량에 관한 연구는 성공적 수행과 관련된 인간의 특질이나 기술을 파악하기 위해 다양한 관점에서 이루어져 왔다. 이 중 가장 잘 알려진 연구자는 평균적 수행자로부터 우수한 수행자를 구별하는 행동에 중점을 둔 미국 심리학자 McClelland라 할 수 있다(Linkage, 1997). 그는 특성(traits)이나 지능(intelligence) 중심으로만 우수한 성과를 측정하고 예측하려는 기존의 방법이 가진 문제를 지적하면서, 이를 극복하기 위한 대안으로 역량의 도입을 주장하였다(McClelland, 1973).

이 연구에서 그는 당시 해외 공보요원 선발에서 기존의 지능검사법이 실제 직무성과를 예측하지 못하고, 소수 민족이나 여성, 하류층에 속한 사람들에 대한 편견을 배제하지 못하고 있음을 비판하였다. 또한 인간의 능력을 측정하는 신뢰도 높은 검사는 특정한 자극에 반응하는 능력뿐 아니라 상황에 자발적으로 대처하는 능력을 측정해야 하며, 삶 속에서의 성공과 실패를 예언할 수 있고, 학습자가 배움의 과정을 통해 성장하고 변화하는 것을 반영할 수 있어야 하며, 개인의 삶 속에서 이루어지는 중요한 성취와 관련된 역량을 평가하는 것이어야 한다고 주장하였다. 그 후 McClelland(1973, 1993)는 지능검사와 같은 인위적인 검사상황에서 드러나는 인간의 능력보다는 구체적인 삶의 맥락에서 발현되는 인간의 역량을 도출하기 위한 구체적인 방법론을 개발하기 위해 노력하였다.

한편 1997년에 시작된 OECD(2001)의 DeSeCo(Defining and Selecting Key Competencies) 프로젝트에 따르면, 역량은 특정 맥락의 복잡한 요구를 지식과 인지적 · 실천적 기술뿐만 아니라 태도 · 감정 · 가치 · 동기 등과 같은 사회적 · 행동적 요소를 가동시킴으로써 성공적으로 충족시키는 능력을 의미하는 것이라 볼 수 있다(Rychen, 2003). DeSeCo 프로젝트는 역량이 직업이나 직무와 관련된 것뿐 아니라 일반적인 인간 전체의 삶의 질과 관련해서도 중요하다는 점을 전 세계적으로 인식시켜 준 계기가 되었다(소경희, 2007).

2) 역량의 의미

개인이 복잡하고 바쁜 사회 속에서 자신이 선택한 목표에 따라 자유롭게 살 수 있기 위해서는 역량이라는 개념에 주목해야 한다. 왜냐하면 역량에 대한 이해는 개인으로 하여금 사회에서 자신의 목표를 성공적으로 추구하려면 무엇을 할 수 있어야 하는지, 어떻게 해야 하는지를 알 수 있게 하기 때문이다(Bridges, 1996).

일반적으로 역량은 competence 또는 competency로 쓰이고 있다. 두 용어가 뚜렷이 구분되어 사용되지는 않지만, competence는 대체로 조직의 전략적 목표를 달성하기 위해 그 조직만이 독특하게 보유하고 있는 것을 강조할 때 사용되는 것으로, 다른 기업과의 경쟁력을 확보해 주는 거시적 관점에서 쓰인다. 반면 competency는 미시적 차원에서 우수한 성과를 낼 수 있는 개인의 능력이나 특성을 의미할 때 주로 사용되고 있다(박우성, 2002; 송영수, 2000). 즉, 역량은 조직 차원에서 보면 조직의 목적에 가장 충실하고도 합당한 역량이고, 개인 차원에서 보면 개인의 직무나 책무에 가장 적합한 역량이라고 할 수 있다(박혜영, 2006).

한편 역량은 학문 분야별로 다양하게 정의되고 있다. 심리학에서는 능력에 대한 측정 결과로 정의하고, 어떤 사람의 관찰가능한 성과나 그 사람의 내재된 특성 및 능력을 판단하는 기초로서 활용된다. 정치학에서는 노동시장의 효율성을 향상시키기 위한 수단으로서 사용되며, 경영학에서는 특정 기업이 보유하고 있는 핵심가치를 확인하고 전략적인 선택을 위해 확인해야 할 핵심자원이 무엇인지에 대한 해답을 줄 수 있는 개념으로 사용된다(행정안전부, 2008). 또한 사회학에서의 역량은 지적인 인공물 또는 타인들과 결부되어 있는 상황을 관리하는 능력이나 행위를 가리킨다(손민호, 2006).

이처럼 역량은 다양한 시각에서 정의되고 활용되고 있으므로, 학자들이 역량에 대해 내린 정의를 확인해 볼 필요가 있다. 이러한 과정을 통해 '역량'이라는 용어가 내포하고 있는 개념적 범위를 확인할 수 있을 뿐 아니라 활용도 극대화할 수 있기 때문이다.

앞에서 언급한 바와 같이 역량의 개념을 최초로 도입한 White(1959)는 역량을 환경과 효과적으로 상호작용하는 능력이라 하였고, McClelland(1973, 1993)는 실제 상황에서 성공적인 수행을 가능하게 하며 평범한 수행자와 구분되는 우수한 수행자의 특성이라 하였다. Klemp(1980)는 역량을 업무에서 효과적이고 좋은 성과를 산출할 수 있는 개인의 내재적 특성이라고 정의하였으며, Spencer & Spencer(1993)는 특정한 상황이나 직무에서 구체적인 준거나 기준에 비추어 평가했을 때 효과적이고 우수한 성과의 원인이 되는 동기, 특질, 자기개념, 지식, 기술 등의 개인적 특성이라 하였다.

주로 직업세계에서 부각되던 역량의 개념을 인간 전체의 삶의 질과 관련된 중요한 변인으로 관점을 바꾼 OECD(2001)의 DeSeCo 프로젝트에서는 특정 맥락의 복잡한 요구를 태도, 감정, 가치, 동기 등과 같은 사회적·행동적 요소뿐만 아니라 인지적·실천적 기술을 가동시킴으로써 성공적으로 충족시키는 능력이라 하였다. 또한 김안나(2003)는 전 생애적인 관점에서 역량 대신 생애능력(key competencies)이라는 개념을 제안하였다. 생애능력은 한 개인이 일상적인 삶 속에서 성공적으로 수행하기 위해 필요한 최소한의 기본능력을 의미한다. 즉, 생애발달단계에 따라 차별화된 능력이며, 지식, 기술, 태도를 포함하는 복합적이고 종합적인 능력을 의미한다. 또한 학습을 통해 갖춰질 수 있는데, 그 학습은 정규학교 체제에서뿐 아니라 비정규 교육체제를 통해서도 이루어지는 것이라 하였다.

〈표 2-1〉은 학자들에 따라 역량의 의미가 어떻게 정의되고 있는지를 종합한 것이다.

역량에 대한 학자들의 정의를 종합해 보면 다음과 같은 네 가지의 개념적 요소들이 포함되어 있음을 볼 수 있다. 첫째, 다기능적

〈표 2-1〉 역량의 정의

학 자	정 의
White(1959)	환경과 효과적으로 상호작용하는 능력
McClelland (1973, 1993)	실제 상황에서 성공적인 수행을 가능하게 하는 것으로 평범한 수행자와 구분되는 우수한 수행자의 특성
Klemp(1980)	업무에서 효과적이거나 우수한 성과를 산출하는 개인의 잠재적인 특성
Ogbu(1981)	인간이 사회에 적응하기 위해 문화적으로 지정되어 있는 과업을 수행하는 능력
Boyatzis(1982)	특정 과제에서 효과적이거나 뛰어난 수행의 이면에 있는 수행자의 내적 특성
Burgoyne(1989)	특정 과제를 수행할 수 있는 능력과 기꺼이 하고자 하는 마음
McLagan(1989)	특정 분야에서 결과물을 산출하는데 결정적인 영향을 주는 지식과 기술
Corbin(1993)	바람직한 목표나 성과를 달성하기 위해 개인이 알아야 할 것과 할 수 있어야 하는 것
Spencer & Spencer(1993)	특정한 상황이나 직무에서 효과적이고 우수한 성과의 원인이 되는 동기, 특질, 자기개념, 지식, 기술 등과 같은 개인의 내적 특성
Parry(1996)	개인이 수행하는 업무에 영향을 주고 업무성과와 관련성이 높으며, 조직에서 널리 받아들여지는 성과기준에 부합하는 것으로 교육과 훈련을 통하여 개선될 수 있는 지식과 기술, 태도의 집합체
Mirabile(1997)	특정 직무에서의 뛰어난 수행과 관련이 있는 지식, 기술, 능력
Athey & Orth (1999)	뛰어난 수행을 가능하게 하는 개인 및 조직의 지식, 기술, 태도, 행동으로 관찰가능한 수행의 형태이며, 지속적으로 경쟁에서 우위를 차지할 수 있도록 하는 능력
OECD(2001)	특정 맥락의 복잡한 요구를 태도, 감정, 가치, 동기 등과 같은 사회적·행동적 요소뿐만 아니라 인지적·실천적 기술을 통해 성공적으로 충족시키는 능력
NCES(2002)	구체적인 과제를 수행하는데 필요한 기술, 능력, 지식의 집합체
김안나(2003)	한 개인의 성공적인 수행을 예측하는 일상적 삶의 다양한 국면에서 요구되는 최소한의 지식, 기술, 태도로 구성된 기본능력 수준으로, 생애발달단계별 특성을 지님
Summers(2004)	조직 구성원들의 행동양식, 지식, 업무동기와 같이 효과적인 작업을 수행하기 위해 필요한 능력
IBSTPI(2005)	해당 직업이나 기능을 효과적으로 수행하도록 하는 지식, 기술, 태도
이지은(2007)	조직 환경 속에서 탁월하고 효과적으로 업무를 수행할 수 있는 조직이나 구성원의 행동 특성

(multifunctional)이고, 둘째, 사회의 여러 분야에 통용될 수 있고 (transversal), 셋째, 고차원의 복잡한 지적 능력을 필요로 하며, 넷째, 방법적 지식(know-how)이나 지적·비판적 능력 또는 의사소통능력, 상식 등과 같은 것으로 구성되는 다국면성(multidimensional)을 가지고 있다는 것이다(Rychen & Salganik, 2003). 대체적으로 역량은 현대사회의 변화에 발맞추어 그 변화에 적응하는 개인 또는 조직 구성원들의 능력을 표현하는 개념으로 정의되고 있음을 알 수 있다(윤정일 외, 2007).

3) 역량의 성격

본 장에서는 역량에 내포되어 있는 다양한 개념적 차원들에 따라 역량의 범위를 규정하고 그 속에 내재되어 있는 특성에 따라 역량의 본질적인 성격을 규명하였다.

(1) 역량의 범위

오늘날 역량이 현대사회의 변화에 적응하는 개인 또는 조직 구성원들의 능력을 표현하고, 구체적인 맥락에서의 수행을 강조하는 개념이라는 점에 대해서는 공통적으로 합의되고 있다. 그러나 구체적인 연구 상황이나 교육실천의 맥락에서 역량이 사용될 때는 사용하는 사람의 의도나 목적에 따라서 그 의미가 다양하게 이해되고 있음을 볼 수 있다(윤정일 외, 2007). 예를 들면, 뛰어난 수행 수준을 결정하거나 수행을 표준화할 필요가 있을 때는 수행 결과의 질이나 수준을 중심으로 역량의 개념을 사용하는 반면, 역량을 기르기 위한 교육 과정이나 프로그램을 개발하고자 할 때는 성공적인 수행의 바탕을 이루는 속성과 구성요소를 중심으로 역량의 개념을 사용한다(Hoffman, 1999). 이처럼 역량은 각 연구의 목적이나 실제 활용되는 맥락에 따라 그 의미가 달라지므로 역량의 범위는 대상, 영역, 수준, 접근이라는 네 가지 차원에서 고려될 수 있다.

먼저 역량을 규정할 때 역량이 적용되는 대상이 누구인가를 가장 우선적으로 고려해야 한다(Stoof et al., 2002). 예를 들어, OECD의 연구에서는 성공적인 삶과 잘 기능하는 사회를 위해 모든 개인이 갖추어야 할 개인의 역량에 중점을 두고 핵심역량을 규정하고 있어, 역량을 개인에게 속한 것으로 이해하고 있음을 볼 수 있다. 이에 비해 Rychen과 Salganik(2003)은 팀, 기업, 공동체, 국가 등과 같이 조직 내의 역할이나 자원에 따라 필요한 집합적(collective) 측면의 역량을 더 중요하게 고려하였다. 즉, 역량이 개인에게 속한 것이냐, 집단 혹은 조직에 속한 것이냐에 따라 특정 수행에 필요한 역량을 개인이 갖추어야 할 것인지, 하나의 조직이나 시스템 차원에서 분배된 형태로 갖추어야 할 것인지를 규정할 수 있다(윤정일 외, 2007).

둘째, 특정 역량이 다소 일반적인 영역에서 요구되는 것인지, 보다 구체적인 영역에서 요구되는 것인지에 따라 일반적 역량과 구체적 역량으로 나뉜다(Stoof et al., 2002). 예를 들어 교수자의 교수역량을 일반적인 범위에서 정의한다면 교수자가 속해 있는 집단 수준이나 가르치는 교과영역에 대한 전문적 지식, 학습자를 효과적으로 가르치는 능력, 학습자와의 의사소통, 태도와 같은 측면에서 역량을 규명하려고 할 것이다. 반면 집단 특성을 고려하여 교수역량을 고려할 경우, 중등대상 교수자의 역량은 고등대상 교수자의 역량과는 구체적인 면에서 차이를 보일 것이다. 또한 한 집단 내에서도 교과목의 특수성에 따라 구체적으로 요구되는 역량은 달라질 것이다.

이러한 관점에서 윤정일 외(2007)는 실제 역량이 요구되고 발휘되는 맥락이 구체적이라는 점을 감안할 때, 역량의 의미는 그러한 구체적인 역량의 공통점이 무엇인지를 가리키는 것으로 해석될 수 있다고 하였다. 즉, 구체적인 맥락에 따라 공통적으로 요구되는 역량이 무엇인지를 파악하는 것이 일반적인 역량을 규정하는 방식이 될 수 있다는 것이다.

셋째, Wood & Payne(1998)은 상황에 따라 역량이 가정하고 있는 능력 수준이 다르다는 것에 주목하였다. 어떤 상황에서는 주로 뛰어난 수행과 관련된 수행자의 특성을 역량이라고 규정하면서 역량의 기준을 수월성에 두고 있는 반면, 다른 상황에서는 특정 직무에 필요한 최소한의 능력이라는 의미로 역량을 사용하고 있다. 따라서 역량의 수준에 대한 문제는 역량의 개념이 구체적으로 적용되는 상황에서 어떤 수준의 능력이 요구되는지 그 근거와 정당성을 파악한 후 결정해야 한다고 할 수 있다.

이러한 역량의 수준 문제는 단순히 개인이 해당 과제를 수행하기 위해 요구되는 측정 역량을 소유하고 있느냐 없느냐를 획일적으로 판단하는 것이 아니라, 사회의 요구에 대처하기 위해 필요한 역량의 수준을 개인의 발달단계뿐 아니라 전 생애의 관점에서 이해해야 함을 강조한다

넷째, 역량에 대한 개념 정의는 수행자 중심의 접근과 과제 중심의 접근에 따라 달라지기도 한다. 수행자의 특성을 중심으로 역량을 규정하는 접근에서는 '어떤 형태의 개인적 특성이 성공적인 수행과 관련이 있는가?'라는 질문을 중시하기 때문에, 역량은 그러한 성공적인 수행을 가능하게 하는 수행자의 특성이나 행동적 차원으로 세분화된

다(Stoof et al., 2002). 반면 과제의 특성을 중심으로 역량을 규정하는 접근에서는 '수행되어야 하는 해당 과제의 핵심적인 요소가 무엇인가?'라는 질문이 중요하기 때문에, 각 직무마다 만족시켜야 하는 기준이나 표준을 정하고 해당 수행자가 그러한 기준이나 표준을 어느 정도나 달성하였는지를 살펴본다.

개인의 상황판단이나 대처능력이 중요한 과제일 경우에는 성공적인 수행자의 특성을 분석하는 것이 더 효과적인 접근이 될 수 있을 것이다. 그러나 반드시 따라야 하는 절차가 있고 그러한 절차를 따르지 않을 때의 위험요소가 큰 경우에는 과제의 성격을 분석하여 필요한 절차를 도출하는 것이 역량을 규정하는 방법이 될 수 있다. 따라서 수행자 특성과 과제의 특성 중 어떤 것을 중심으로 역량을 규정하느냐의 문제는 과제의 성격이나 요구에 따라 이루어져야 한다(윤정일 외, 2007).

이상에서 살펴본 바와 같이 역량의 개념 정의 시 고려해야 할 범위는 〈표 2-2〉와 같다.

〈표 2-2〉 역량의 범위

범 위		내 용
대상	개인	개인이 갖추어야 할 개인의 역량 강조
	집합	조직 내의 역할이나 자원에 따라 필요한 역량이 적절하게 배분되고 활용되는 집합적 측면 강조
영역	일반적	다소 일반적인 영역에서 요구되는 것
	구체적	보다 구체적인 영역에서 요구되는 것
수준	수월추구능력	뛰어난 수행과 관련된 능력
	최소요구능력	특정 직무에서 요구되는 최소한의 능력
접근	수행자 중심	성공적인 수행과 관련이 있는 수행자의 특성
	과제 중심	각 직무의 만족스런 기준이나 표준에서 요구하는 특성

(2) 역량의 성격

역량의 개념에서 드러나는 다양한 특성을 통해 요구지향성, 총체성, 수행성, 맥락성, 학습가능성이라는 다섯 가지의 성격을 도출할 수 있다.

먼저 개인이 직면하는 개인적·사회적 요구와 관련된 유능한 수행이나 효과적 행위를 규정한다는 점에서 역량은 요구지향적(demand-oriented) 성격을 갖는다. 역량은 인간의 내적 특성이나 구조가 특정 맥락의 요구에 반응하여 어떻게 재구조화되느냐에 따라 수행의 양상은 매번 달라질 수 있다는 것이다(Wood & Power, 1987).

두 번째 성격은 역량이 지식과 기술(skill)뿐 아니라 태도와 감정, 가치, 동기 등과 같은 사회적·행동적 구성요소의 의미 있는 총체적 결합을 토대로 구축된다는 점이다. 이러한 역량의 총체성은 두 가지 관점에서 이해할 필요가 있다. 첫째는 역량이 지식이나 기술과 같이 관찰가능하고, 직접적으로 수행하는 것을 강조할 뿐 아니라 동기나 태도와 같이 인간의 심층적인 특성을 포함하는 종합적인 능력으로 규정된다는 점이다. 또한 역량을 구성하는 이러한 요소들이 별개로 구분되어 존재하는 것이 아니라 유기적으로 연결되어 있다는 점이다.

특히 전자의 관점은 Spencer & Spencer(1993)의 정의에서 자세하게 논의된 바 있다. 그들은 역량을 특정한 상황이나 직무에서 효과적이고 우수한 수행을 가져오는 개인의 내적 특성 중 인지적 측면만 중시하던 과거 논의의 한계를 벗어나 정의적 측면까지 포함하는 포괄적인 능력으로 보았다는 점에서 중요한 시사점을 제공해 준다(소경희, 2007). 또한 역량의 총체성이 가지는 두 번째 관점은 역량의 구성요소들이 내적 구조(internal structure)를 갖는다고 본 OECD(2001)의 정의에서 잘 드러난다. OECD는 역량을 단순히 무엇을 할 수 있는 능력에 대한 요소나 행동의 측면보다는 역량의 내적 특성들이 역동적으로 연관을 맺고 총체적으로 가동되어 개인의 수행으로 표출되는 점을 강조하였다. 이는 역량의 구성요소가 다양한 인간 특성을 포괄하는 능력의 총체적인 측면을 나타내고, 그러한 구성요소들이 구조적으로 연결되어 있어 한 요소가 작동될 때 다른 요소도 함께 움직이는 역동성을 지니고 있다는 것이다(윤정일 외, 2007).

셋째, 사전적·학문적인 정의에서 가장 뚜렷하게 드러나는 역량의 성격은 수행성 또는 가동성이라고 할 수 있다. 역량은 다른 능력 관련 개념과는 달리 실제 상황에서 적용되는 효과적이거나 성공적인 수행과 관련된 인간의 수행능력 측면을 강조하고 있다(윤정일 외, 2007). 즉, 수행성이 강조된 역량의 특성은 역량을 이루는 능력요소의 내용 자체보다는 구체적인 역량이 움직이고 적용되는 기제와 관련된다. Rychen(2003)이 핵심역량의 토대를 이루는 것으로 반성적 성찰과 책임감, 주도성을 언급하고 있는 점 또한 역량이 발휘되는 작동기제를 파악하기 위한 노력의 일환으로 볼 수 있다.

넷째, 역량의 맥락성은 특정 상황에 있는 개인의 행동에서 역량을 확인할 수 있다는 점을 강조한다. 이는 개인의 내적 특성이 맥락에 따라 달리 작동되며, 그렇게 맥락에 결부되어 조절되는 측면이 역량의 중요한 특성임을 말해주고 있다. 개인이 특정 맥락에서의 요구나 과제를 수행한다고 했을 때, 그것에 대해 어떻게 해석하고 대응하는가라는 개인 내적 특성의 움직임은 특정 맥락에서의 요구와 과제의 특성에 영향을 받을 수밖에 없는 것이다(Wood & Power, 1987).

따라서 역량의 맥락성은 지속적으로 구성되는 맥락 속에서의 능력을 의미하므로 수행성과도 밀접히 관련되어 있다. 이는 역량이 우리가 처해 있는 사회적 상황 속에서 매 순간 그 의미를 읽어내고, 이에 따라 목표를 추구해 가는 능력임을 의미한다(윤정일 외, 2007). 즉, 역량의 맥락성은 사회적 환경이나 맥락과 결부된 인간의 능력이며, 사회적 맥락 내에 내재되어 있는 가치와 기준을 고려하여 발휘되는 능력이라는 점을 강조한다.

역량의 마지막 성격은 학습가능성이다. White(1959)는 역량이 유전적으로 결정된 인간의 특성이 아닌 환경과 상호작용하면서 습득된 개념임을 강조하였다. McCelland(1973) 역시 전통적으로 사용되어 온 지능검사나 적성검사가 삶의 경험이나 학습을 통해 개인에게 일어난 변화를 제대로 반영할 수 없다는 점을 비판하면서, 개인의 성공적인 성취와 관련된 역량을 측정하는 검사는 개인에게 일어난 학습과 그로 인한 변화를 반영할 수 있어야 한다고 주장하였다. 이처럼 역량의 의미는 유전적으로 결정되는 인간의 능력과 구분되는, 경험에 의해 형성되고 학습을 통해 습득될 수 있는 능력이라는 인식이 중요한 전제 중 하나이다(Rychen & Salganik, 2003).

앞에서 제시된 역량의 성격을 정리하면 〈표 2-3〉과 같다.

〈표 2-3〉 역량의 성격

성 격	내 용
요구지향성	개인이 직면하는 개인적·사회적 요구와 관련된 유능한 수행이나 효과적 행위 측면에서 규정됨
총체성	지식과 기술뿐 아니라 태도, 감정, 가치, 동기 등과 같은 사회적·행동적 구성요소들의 의미 있는 결합임
수행성	실제 수행상황에서 가동되는 효과적이거나 성공적인 수행과 관련됨
맥락성	사회적 상황을 읽어내고 이에 따라 의미를 창출하며 목표를 달성해 나감
학습가능성	경험에 의해 형성되고 학습을 통해 습득될 수 있음

4) 역량의 하위 개념

사전적 의미로 역량(competency, competence)은 어떤 일을 해낼 수 있는 힘 또는 그 힘의 정도를 뜻한다. Parry(1996)는 역량을 개인이 수행하는 업무의 주요한 부분에 영향을 주어 업무성과와 관련성이 높고, 조직에서 널리 받아들여지는 성과기준에 대비하여 측정될 수 있으며, 교육훈련과 개발을 통하여 개선될 수 있는 지식과 기술, 태도의 집합체라 하였다. Athey & Orth(1999)는 역량이 뛰어난 수행을 가능하게 하는 개인 및 조직의 지식, 기술, 태도, 행동으로서, 관찰가능한 수행의 형태로 표현된 능력이며, 해당 조직이 지속적으로 경쟁에서 우위를 점할 수 있도록 하는 능력이라고 하였다. IBSTPI(2005)에서도 역량을 직업기준에 비추어 보았을 때, 해당 직업이나 기능을 효과적으로 수행하도록 하는 지식, 기술, 태도로 정의하였다.

이외 McLagan(1989), Spencer & Spencer(1993), Mirabile(1997), NCES(2002), 김안나(2003) 등도 역량의 개념에서 공통적으로 내포하고 있는 대표적인 하위 개념으로 지식, 기술 그리고 태도를 제안한 바 있다. 이처럼 역량은 지식, 기술, 태도를 포함하는 상위 개념으로서 학교교육에서뿐 아니라 일상생활 속에서도 함양될 수 있는 종합적 능력으로 보는 것이 타당하다.

(1) 지식

역량의 하위 개념으로서 지식은 개인이 특정 분야에 대해 가지고 있는 정보를 의미한다. 흔히 역량을 측정한다고 할 때 지식요인을 중심으로 하는 경우가 많은데, 이러한 경우 신뢰할 만한 측정이 이루어지기 어렵다.

지식중심의 측정이 가져오는 한계점을 보완하기 위해 손민호(2006)는 실천적 지식을 강조하여 역량의 의미를 밝힌 바 있다. 실천적 지식은 맥락적 요인을 행위자가 자신의 목적에 맞게 관리·유도하고 새롭게 구성하면서 활용할 수 있는 지적 능력을 가리킨다. 우리가 다른 사람으로부터 물려받고 배운 것을 활용해 일을 해 나가며, 다시 다른 사람에게 내 생각을 표현할 때 취하게 되는 실천적 지식은 역량의 기초자산이다. 타자로부터 우리의 역량을 얼마나 인정받느냐 하는 것은 우리가 그러한 지식을 얼마나 잘 활용하는가 하는 능력에 달려 있다. 그러나 인지적 능력이 개인의 과업수행과 연결되지 않는다면 의미가 없기 때문에 지식만으로 개인이 가진 역량을 정확하게 측정하는 것은 한계가 있다.

(2) 기술

역량의 두 번째 하위 개념은 기술 요인이다. 역량과 혼용되어 사용되기도 하지만 복잡한 인간 능력의 총체적인 측면을 가리키는 역량과 비교해 볼 때, 기술은 규칙이나 알고리즘으로 절차화된, 단계별로 구분할 수 있는 기법을 강조한 개념이라고 할 수 있다(Stoof et al., 2002). 구체적으로 기술이란 만들거나 짓거나 하는 재주 또는 솜씨, 어떤 일을 효과적으로 할 수 있는 방법이나 능력으로 특정한 신체적 또는 정신적 과제를 수행할 수 있는 능력을 의미한다. 때로는 기술이 난이도가 낮은 과제에 필요한 기초적인 능력으로 인식되기도 하지만, 복잡한 인간의 능력을 포괄적으로 요구하는 과제일지라도 그 일을 수행하는 데 필요한 능력이 충분히 자동화되어 있을 때, 이를 기술로 부르기도 한다(Weinert, 2001; Rhchen & Salganik, 2003).

한편 Gresham & Elliott(1987)는 역량이 행동의 결과를 평가하는데 의미가 있으며, 기술은 역량을 구성하는 구체적인 행동 차원의 요소라고 하였다. Baron & Markman(2003)도 역량은 상황 속에서 개인을 통해 나타나는 전반적인 효과성이며 기술의 조합이고, 기술은 다양한 기법들이며 역량의 하위 개념이라고 하였다. 즉, 역량은 개인에 대한 전반적인 평가로부터 도출되고 기술은 역량을 위한 구체적인 전략이 되므로, 역량을 기술의 상위 개념으로 보는 것이 더 적절하다고 주장한다(윤명희 · 김진화, 2008).

(3) 태도

태도는 사물에 대한 감정이나 생각 따위가 겉으로 드러난 모습이라고 정의내릴 수 있으나, 역량의 하위 개념으로 정의내리는 과정은 그리 단순하지 않다. 왜냐하면 인간의 태도에는 동기, 특성, 자아개념 등의 다양한 내적 특성이 영향을 미치기 때문이다. 우선 동기(motivation)는 개인이 일관되게 마음에 품고 있거나 원하는 그 어떤 것을 의미하며, 특정한 행위나 목표를 향해 행동을 촉발하고 선택하며 판단하도록 작용한다. 또한, 특성(traits)은 신체적 특성, 상황 또는 정보에 대한 일관적 반응을 의미하며, 자아개념(self concept)은 개인의 가치관 또는 자기상 등을 포함한다. 이처럼 다양한 내적 과정을 통해 형성된 심리적 복합체에 의해 태도가 나타나며, 이는 곧 역량과 연결된다.

이렇게 볼 때 결국 개인의 역량은 어떤 사물이나 사실에 대한 지식과 정보, 이를 행동으로 수행할 수 있는 능력 및 사물에 대해 갖는 생각이나 태도 등이 합쳐져 형성되는 것으로 정리할 수 있다(유현숙, 2002).

5) 역량과 청소년 생활역량의 관계

종래의 인문적 성격의 교육은 주로 폭넓은 지식과 이해의 획득에 초점을 두는 것으로 일상생활 속에서 필요한 실제적 요구나, 직업을 위한 경제적 요구에 대처할 수 있는 실천적 지식 및 기술을 등한시해왔다. 이로 인해 습득한 지식을 변화하는 사회적 · 경제적 환경과 적절히 연결하지 못하는 문제점이 있었다(소경희, 2007). 그래서 청소년 시기에 주로 제공되어 온 인문적 성격의 교육이 현대의 삶 속에서도 삶의 질을 의미 있게 향상시킬 수 있는 길인가에 대해 많은 의문이 제기되고 있다(Youn, 1998).

이러한 상황 속에서 청소년에게 필요한 것은 인문적 성격이 아니라 실천적 측면의 역량이라는 점에 좀 더 무게가 실리고 있다. 거시적인 관점에서 역량은 개인이나 조직이 현대사회의 변화에 발맞추어 성공적으로 적응하는 능력을 말하는데, 사용되는 맥락이나 사용하는 사람에 따라 다른 의미와 목적으로 활용된다. 이를 토대로 볼 때, 청소년의 역량이란 다양한 상황 속에서 만나는 특정 과제를 해결하기 위해 청소년에게 요구되는 지식, 기술, 태도 등 최소한의 기본능력이라고 조작적으로 정의내릴 수 있다. 더불어 청소년의 생활역량은 생활이라는 단어와 역량이라는 단어가 합쳐진 것이므로, 역량이라는 큰 범주 속에서도 특히 청소년의 일상적 삶, 즉 생활에 적합한 영역, 수준, 접근성을 고려하여 개념화한 것이라 할 수 있다.

지금까지 논의한 역량의 본질적인 특성들은 끊임없이 변화하는 사회적・경제적 환경에서 청소년이 성공적으로 적응하며 삶의 질을 높여 나갈 수 있는 기제로서 생활역량을 이해하는 데 기초적인 지식이 될 것이다.

2. 사회적 역량

생활역량과 관련된 개념으로 사회적 역량(social competency)이 있다. social competency를 '사회적 능력' 혹은 '사회적 역량'으로 해석하고 있으며, 학자에 따라 이를 구분하여 사용하기도 하고 동일개념으로 보기도 한다. 본 장에서는 사회적 역량의 개념적 정리를 통해 생활역량과의 관계를 밝히고자 한다.

1) 사회적 역량의 도입배경

사회적 역량은 사회적 상황에 대한 적절성, 사회적 질서에 대한 순응성, 사회적 목표수행을 포함하는 능력(ability)과 관련된 개념이다(김정진, 2000). 사회적 역량은 1980년대에 사회복지 실천 분야에서 권한부여 접근(empowering approach)의 관점에서 처음 받아들여졌다(Miley, O'Melia, & Dubois, 1995). 이 접근방법은 이전에 개인의 병리적 특성에 관심을 두는 질병 중심의 관점과 달리 인간은 환경과의 끊임없는 상호작용 속에서 지속적으로 성장・변화・학습하는 존재라는 관점을 가지고 있다. 즉, 개인의 능력과 긍정적인 행동에 주목하여, 개인의 문제나 결점을 확인하고 제거하기 보다는 사회적 상황을 다루는 기술과 능력을 함양함으로써 사회에서 필요한 능력을 갖추어 나갈 수 있다고 생각하였다(Jerri & Marti, 1981).

사회적 역량에 대한 이러한 기대 때문인지 초기의 연구는 일반인보다 도움을 필요로 하는 사람들, 예를 들어 신체적·정신적 부적응자와 같이 특별한 사회적 적응 기술이 없으면 살아가기 힘든 사람들을 중심으로 이루어졌다. 그러나 사회적 역량에 대한 관심과 연구가 보다 활발해지면서 특정 대상에 초점을 맞추기보다 사회적 역량 자체에 관심을 가지게 되었다. 이에 따라 사회적 역량을 다양한 사회적 상황에서 주어진 역할을 수행하고 효율적으로 행동하여 유능한 사회 구성원으로 살아가는 데 필요한 기술 및 적응능력으로 이해하며(구순주, 1998), 사회의 한 구성원으로서 갖추어야 할 역량으로 이해하기에 이르렀다.

한편, 사회적 역량과 관련성이 높은 개념으로 '사회적 기술(social skill)'과 '사회적 효능감(social efficacy)'이 있다. 본 문헌에서는 사회적 능력 또는 사회적 역량의 개념과 더불어 사회적 기술과 사회적 효능감의 개념을 살펴본 후, 이를 토대로 생활역량의 주요 구성요소인 사회적 역량에 대해 최종적으로 정리하였다.

2) 사회적 역량의 개념

(1) 사회적 능력과 사회적 역량

social competency를 '사회적 능력'으로 해석한 학자들의 정의를 살펴보면 다음과 같다. 김정아(1990)는 사회적 능력을 환경에 대한 적응뿐만 아니라 환경과의 효과적인 상호작용을 통해 대인관계의 목적을 달성하는 능력이라고 정의하였으며, 박금옥(1998)은 적절한 기술을 사용하여 자신이 소속된 사회에서 필요한 목표를 달성하고 나아가 긍정적인 방향으로 발달할 수 있는 능력이라 정의하였다. 또한 이만수 · 홍정선(2003)은 현재의 사회적 상황에서 잘 적응할 수 있도록 바람직한 방향으로 자신을 조절하고 다른 사람과 긍정적인 관계를 형성할 수 있는 능력이라 정의하였고, 함은숙(2005)은 환경과 상호작용하면서 사회적 목표를 효과적으로 달성하는 것과 더불어 유능한 사회구성원으로 살아가는 데 필요한 적응능력이며 대인관계에서 생산적 · 효율적 · 긍정적인 상호작용을 할 수 있는 능력이라 하였다.

social competency를 '사회적 역량'으로 해석한 학자들의 정의를 살펴보면, 김정진(2000)은 사회적 상황에 대한 적절성과 관련된 기술 및 사회 적응, 사회적 질서에 대한 순응성과 관련된 협력 및 동조, 그리고 사회적 목표 수행과 관련된 과업 성취 및 효율성이 포함된 능력이라고 정의하였다. 그리고 유안진 · 한유진 · 김진경(2002)은 자아에 대해 긍정적으로 인식하고, 타인의 정서를 이해하고 수용하며, 적절한 의사소통 기술과 효과적인 대인 간 문제해결능력을 통해 타인과 만족스러운 상호작용을 맺고 유지하는 능력을 사회적 역량이라 정의하였다.

이처럼 social competency를 사회적 능력 또는 사회적 역량으로 사용하고 있지만 서로 다른 용어를 사용할 뿐 환경과의 상호작용 및 타인과의 적절한 관계형성을 통해 효율성을 발휘할 수 있는 힘이란 측면에서 궁극적으로 동일한 의미를 추구하고 있음을 알 수 있다.

그러나 이와는 달리 사회적 역량과 사회적 능력을 구분하여 사용한 학자도 있다. 전경자 · 박경란 · 전예화(1998)는 사회적 역량을 사회적 능력의 하위 개념으로 보았다. 이들은 사회적 능력을 긍정적인 대인관계를 유지하는 것과 관계되는 일체의 능력이라고 정의하며, 이 속에는 표출된 사회적 행동과 이를 가능케 해주는 잠재된 능력을 포함하고 있다고 보았다. 즉, 사회적 상황에서 구체적으로 보여주는 행동과 이런 행동을 가능하게 해주는 포괄적 능력을 구분하여 전자를 사회적 수행, 후자를 사회적 역량이라 하였다.

O'mally(1997)는 social competency가 시공간적인 보편타당성을 갖기보다는 각 사회에 내재된 근본가치를 반영하는 특수성을 지니는 개념으로 매우 포괄적이며 내용이 다양하다고 주장하면서, 동물학적 관점, 상호작용론적 관점, 인성의 구조이론적 관점, 동기적 관점에서 그 특성을 정의하였다.

동물학적 관점에서는 social competency를 환경에 적합한 행동을 나타내는 적응 과정으로 본다. 인간은 각 환경에 내재되어 있는 매우 다양한 상황에서 생존을 위한 행동을 형성·발달시켜 환경에 적응해 나가는 존재라는 관점이다. 따라서 사회적인 상황 속에서 건설적이고 수용가능한 방법으로 행동하여 타인에게 효과적인 영향을 미치는 능력이 사회적으로 실행력 있는 능력이라고 정의할 수 있다.

상호작용론적인 관점에서는 다른 사람과의 효과적이고 만족스러운 상호작용능력을 강조한다. 이와 유사한 관점에서 Weinstien(1969)은 타인의 행동을 수용할 수 있는 능력, 다양한 행동유형, 다양한 상황에 적질하게 대치할 수 있는 내적자원의 소유를 social competency에 포함시키기도 하였다.

인성구조론적 관점에서는 social competency를 분리된 인성적 구조 요인의 부가적인 결과로 보아, 다양한 인성 요인 중에서 긍정적인 속성을 내포한 특성으로 간주한다(이정희, 1993). 따라서 이 관점을 취하는 학자들은 다양한 인성구조 중 긍정적인 특성을 소유하고 있는 개인을 social competency가 있다고 보고, 부정적인 특성을 가진 개인을 social competency가 부족하다고 보는 경향이 있다.

동기적인 관점을 강조한 White(1959)는 social competency를 환경과 효율적으로 상호작용하는 유기체의 능력이라고 하였다. 이 능력에는 탐구, 인식, 관심, 지각, 언어, 사고 등이 포함되며, 환경과 상호작용하는 유기체의 근본적인 욕구를 충족시키며 상호작용을 통하여 적절한 학습을 하도록 하는 힘인 본능적인 동기가 내포되어 있다.

이상에서 살펴본 바와 같이, social competency를 사회적 역량 또는 사회적 능력으로 정의한 국내외 학자의 연구에 따르면, 접근방법에 따라 개념적으로 약간의 차이는 있지만, 공통적으로 사회적 환경에 적응하고 상호작용하는 능력을 포함한다. 이에 본 문헌에서는 사회적 역량과 사회적 능력을 동일개념으로 정의하며, social competency를 사회적 역량으로 명명하였다.

결과적으로 사회적 역량이란 인간이 환경과 상호작용하는 능력 중 특히 사회적 측면에 초점을 둔 개념으로, 자신이 속한 집단 내에서 적절하게 사회적 목표를 달성함과 동시에 긍정적인 효과를 유도할 수 있는 방향으로 발전해 나가는 능력이라고 할 수 있다(Ford, 1982).

(2) 사회적 기술과 사회적 효능감

사회적 역량과 비교하여 살펴볼 개념으로 '사회적 기술'과 '사회적 효능감'이 있다.

사회적 기술(social skill)을 광의와 협의의 개념으로 정의하고 있는 정원철(2003)은 광의로는 사회생활이나 대인관계에서 자신이 원하는 것을 성취하는 데 필요한 모든 기술이나 반응, 협의로는 대인관계에서의 의사소통기술이라고 정의하였다. 또한 김남희(2007)는 사회적 과제 내에서 한 개인이 유능하게 수행할 수 있도록 하는 특수한 능력이라고 정의하였으며, 이인선(2005)은 과업을 완벽하게 수행하기 위한 개인적인 행동으로서 사회적 맥락에서 상호작용을 일으킬 수 있는 친사회적 행동능력이라 하였다. 심상욱(2002)은 사회적 기술을 대인관계와 사회적으로 수용되기 위해 필요한 사회적 지식을 이해하고 이를 실제 상황에 적용·응용하는 기술이라 정의하였다.

또한 사회적 효능감(social efficacy)에 대해 살펴보면, 서정숙(2005)은 사회에서 어떤 행동이나 활동을 수행할 수 있을 것이라는 자신의 능력에 대한 확신과 자신감으로, 인간이 사회적 상호작용을 통하여 대인관계의 목적을 획득하고, 사회의 구성원으로서 사회생활을 영위하는데 필요한 능력이라고 정의하였다. 안연선(2005)은 사회적 상호작용 내에서 주어진 과제를 성취하기 위해서 요구되는 행동을 성공적으로 조직하고 실행하는 능력에 대한 신념이라고 하였으며, 이와 유사하게 심상욱(2002)은 사회적 상호작용을 통해 효율적으로 목적을 달성하는 차원에서 행위자가 개인적으로 가지고 있는 행동수행가능성에 대한 기대, 신념, 판단, 자신감이라고 정의하였다. 손경미(1999)는 이러한 사회적 효능감에 원만한 대인관계, 적극적인 활동참여, 주위 환경에 대한 적응, 사회적 지시 따르기 등이 포함된다고 하였다.

이상에서 살펴본 바와 같이 사회적 기술은 사회적 역량을 발휘할 수 있는 구체적인 방법들로 볼 수 있으며, 사회적 효능감은 이러한 사회적 행동을 잘 해낼 수 있을 것이라는 개인의 역량에 대한 신념, 확신, 자신감으로 볼 수 있다. 즉, 인간이 사회적 목표를 달성하고 그와 동시에 긍정적인 효과를 통해 올바른 방향으로 발전해 나아갈 수 있도록 하는 사회적 역량을 가지기 위해서는 그에 필요한 구체적인 기술이 필요한데 이것이 사회적 기술이다. 따라서 사회적 기술은 인간의 사회적 역량에서 아주 중요한 부분을 차지한다고 볼 수 있다. 그리고 이러한 사회적 역량과 사회적 기술을 발휘하는 데 사회적 효능감이 영향을 미친다고 볼 수 있다.

결과적으로 사회적 기술은 사회적 역량을 발휘하기 위한 구체적인 방법으로서 사회적 역량의 하위 개념으로 볼 수 있다. 그리고 사회적 효능감은 사회적 역량과 그 하위 개념인 사회적 기술을 발휘하는 데 긍정적인 영향을 미치는 개인의 신념 또는 확신으로 정의할 수 있다.

3) 사회적 역량과 청소년 생활역량의 관계

지금까지 이루어진 청소년의 생활역량에 대한 연구는 주로 사회적 역량, 사회적 기술에 치중하여 이루어져 왔다. 그러나 생활역량이 외부세계와의 효율적인 상호작용을 내포하고 있으므로, 실생활에서의 인지적, 언어적, 사회·정서적 능력 등 실제적인 여러 능력들이 복합된 개념으로 이해해야 할 것이다(박선희, 2005). 다시 말해서, 생활역량이 개인의 전반적인 생활 속에서의 개인의 역량을 이야기한다면, 사회적 역량은 인간의 사회적 측면에 초점을 둔 개념으로서 환경과 상호작용하는 능력을 의미하므로 생활역량의 하위 요소라 할 수 있다. 또한 사회적 역량을 발휘하기 위한 구체적인 방법이 사회적 기술이며, 사회적 역량과 사회적 기술을 발휘하는 데 영향을 미치는 개인의 신념 및 확신을 사회적 효능감이라 할 수 있다.

3. 직업기초능력

1) 직업기초능력의 도입배경

대부분의 직업에서 공통적으로 요구되는 능력으로 정의되는 직업기초능력은 기본적으로 교육적인 요구보다 산업 부문의 요구에 의해 강조되었고 산업체 근로자에게 필요한 자질로 파악되어 왔다. 그러나 최근의 연구에서 학생의 학습능력, 생활능력 등과도 매우 관련성이 높은 것으로 보고되고 있으며(서우석, 2000; 이동임 외, 2000; 이종성 · 정향진, 2003; 윤명희 · 김진화, 2008), 학교교육에서 더욱 강조해야 할 부분으로 인식됨에 따라 그 중요성이 부각되고 있다.

즉, 직업기초능력의 효과적인 학습은 학생의 삶을 향상시키려는 개인적인 목적과 인적자원의 개발이라는 사회적 목적을 동시에 달성할 수 있는 연결고리가 될 수 있다(진미석, 2000). 따라서 기초직업능력은 정규학교뿐 아니라 평생교육 차원에서도 강조되어야 하는 특성이라고 볼 수 있다.

(1) 사회적인 배경

현대는 정보통신과 더불어 과학기술의 발달로 지금까지와는 질적으로 다른 변화의 시기를 맞이하고 있다. 정보통신의 발달로 시공간을 탈피한 의사소통이 가능해졌으며, 이로 인해 일상생활은 물론 사회의 전반적인 분야에 이르기까지 혁신적 변화가 일어나고 있다. 그동안 지식과 정보는 일부 사람들의 독점영역이었으나, 이제는 원하는 사람은 누구든 원하는 지식과 정보에 접근할 수 있는 시대가 되었다.

급속도로 증가하고 변하는 지식과 정보가 국가 권력의 원천이 되는 사회가 되었으며, 현대를 살고 있는 인간은 이러한 지식과 정보를 소유하기 위해 노력해야 하는 지식기반사회가 도래한 것이다.

이와 같이 지식과 정보 및 인간의 능력이 강조되는 사회적 풍토가 형성됨에 따라 사회의 모든 부분에서 필수적으로 변화가 수반될 수밖에 없게 되었다. 특히 21세기의 사회적 요구에 부응하고 지식정보시대를 살아갈 인재를 양성해야 하는 학교의 역할도 적극적으로 변화하고 있다.

구체적으로 지식기반사회에서는 고부가가치를 생산하는 지식과 인간의 능력이 자본이나 노동 등의 다른 생산요소보다 핵심적인 역할을 담당하게 되므로, 학교는 상황에 따라 적절하게 지식 및 정보를 획득하여 활용할 수 있는 기본적이고 기초적인 능력을 갖춘 인력을 양성하여 공급해야 할 책무가 있다. 그러므로 현재와 같은 입시 위주, 암기 위주의 교육을 지양하고 지식기반사회가 요구하는 직업기초능력을 강조하는 새로운 학교교육이 필요하다고 본다(서우석, 2000).

(2) 경제적인 배경

지식기반사회의 도래는 기존의 경제개념을 근본적으로 바꾸었다. 특히 시공간의 압축은 세계를 단일 경제체제로 묶었으며, 사이버 공간에서도 전자상거래가 성행하게 되었다. 이와 같은 디지털 경제체제에서는 노력을 최소화하면서 고부가가치를 최대화할 수 있는 초효율성을 요구한다. 즉, 획일화된 규격체제를 통해 대량생산으로 경제적 이윤을 높이기보다 상황에 따라 체제를 전환할 수 있는 창의적이고 유연한 능력을 통해 부가가치를 초극대화할 수 있는 경제구조를 요구하는 것이다(허경철, 2000).

이와 같이 지식정보기술의 급격한 변화와 높은 경쟁력이 존재하는 경제구조에서는 구성원들의 창의적이고 유연한 능력 및 대인관계능력과 같은 직업기초능력이 필요하다. 특히 다양한 직업기초능력 중에서도 문제해결능력, 의사소통능력, 팀워크 등의 고차원적인 능력이 필수적으로 요구된다(이동임 외, 2000).

(3) 교육적인 배경

직업기초능력의 핵심적 요소는 최근 갑자기 등장한 개념이라기보다 공교육 기관이 설립된 이래 학교가 전통적으로 추구해오던 것이다(이동임 외, 2000). 예를 들어, 의사소통능력이나 수리능력은 특정 교과에서 강조하고 있으나 대부분의 교과에서도 필요한 능력이며, 고차원적 인지능력인 문제해결력은 대부분의 교과에서 강조되는 능력이기도 하다(서우석, 2000).

이처럼 공교육에서는 직업기초능력이라는 개념을 직접적으로 사용하지는 않았지만 오래전부터 그 핵심요소를 강조하고 이를 교육목표에도 반영하고 있었음에도 불구하고 집중적 교육의 대상으로 삼지는 않았다. 이는 학교가 학생들의 인지적인 측면에 치중된 관심을 가지고 있으며, 직업세계와 일상생활의 전반적인 측면에서 요구되는 직업기초능력의 함양에는 적극적으로 노력하지 않았기 때문이다.

직업기초능력은 사고·태도·행동의 변화를 목적으로 하기 때문에 지식전달 위주의 교육이 아니라 학생의 눈높이에 맞추어 놀이문화의 관점에서 접근하고 입체적인 교육을 실시하면 학생의 관심과 흥미, 참여도를 제고할 수 있다. 따라서 직업기초능력에 대한 강조는 직업세계에서 필요로 하는 능력을 습득함과 동시에 학교생활의 질을 향상시키게 하는 계기가 될 수 있을 것이다(이동임 외, 2000).

2) 직업기초능력의 개념

인간은 살아가면서 다양한 목적으로 직업생활을 경험하게 된다. 이러한 직업생활을 성공적으로 수행하기 위해서는 일 또는 직무와 관련된 다양한 능력이 요구되는데, 일반적으로 이를 직업능력이라고 한다. 많은 연구자들은 직업능력을 개념화하기 위해 몇 가지 유형으로 범주화하여 강조하고 있는데, 그러한 과정에서 직업기초능력의 개념도 구성되었다.

먼저, Custer & Claiborne(1992)은 직업능력을 전문능력(technical skills), 기초능력(basic skills), 고용적합능력(employability skills)으로 구분하였다. 이때 전문능력은 하나의 직무 또는 직업에서 직무를 수행하는데 필요한 특정 지식과 능력을 뜻하며, 기초능력은 전통적인 인문교육에서 강조해 왔던 읽기, 쓰기, 셈하기 외에 비판적이고 창조적인 사고력, 의사결정능력, 문제해결력, 평생학습능력 등을 포함하는 기초학문능력을 뜻한다. 또한 고용적합능력은 인격적 자질을 나타내는 직업윤리와 사회적 기술, 보다 구체적으로 집단에서의 근무능력, 문화적 배경이 다른 다양한 사람들과의 관계능력, 품질중시능력, 자기관리능력, 원만한 성격 등이 포함된다고 제시하였다.

이무근(1990)은 직무수행에 필요한 능력을 기초능력, 전공 분야에 대한 기술과 기능 능력, 직업윤리능력으로 구분하였다. 이때 기초능력이란 직업세계에서 생존하는 데 필요한 근본적이고 필수적인, 그리고 학습된 능력과 다른 능력의 기초가 되는 능력들의 총체로서 인지적・정의적・신체 조작적 능력 등을 포함하는 것으로 제시하였다. 또한 전공 분야에 대한 기술과 기능 능력은 직무수행 과정에서 필요로 하는 능력으로 직업교육훈련 체제에서의 주된 학습 내용으로 볼 수 있는데, 대부분 실기 위주로 습득되고 있다고 하였다. 마지막으로 직업윤리능력은 일에 대한 습관, 가치관, 태도를 지칭하는 능력으로서 직장생활의 유지나 인간관계 등에 결정적인 영향을 미친다고 하였다.

이동임 외(2000)는 직업능력을 직업생활의 차원에서 주어진 직무를 성공적으로 수행하는 데 요구되는 능력의 총체로 보았으며, 직업기초능력과 직무수행능력으로 이루어져 있다고 제시하였다. 그중 직업기초능력은 대부분의 직종에서 직무를 수행하기 위해 공통적으로 요구되는 능력(job general skills)이며, 직무수행능력은 직업기초능력과는 달리 특정 직종 또는 직업에서 직무를 성공적으로 수행하기 위해 요구되는 전문적인 능력(job specific skills)을 뜻한다고 하였다.

OECD(2000)는 직업기초능력(core competencies)을 지식경제에서 요구되는 핵심적인 주요 능력으로 보고, 지식근로자에게 요구되는 지속적인 훈련과 특정한 전문적 기술의 고도화를 촉진하는 기반을 제공한다고 제시하였다. 특히 인적자본을 구성하는 주된 요소로서 사회로의 첫 이행을 준비하는 대학생이 미리 준비하여야 할 핵심적 능력임을 시사하였다. 이러한 노력의 일환으로 성인의 능력에 대한 국제 비교를 시도한 ALL 조사(Adult Literacy & Life Skill Survey)에서는 직업기초능력을 통해 인적자원의 총량을 객관적으로 측정하고자 노력하였다. 이 연구에서는 직업기초능력(key competencies)을 일상 및 직업생활을 영위하는 데 필요한 다양한 하위 능력이라는 포괄적인 개념으로 사용하고 있다(임언, 2004).

위에서 언급한 바와 같이 일반적으로 직업기초능력을 나타내는 용어는 basic skills, job general skills, core competencies, key competencies, general competencies, core skills, common skills, generic skills, workplace know-how, workplace basics 등과 같이 다양하게 표현되고 있지만, 직업을 초월하여 요구되는 능력을 의미한다는 점에서 공통점이 있다. 특히 직업기초능력에서 '기초'란, 낮은 수준의 능력을 의미하거나 초보적인 능력과 같은 의미가 아니라 다양한 영역에 적용되는 '핵심' 또는 '공통적 능력'이라는 의미로 이해하는 것이 바람직할 것이다.

이처럼 직업기초능력은 직업세계에서 요구되는 능력의 개념을 정립하는 가운데 등장하였기 때문에 주로 산업체 근로자들에게 필요한 자질로 파악되었으나, 최근의 연구에서 직업생활뿐 아니라 일상생활에서의 적응에 필요한 능력과도 일치하는 것으로 나타나 그 중요성이 더욱 부각되고 있다. 즉, 직업기초능력은 직업세계의 구성원뿐 아니라 일상생활을 살아가는 한 개인이 주어진 환경과 상황에 적절히 적응하며 자신의 역할을 충분히 수행하기 위해 공통적으로 요구되는 능력(general competencies)이라고 볼 수 있다.

3) 직업기초능력의 영역

본 장에서는 국내외 연구에서 제안하고 있는 직업기초능력의 영역들을 토대로 직업기초능력의 공통영역을 선정하고, 선정된 각 영역의 특성을 살펴보고자 한다.

(1) 미국

미국은 점차 자국의 국제 경쟁력이 다른 나라에 압도당하게 된 원인을 미국 교육제도 전반에서 찾고자 했으며, 이를 극복하기 위하여 노동시장에서의 경쟁력을 확보할 수 있는 방안의 하나로 직업기초능력과 관련된 연구를 수행하게 되었다(서우석, 2000).

미국에서 직업기초능력에 대한 연구는 주로 노동부 산하 SCANS (Secretary's Commission on Achieving Necessary Skills)를 중심으로 시행되고 있다. SCANS는 산업현장에서 필요로 하는 능력이 무엇이며 청소년들이 이러한 요구를 충족시키고 있는지 파악하는 데 노력을 기울였다. 그리고 실제 산업현장에서 높은 수준의 직무수행을 보이는 근로자가 어떠한 특징을 보이는지 분석하여 'Workplace Know-How'라는 8가지 직업기초능력을 제안하였다(〈표 2-4〉 참조).

미국에서 직업기초능력에 대한 연구는 SCANS 외에도 ASTD (American Society for Training and Development)와 노동부가 공동으로

〈표 2-4〉 SCANS의 직업기초능력(Workplace Know-How)

직업기초능력		하위 영역
기본능력	기초능력	읽기 · 쓰기 · 수리 · 듣기 · 말하기 능력
	사고력	창의력, 의사결정능력, 문제해결능력, 학습능력
	개인적 자질	책임감, 자존감, 사회성, 자기관리능력
직무현장능력	자원활용능력	자원을 확인 · 조직 · 계획 · 할당할 수 있는 능력
	대인관계능력	다양한 배경의 사람과 같이 일하는 능력
	정보처리능력	정보습득 및 평가, 자료조직 및 유지, 정보해석 및 교환, 컴퓨터를 이용해 정보를 처리할 수 있는 능력
	시스템능력	사회적 · 조직적 · 기술적 체제를 이해 · 관리 · 개선할 수 있는 능력
	기술활용능력	기술지식의 선택, 문제해결능력

〈표 2-5〉 ASTD의 직업기초능력(Workplace Basics)

직업기초능력	하위 영역
기초능력	학습능력
기본능력	읽기, 쓰기, 셈하기
의사소통능력	말하기, 듣기
적응력	창의적 사고, 문제해결
개인관리능력	자존감, 동기부여 및 목표설정, 피고용능력 및 진로개발
집단능률	대인관계능력, 협상, 팀워크
영향력	조직유효성, 리더십

〈표 2-6〉 뉴욕 주의 직업기초능력(Workplace Know-How)

직업기초능력		하위 영역
기초 능력	언어 능력	듣기와 말하기, 읽기, 쓰기
	수학 능력	기초적인 연산, 논리학, 확률, 통계학, 도량법, 대수학/기하학
확장된 기초 능력		추리력, 대인관계능력, 팀의 일원으로 일할 수 있는 능력, 정보체계를 사용할 수 있는 능력, 우선순위를 부과하는 능력, 개인적 작업능력과 행동, 개인적·공민으로서의 책임감, 손재주

실시한 바 있다. 이 연구에서는 〈표 2-5〉와 같이 7개 분야 16개 항목의 직업기초능력(workplace basics)이 필요하다고 제안하였다(Carnevale, Gainer, & Meltzer, 1990).

또한 뉴욕 주 교육부에서는 1990년에 교사, 학자, 상업계 인사들로 구성된 위원회를 구성하여 산업현장에서 필요로 하는 능력에 대한 틀을 개발하였다. 이를 토대로 직업기초능력(basic skills)을 제안하였는데, 이는 〈표 2-6〉에 제시된 바와 같이 언어능력과 수학능력으로 구성된 기초능력과 그 외 8가지의 확장된 기초능력으로 구성되어 있다(O'Neil et al., 1992).

그 외에도 1984년에 NAS(National Academy of Sciences)는 산업현장

에 들어가게 되는 고등학교 졸업생들에게 요구되는 직업기초능력(core competencies)을 영어사용능력, 추리력과 문제해결력, 읽기능력, 쓰기능력, 계산능력, 과학기술능력, 구두 의사소통능력, 대인관계능력, 사회경제적 연구능력, 개인적 일 습관의 10가지로 제시하였고, 미시간주에서는 학문적 능력, 개인관리능력, 팀워크능력을 직업기초능력으로 제안하였다(O'Neil et al., 1992).

이와 같이 미국에서 직업기초능력에 대한 연구는 국가적인 차원에서 주도되며 산업체, 학계, 정부기관 등으로 구성된 위원회를 설치하고, 이를 교육에 적용하려는 노력을 활발하게 기울이고 있다는 점이 특징적이다.

(2) 영국

영국에서는 1960년대부터 직업교육에 정부가 관여해 왔으며, 1970년대에 국가적인 차원에서 직업교육 훈련체제를 구축할 필요성을 느끼고 이를 실천에 옮기기 시작하였다. 이러한 노력의 일환으로 1986년에 자격 관장기관인 NCVQ(National Council for Vocational Qualifications)를 설립하여 누구나 이용하고 이해할 수 있는 새로운 국가 직업자격체제를 정착시킬 것을 요청하였다. 이를 통해 고용수요를 충족시키고, 국가 직업자격의 질적 품위를 보증할 수 있게 되길 기대한 것이다. 이러한 사회적 상황 속에서 직업기초능력(core skills)에 대한 연구가 시작되었다. 현재는 학문자격증과 직업자격증 모두를 관장할 단일 기관으로 QCA(Qualifications and Curriculum Authority)가 새로이 설립되었는데, 이 기관에서 직업기초능력에 대한 연구를 활발히 수행하고 있다(정철영 외, 1998).

먼저 FEU(Further Education Unit, 1987)에서는 직업기초능력을 개인적 발달과 진로발달능력, 산업 · 사회 · 환경에 대한 연구능력, 의사소통능력, 사회적능력, 수리능력, 과학과 공학능력, 정보공학능력, 창조적 개발능력, 실천능력, 문제해결능력의 10가지를 제시하였다(Haworth & Browne, 1992).

CBI(Confederation of British Industry, 1989)에서는 가치관과 성실성, 효과적인 의사소통능력, 수리적용능력, 기술적용능력, 일의 세계와 국제사회에 대한 이해능력, 개인적 기술과 대인관계기술, 문제해결능력, 변화에 대한 긍정적인 태도의 8개를 제안하였고, NCC(National Curriculum Council, 1990)에서는 CBI의 직업기초능력을 검토하여 의사소통능력, 문제해결능력, 개인적 능력, 수리적 능력, 정보능력, 외국어능력의 6가지 영역으로 구분하였다(Werner, 1995).

또한, 국가적 차원의 단일화된 자격증 제도인 GNVQs(General National Vocational Qualifications)에서는 NCC의 분류를 기반으로 의사소통능력, 수리적용능력, 정보활용능력, 자기학습능력, 대인관계능력, 문제해결능력의 6개 직업기초능력을 제안하였으며, 그중 의사소통능력, 수리적용능력, 정보활용능력을 필수 직업기초능력으로 설정하였다(Chorton, 1994).

미국이 정부에서 직접 관여하여 직업기초능력의 향상을 도모하였던 경우와 유사하게 영국도 국가적 차원에서 이의 필요성을 느끼고 제도화하기 위해 노력하였음을 볼 수 있다. 특히 NCVQ와 같은 자격 관장기관을 설립하고, FEU, CBI, NCC와 같은 전문기관을 설립하여 직업기초능력에 대한 체계적인 연구가 이루어지도록 하고, 국가적 차원의 자격인정을 위한 노력을 지속적으로 기울이고 있다.

(3) 호주

1980년대 후반에 들어 호주에서는 직업기술교육이 다른 선진국 수준에 비해 부실하다는 의견이 제시되었다. 특히, 중등학교 졸업생 중 직업기술훈련 프로그램을 선택하는 비율이 낮아지고 있음을 우려하여, 직업기술교육 체제의 개혁이 필요하다고 인식하게 되었다(정철영 외, 1998).

이러한 상황에서 1992년 직업교육개혁에 대한 6개항의 국가적인 목표를 설정·발표하였으며, 직업교육개혁 목표를 뒷받침할 수 있는 정책들을 수립하였다(이관춘, 1996). 수립된 정책 중 후기 중등학교 교과과정과 직업훈련 교과과정에 똑같이 삽입될 직업기초능력(key competence)의 내용을 개발한다는 항목이 포함되어 있다. 이를 위해 Karmel 위원회가 소집되었고, 이어 Finn 위원회와 Mayer 위원회가 만들어져 직업기초능력을 추출하게 되었다(정철영 외, 1998).

1984년 초등교육과 중등교육의 질 향상을 위한 전략 수립을 위해 설립된 Karmel 위원회에서는 초·중등학교 학생이 갖추어야 할 직업기초능력(general competencies)으로 정보획득능력, 정보전달능력, 논리적인 절차의 적용능력, 한 개인으로서 실제적인 과제를 수행할 수 있는 능력의 4가지를 제안하였다(Werner, 1995).

청소년의 직업기초능력 습득을 위한 교육과정 운영원리를 개발하기 위해 연구한 Finn 위원회(1991)에서는 'Young people's participation in Post-compulsory Education and Training'이라는 보고서를 통해 청소년들이 취업을 위해 필수적으로 배워야 할 직업기초능력(key competencies)으로 언어와 의사소통능력, 수학능력, 과학적·기술공학적 이해능력, 문화이해능력, 문제해결능력, 대인관계능력의 6가지를 제안하였다(정철영 외, 1998).

Finn 위원회에 이어 1991년 9월에 설립된 Mayer 위원회에서는 직업기초능력을 구성하는 하위 요소를 개발하고, 학교 및 훈련기관에서의 공통된 교육과정 구성과 학습활동의 참조점을 제시하며, 교육과 훈련의 결과를 일관성 있게 평가하고 관리할 수 있는 기초를 마련하고자 하였다(Werner, 1995). Mayer 위원회에서 제안한 직업기초능력(key competencies)은 정보의 수집, 분석 및 조직능력, 아이디어와 정보의 의사소통능력, 직무활동의 기획 및 조직능력, 팀이나 다른 사람과 일할 수 있는 능력, 수리적 아이디어와 기법의 이용능력, 문제해결능력, 기술공학이용능력, 문화이해능력의 7가지이다(Mayer, 1992).

호주에서는 국가적 차원에서 직업기초능력의 필요성을 느끼고, Karmel 위원회, Finn 위원회, 및 Mayer 위원회 등과 같이 전문적인 위원회의 지속적인 운영을 통해 직업기초능력의 연구 및 적용을 전문적으로 진행하고 있다. 특히 직업기술교육 분야의 개선을 위한 자구책으로 직업기초능력을 선택한 만큼 청소년들을 주요 대상으로 하여 연구가 진행되었다. 따라서 호주의 연구 결과는 우리나라 청소년의 직업기초능력에 시사하는 바가 크다고 볼 수 있다.

(4) 한국

1994년 2월 5일 교육정책의 기본방향과 교육개혁방안 전반에 대한 심의를 주목적으로 하여 발족된 교육개혁위원회는 1995년 5월 31일에 '신교육체제' 수립을 위한 교육개혁 방안을 발표한 바 있다. 이의 연장선상에서 1996년 2월 9일에 발표한 세계화·정보화 시대를 주도하는 신교육체제 수립을 위해 누구나 원하는 교육을 받을 수 있도록 하는 열린 직업교육체제를 마련하기 위한 '신직업교육체제의 구축'을 제안하였다. 이를 위한 하나의 영역으로 평생직업교육의 기반구축을 설정하였고, 그 안에 직업능력 인증제의 도입을 제안하였다. 이는 경제와 사회 조직이 유연해짐에 따라 한국에서도 고기능·다기능 인력에 대한 수요가 높아지고 있고, 엔지니어조차도 사회적·인간관계적 소양과 의사소통능력의 보유가 필수적이며, 특히 전근대적 서비스 부문이 비중이 큰 한국에서는 서비스 분야의 근대화를 위한 인력개발이 긴급히 필요하다는 인식에서 비롯된 것이다(교육개혁위원회, 1996).

이와 같은 인식에서 직업능력을 인증하는 방안으로 직업기초능력이 제안되었다. 그러나 외국의 경우와 같이 국가적 차원에서 관련 전문기관의 설립과 함께 체계적으로 연구가 진행되지 못하고 몇몇 학자에 의해 단발적인 연구가 진행되었다. 그중 이무근 외(1997)와 정철영 외(1998)에 의해 한국인 직업기초능력의 영역이 제안되었다.

먼저, 우리나라 최초의 직업기초능력에 관한 연구를 수행한 이무근 외(1997)는 직업기초능력의 영역을 〈표 2-7〉과 같이 7가지로 제안하였다.

〈표 2-7〉 이무근 외의 직업기초능력

직업기초능력	하위 영역
의사소통능력	언어적 표현방식의 이해 및 활용, 비언어적 표현방식의 이해 및 활용
외국어 의사소통능력	외국어로 기술된 자료를 이해하거나, 외국어로 자료를 작성하기, 외국어를 사용하는 사람의 말을 듣고, 외국어로 말하기
수리능력	수치개념 이해, 수치로 기술된 자료 이해, 자료를 수치로 기술
문제해결능력	사고력, 의사결정능력, 창의력, 성취동기 및 추진력
정보소양능력	정보수집, 정보분석, 정보조직, 정보관리
대인관계능력	원만한 인간관계, 갈등관리, 팀워크·리더십, 자기관리
문화이해능력	우리 문화에 대한 이해, 다른 문화에 대한 이해

〈표 2-8〉 정철영 외의 직업기초능력

직업기초능력	하위 영역
의사소통능력	읽기능력, 쓰기능력, 듣기능력, 말하기능력, 비언어적 표현능력, 외국어(영어) 읽기능력
수리능력	사칙연산 이해능력, 통계와 확률에 대한 이해능력, 도표해석 및 표현능력
문제해결능력	사고력, 문제인식능력, 대안선택능력, 대안적용능력, 대안평가능력
자기 관리 및 개발능력	자기관리능력, 진로개발능력, 직업에 대한 건전한 가치관과 태도
자원활용능력	자원확인능력, 자원조직능력, 자원계획능력, 자원할당능력
대인관계능력	협동능력, 리더십능력, 갈등관리능력, 협상능력, 고객서비스능력
정보능력	정보수집능력, 정보분석능력, 정보조직능력, 정보관리능력, 정보활용능력, 컴퓨터사용능력
기술능력	기술이해능력, 기술선택능력, 기술적용능력
조직이해능력	국제 감각, 체제이해능력, 경영이해능력, 업무이해능력

직업기초능력과 국민공통 기본교육과정의 연계 실태를 분석하고 연계강화 방안을 제시한 정철영 외(1998)는 직업기초능력에 관계된 다양한 국내외 연구들을 고찰하였다. 또한, 22개로 분류된 산업 분야 중 다른 직종에 비해 고도의 전문성이 요구되는 전문직(변호사, 판사, 검사, 의사 등), 군인 등을 제외한 산업 분야의 근로자와 고용주를 대상으로 현장조사를 실시하였으며, 최종적으로 〈표 2-8〉과 같이 9개의 직업기초능력 영역을 추출하였다.

이상에서 살펴본 바와 같이, 직업기초능력에 대한 국내의 연구는 선진국에 비해 국가적 차원의 관심과 관여가 부족한 실정이다. 그러나 최근 대학교육이 대졸 신입사원의 직업기초능력에 대한 산업현장의 요구를 적절히 수용하지 못함으로 인해 대학 졸업자의 취업이 쉽지 않으며, 기업은 대졸자 취업 후 재교육 비용을 부담하고 있어 궁극적으로 국가적 차원의 경제적 손실을 가져오고 있다는 문제의식이 제기됨에 따라, 대학생의 직업기초능력 향상에 관심을 가지게 되었다. 이러한 상황에서 대학생 직업기초능력 진단평가제도 도입을 위한 공청회가 개최되었고(2007. 07. 29), 한국직업능력개발원의 주도하에 직업기초능력의 추출 및 진단도구의 개발과 실행에 대한 연구가 단계적으로 수행되고 있다.

지금까지 국내외에서 진행된 직업기초능력에 대한 선행연구를 바탕으로 하위 영역을 정리하면 〈표 2-9〉와 같다.

〈표 2-9〉 국내외 직업기초능력의 영역 분류

구분		의사소통 능력	정보처리 및 활용	문제 해결력	대인관계 및 협력	자기관리	기술적 지식의 적용	수리력	문화 이해력	기타
미국	SCANS	기초능력	정보처리 능력	사고력	대인관계 능력	개인적 자질	기술활용 능력			자원활용 능력
	ASTD	기본능력, 의사소통 능력		적응력	집단능률, 영향력	개인관리 능력				
	뉴욕 주	언어능력	정보체계를 사용할 수 있는 능력	추리력	대인관계 능력, 팀의 일원으로 일할 수 있는 능력			수학능력		
	NAS	인어사용 능력, 읽기능력, 쓰기능력, 구두의사소통능력		추리력과 문제 해결력	대인관계 능력	개인적 일 습관	과학기술 능력	계산능력		사회 경제적 연구
	미시간 주	학문적 능력			팀워크 능력	개인관리 능력				

〈표 2-9〉 국내외 직업기초능력의 영역 분류

구분		의사소통 능력	정보처리 및 활용	문제 해결력	대인관계 및 협력	자기관리	기술적 지식의 적용	수리력	문화 이해력	기타
영국	FEU	의사소통 능력	정보공학 능력	문제해결 능력, 창조적 개발 능력	사회적 능력	개인적 발달과 진로발달 능력	과학과 공학능력	수리능력		산업, 사회, 환경에 대한 연구능력
	CBI	효과적 의사소통 능력		문제해결 능력	개인적 기술과 대인관계 능력	가치관과 성실성, 변화에 대한 긍정적 태도	기술적용 능력	수리적용 능력		일의 세계와 국제사회에 대한 이해 능력
	NCC	의사소통 능력, 외국어 능력	정보능력	문제해결 능력		개인적 능력		수리적용 능력		
	GNVOs	의사소통 능력	정보활용 능력	문제해결 능력	대인관계 능력	자기학습 능력		수리적용 능력		
호주	Karmel 위원회	정보전달 능력	정보획득 능력	개인으로서 실제적인 과제를 수행 할 수 있 는 능력			논리적인 절차의 적용능력			
	Finn 위원회	언어와 의사소통 능력		문제해결 능력	대인관계 능력		과학적·기술공학적 이해	수학 능력	문화의 이해	
	Mayer 위원회	아이디어와 정보의 의사소통능력	정보의 수집, 분석 및 조직능력	문제해결 능력	팀, 다른 사람과 일할 수 있는 능력	직무활동의 기획 및 조직 능력	기술공학 이용 능력	수리적 아이디어와 기법의 이용능력	문화 이해력	
OECD	All 조사	독해력, 문서 이해력		문제 해결력				수리력		
한국	이무근 외	의사소통 능력	정보소양 능력	문제해결 능력	대인관계 능력			수리능력	문화이해 능력	
	정철영 외	의사소통 능력	정보능력	문제해결 능력	대인관계 능력, 조직이해 능력	자기관리 및 개발 능력	기술 능력	수리능력		자원활용 능력

직업기초능력의 영역은 각 국가의 국가적·시대적·사회적 상황에 따라 차이를 보이고 있으나, 보편적으로 의사소통능력, 정보의 처리 및 활용능력, 문제해결능력, 대인관계 및 협력능력, 자기관리능력, 기술적 지식의 적용능력, 수리능력의 7개 능력을 공통된 영역으로 강조하고 있음을 알 수 있다.

4) 청소년의 직업기초능력

청소년에게 요구되는 직업기초능력은 일상생활을 살아가는 한 개인으로서 주어진 환경과 상황에 적절히 적응하며 자신의 역할을 충분히 수행하기 위해 요구되는 공통적인 능력이라고 볼 수 있다. 그런 측면에서 청소년의 직업기초능력은 성인의 직업기초능력과 유사하지만 직업기초능력의 하위 영역과 각 영역에서 추구하는 내용이나 목적은 조금 다르다.

우리나라에서 진행된 청소년 직업기초능력 관련 연구들은 학교 교육과정과 직업기초능력의 연계방안을 마련하는 데 주된 관심을 가져왔다. 그러나 대부분의 연구가 모든 청소년을 대상으로 하기보다 실업계 학생들에게 한정하여 진행된 것을 볼 수 있다. 이는 직업기초능력을 직업생활에서 필요한 능력으로 인식하여 진학보다 취업에 일차적인 목표를 두고 있는 실업계 학생들에게 보다 필요한 능력으로 간주한 결과에 의한 것이다. 또한 청소년 직업기초능력 연구를 위한 하위 영역의 선정 과정을 보면, 성인 대상의 직업기초능력에 대한 국내외 연구 결과를 종합하여 청소년의 특성에 맞게 수정·보완하여 제시하거나 특정 국가나 개인의 연구 결과를 그대로 도입하여 적용한 경우도 있다.

청소년 직업기초능력에 대한 국내의 연구는 원상봉(1987)의 연구를 시작으로 2000년 이후 활발히 진행되었고, 주로 실업계 청소년을 대상으로 진행되어 왔다(〈표 2-10〉 참조). 또한 청소년에게 요구되는 직

〈표 2-10〉 청소년의 직업기초능력 관련 연구

연구자	연구 목적	하위 영역 산출	하위 영역(개수)
원상봉 (1987)	실업계고등학교 직업기초능력의 중요성 강조 및 교육과정 적용방안 마련	국외 연구결과의 종합	읽기, 쓰기, 말하고 듣기, 수리적 능력, 과학적 능력, 추리력과 문제해결능력, 정의적 직업능력(7개)
정철영 외 (1998)	직업기초능력과 국민 공통 기본교육과정의 연계 실태 분석 및 연계 강화방안 제시	국내외 연구결과의 종합	의사소통능력, 수리능력, 문제해결능력, 자기관리 및 개발능력, 자원활용능력, 대인관계능력, 정보능력, 기술능력, 조직이해능력(9개)
정철영 · 정진철 (1999)	고등학생의 직업기초능력의 요소 및 수준 분석	선행연구, 직무분석자료, 직업 교육프로그램, 전문가의 협의	의사소통능력, 외국어능력, 수리능력, 정보공학능력, 과학·기술 능력, 문제해결능력, 개인적 자질, 대인관계능력, 자원활용능력, 국제화능력(10개)
서우석 (2000)	초 · 중등학교 교육과정에 제시된 직업기초능력의 내용 분석 및 개발방안 제시	정철영 외 (1998)의 결과 적용	
송병국 (2000)	직업기초능력의 영역별 교육목표, 교육내용 및 실천방안	정철영 외 (1998)의 결과 적용	
송기상 외 (2001)	실업계고등학교 컴퓨터교육에서 직업기초능력의 계발 필요성 강조	SCANS의 결과 적용	기본능력(기초능력, 사고력, 개인적 자질), 직무현장능력(자원활용능력, 대인관계능력, 정보처리능력, 시스템능력, 기술활용능력)(8개)
이종성 · 정향진 (2002)	실업계고등학생의 직업기초능력 수준 분석	정철영 외 (1998)의 결과 적용	
이건남 · 정철영 (2003)	실업계고등학생의 직업기초능력의 수준 및 프로그램 분석	정철영 외 (1998)의 결과 적용	
배은영 (2003)	실업계고등학생의 직업기초능력 향상을 위한 전문교과의 구성 방안 마련	정철영 외 (1998)의 결과 적용	
이병찬 · 배은영 (2004)	상업계고등학생에게 적합한 직업기초능력의 영역 분석	정철영 외 (1998)의 결과 적용	
우상호 외(2005)	공업계고등학생에게 적합한 직업기초능력의 영역 및 수준 분석	국내외 연구결과의 종합	인성, 기본기능, 사고기능, 대인관계능력, 자원활용능력, 정보활용능력, 조직이해능력, 기술능력(8개)

업기초능력의 영역 선정 시 많은 연구가 정철영 외(1998)의 연구 결과를 그대로 적용하고 있는데, 정철영 외(1998)의 연구는 1990년대에 이루어진 연구로서, 빠르게 변화하는 현대 청소년의 특성이 반영된 직업기초능력을 도출하기에는 한계가 있다.

따라서 본 연구에서는 청소년들의 직업기초능력 향상을 지원하고 있는 SCANS(1991)와 호주의 Karmel(1984), Finn(1991), Mayer(1991)

〈표 2-11〉 청소년 직업기초능력의 하위 영역

구분	의사소통 능력	수리능력	기술활용 능력	문제해결 능력	자기관리 및 개발 능력	자원활용 능력	대인관계 능력	정보활용 능력	조직이해 능력	기타
Karmel 위원회 (1984)	정보전달 능력		논리적 절차의 적용 능력	과제수행 능력				정보획득 능력		
원상봉 (1987)	읽기 쓰기 말하고 듣기	수리적 능력	과학적 능력	추리력과 문제 해결력						정의적 직업 능력
Finn 위원회 (1991)	언어와 의사소통 능력	수학능력	과학적·기술공학적 이해	문제해결 능력			대인관계 능력			문화의 이해
Mayer 위원회 (1991)	아이디어와 정보의 의사소통 능력	수리적 아이디어와 기법의 이용능력	기술공학 이용 능력	문제해결 능력	직무 활동의 기획 및 조직 능력		팀, 다른 사람과 일할 수 있는 능력			문화 이해력
SCANS (1991)	기초능력		기술활용 능력	사고력	개인적 자질	자원활용 능력	대인관계 능력	정보활용 능력	시스템 능력	
정철영 외 (1998)	의사소통 능력	수리능력	기술 능력	문제해결 능력	자기관리 및 개발 능력	자원활용 능력	대인관계 능력	정보 능력	조직이해 능력	
정철영·정진철 (1999)	의사소통 능력, 외국어 능력	수리능력	과학·기술 능력	문제해결 능력	개인적 자질	자원활용 능력	대인관계 능력	정보공학 능력		국제화 능력
우상후 외 (2005)	기본능력		기술 능력	사고 기능	인성	자원활용 능력	대인관계 능력	정보활용 능력	조직이해 능력	

위원회에서 제안한 연구 결과를 비롯하여, 원상봉(1987), 정철영 외(1998), 정철영·정진철(1999), 우상호 외(2005)의 연구를 종합·정리하여 청소년 직업기초능력의 하위 영역을 추출하였다. 그 결과, 〈표 2-11〉과 같이 보편적으로 의사소통능력, 수리능력, 기술활용능력, 문제해결능력, 자기관리 및 개발능력, 자원활용능력, 대인관계능력, 정보활용능력, 조직이해능력의 9개 영역으로 추출할 수 있다.

선행연구를 통해 도출된 9개의 청소년 직업기초능력의 하위영역 개념을 구체적으로 살펴보면 다음과 같다.

첫째, 의사소통능력은 업무를 수행할 때 글과 말을 읽고 들음으로써 다른 사람이 뜻한 바를 파악하고, 자기의 의도를 글이나 말로 정확하게 표현하는 능력으로서, 읽기능력, 쓰기능력, 말하기능력, 듣기능력, 외국어능력 등이 포함될 수 있다. 구체적으로 인쇄물이나 다양한 정보를 정확하게 읽고 이해하는 능력, 자신의 아이디어나 정보를 글이나 말로 명확하게 표현하는 능력, 다른 사람이 제시한 의견을 정확하게 듣고 이해하는 능력, 비언어적 표현을 이해하고 적절하게 반응하는 능력, 사전과 같은 보조자료를 활용하여 외국어로 표현된 간단한 설명이나 지시서 등을 읽고 해석할 수 있는 능력 등이 포함된다. 청소년들은 이러한 의사소통능력의 함양을 통해 지금 현재뿐 아니라 졸업 후 직업현장에서의 효율적인 직무수행 및 직무환경에의 적응력을 제고할 수 있을 것이다.

둘째, 수리능력은 자연, 노동, 사회 일반의 사물현상을 수량적으로 분석하고 파악·처리하는 능력을 포괄적으로 지칭하는 것으로서 셈하기, 대소 구별하기 등의 수 개념으로부터 덧셈, 뺄셈, 곱셈, 나눗셈 등의 사칙연산, 통계, 확률 등을 정확하게 이해하고 활용할 수 있는 능력을 말한다(정철영 외, 1998). 이와 같은 수리능력은 직업현장에서 빈번히 활용되는 사칙연산의 처리, 표나 그래프를 활용한 자료의 분류 및 정리 등에 적절히 활용될 수 있다.

셋째, 기술활용능력은 기술이라는 용어를 어떻게 정의하느냐에 따라 다양하게 정의될 수 있지만, 일반적으로 직업생활에서 공통적으로 필요로 하는 기술을 이해하고 선택하고 조작할 수 있는 능력을 의미한다. 여기서 기술(technology)이란 대상(도구, 기계), 과정(설계와 물질의 변형), 지식(방법, 기법), 그리고 의지(대상, 과정 및 지식을 연결하는 목적, 의도, 선택)를 모두 포함하는 의미이다(Frey, 1989). 청소년은 기술활용능력의 함양을 통해 이후 업무상황에서 적절한 기술을 선택하고, 이해하고, 적용할 수 있는 능력을 갖출 수 있다.

넷째, 문제해결능력은 업무를 수행할 때 문제상황이 발생하였을 경우, 고등정신능력을 포함하는 사고활동을 통해 이를 올바르게 인식하고 창조적 · 논리적으로 해결하는 능력을 의미한다. 이 영역에는 논리적 사고력, 창조적 사고력, 비판적 사고력과 같이 문제해결에 요구되는 사고력, 문제를 인식하고 적절한 대안을 선택 · 적용 · 평가하는 일련의 과정을 적절히 수행할 수 있는 의사결정능력 및 문제처리능력 등이 포함될 수 있다. 이러한 문제해결능력의 함양을 통해 청소년은 직업을 포함한 다양한 삶의 현장에서 문제상황에 접했을 때 가장 합리적인 해결방안을 선택하여 실행할 수 있는 능력을 갖추게 될 것이다.

다섯째, 자기관리 및 개발능력은 직무수행과 직접 관련되는 기술이나 지식은 아니지만 직업인으로서 지속적으로 성장 · 발전하는 데 기초가 되는 자질이나 능력을 포괄적으로 지칭한다. 즉, 건강관리력, 독립심, 추진력 또는 성취동기, 책임감, 성실성 및 예절 등과 관련된 자기관리능력, 적합한 진로를 탐색 · 준비 · 선택할 수 있는 진로개발능력, 그리고 직업에 대한 건전한 가치관과 태도 형성 등이 포함될 수 있다(정철영 외, 1998). 자기관리 및 개발능력의 함양을 통해 청소년들은 자신의 특성과 희망직종에 대해 객관적으로 이해할 수 있게 될 것이며, 자신의 진로를 탐색하고 개발하기 위한 능력과 태도를 기를 수 있을 것이다.

여섯째, 자원활용능력은 업무를 수행하는 데 요구되는 자원이 무엇인지 확인하고, 이용가능한 자원을 최대한 수집하여 활용을 계획하고 실제로 이를 적용하는 능력을 의미한다. 따라서 자원활용능력에는 자원확인능력, 자원수집능력, 자원활용 계획능력, 자원할당능력 등이 포함된다. 자원확인능력은 다양한 자원 중 업무를 수행하는 데 요구되는 자원이 무엇이며 얼마나 필요한지를 확인하는 능력이고, 자원수집능력은 활용할 수 있는 자원을 최대한 수집할 수 있는 능력을 의미한다. 또한 자원활용 계획능력은 수집된 자원을 가장 효율적으로 업무수행에 활용할 수 있는 방안을 수립하는 것이며, 자원할당능력은 계획에 따라 실제 업무수행에 자원을 적용해 나가는 능력이다. 이러한 자원활용능력의 확보를 통해 청소년들은 주어진 환경 내에서 자신을 둘러싸고 있는 인적·물적 자원을 최대한 활용할 수 있는 능력을 갖추게 될 것이다.

일곱째, 대인관계능력은 업무를 수행할 때 접촉하게 되는 사람들과 우호적으로 관계를 맺고 원만하게 지낼 수 있는 능력을 말한다. 세부적인 능력으로 다른 사람과 협력하여 함께 업무를 수행해 나가는 협동능력, 업무수행과 관련된 다른 사람이나 자신을 이끌 수 있는 리더십, 다양한 사람들 사이에서 발생할 수 있는 문제상황을 원만히 조절하고 해결할 수 있는 갈등조절능력, 타인을 설득하고 의견을 조정하며 원만히 타협점을 마련할 수 있는 협상능력, 업무상 만나게 되는 고객의 요구를 인식하고 충족시키기 위해 노력하는 고객서비스능력

등이 포함될 수 있다. 이와 같은 대인관계능력은 공동체의 구성원에게 필수적으로 요구되는 능력이므로, 청소년들은 대인관계능력의 함양을 통해 공동체의 일원으로서 다른 사람들과 적절한 인간관계를 맺으며 살아가는 방법을 습득할 수 있을 것이다.

여덟째, 정보활용능력은 정보화 사회로 표현되는 현대사회에서 특히 강조되는 능력으로, 업무와 관련된 정보를 수집하고, 그중 의미 있는 정보를 찾아내며, 이를 비판·분석하여 업무수행 및 활용목적에 적절하도록 조직하고, 조직된 정보를 관리하며 업무수행에 활용하는 능력을 의미한다. 또한, 이러한 여러 과정에 컴퓨터를 사용할 수 있는 능력을 말한다. 구체적인 세부능력으로는 정보수집능력, 정보분석능력, 정보조직능력, 정보관리능력, 정보활용능력, 컴퓨터활용능력 등이 포함될 수 있다. 이러한 정보활용능력을 갖춤으로써 청소년들은 엄청난 속도로 증가하는 정보의 홍수 속에서 퇴보되지 않고 적응할 수 있으며, 필요한 시기에 신속하게 적절한 정보를 수집하고 분석하며 조직하고 활용할 수 있게 될 것이다.

아홉째, 조직이해능력은 업무를 원만하게 수행하기 위해 요구되는 국제적인 추세를 포함한 조직의 체제와 경영에 대해 이해하는 능력으로서(이종성·정향진, 2002), 개인이 속한 조직의 문화 및 풍토를 이해하고 이에 적응해 나가는 능력을 의미한다. 즉, 조직이해능력은 개별 직업인이 조직생활에서 매순간 어떻게 행동하고, 조직의 내적·외적 규범이나 가치들을 어떻게 준수·수용하여야 하며, 조직의 발전이나 생산성 향상에 어떻게 기여할 수 있는가 등을 정확하게 인식하는 능력이다(정철영 외, 1998). 청소년들이 조직이해능력을 갖추면 직업세계뿐 아니라 학교나 동아리와 같은 조직에 속하게 되었을 때, 자신이 속한 조직의 문화와 풍토를 이해하게 되고 적절히 적응해 나갈 수 있는 능력을 갖추게 될 것이다.

이상에서 제시된 청소년 직업기초능력의 각 하위 영역별 의미와 세부능력을 정리하면 〈표 2-12〉와 같다.

〈표 2-12〉 청소년 직업기초능력의 의미 및 세부능력

하위 영역	의 미	세부능력
의사소통 능력	업무수행 시 글과 말을 읽고 들음으로써 다른 사람이 뜻한 바를 파악하고, 자기가 뜻한 바를 글이나 말을 통해 정확하게 표현하는 능력	-읽기능력 -쓰기능력 -말하기능력 -듣기능력 -외국어능력
수리능력	자연, 노동, 사회 일반의 사물이나 현상을 수량적으로 분석하고 파악·처리하는 능력	-수 개념 -사칙연산 -통계 및 확률의 이해 -도표해석 및 활용
기술활용 능력	직업생활에서 공통적으로 필요로 하는 기술을 이해하고 선택하고 조작할 수 있는 능력	-기술이해능력 -기술선택능력 -기술활용능력
문제해결 능력	문제상황 발생 시 고차적 사고활동을 통해 올바르게 인식하고 창조적·논리적으로 해결해 나가는 능력	-사고력 -의사결정능력 -문제처리능력
자기관리 및 개발 능력	직업인으로서 지속적으로 성장·발전하는 데 기초가 되는 자질이나 역량의 함양능력	-자기관리능력 -진로개발능력 -직업가치관 및 태도
자원활용 능력	업무를 수행하는 데 요구되는 자원을 확인하고, 이용 가능한 자원을 최대한 수집하여 활용을 계획하고 이를 적용하는 능력	-자원확인능력 -자원수집능력 -자원계획능력 -자원할당능력
대인관계 능력	업무수행 시 타인과 우호적인 관계를 맺고 원만하게 지낼 수 있는 능력	-협동능력 -리더십 -갈등조절능력 -협상능력 -고객서비스능력
정보활용 능력	업무와 관련된 정보를 수집하고, 의미 있는 정보를 확인하며, 업무수행 및 활용목적에 적절하도록 조직하여 업무수행에 활용하는 능력	-정보수집능력 -정보분석능력 -정보조직능력 -정보관리능력 -정보활용능력 -컴퓨터활용능력
조직이해 능력	업무를 원만하게 수행하기 위해 요구되는 조직의 체제와 경영에 대한 이해 능력	-국제감각 -조직문화 및 조직풍토 이해

청소년 직업기초능력의 각 하위 영역들은 청소년이 직업세계에 들어섰을 때에야 비로소 영향을 미치게 되는 요소가 아니라, 생활인으로서 살아가고 있는 지금 현재의 생활과 적응에 영향을 미치는 요소인 것이다. 따라서 직업세계에 진입하고 난 이후나 진출하기 직전이 아니라, 청소년 시기부터 직업기초능력의 함양에 관심을 가져야 할 것이다. 또한, 가정에서 함양되어도 충분하다는 기존의 인식에서 벗어나 학교 정규 교육과정에서 체계적으로 계획되고 교육되어야 하는 능력으로 인식을 전환해야 한다.

5) 직업기초능력과 청소년 생활역량의 관계

대부분의 직업에서 공통적으로 필요한 능력으로 정의되는 직업기초능력은 직업세계에서 요구되는 능력의 개념을 정립하는 가운데 등장하였기 때문에 주로 산업체 근로자들에게 필요한 자질로 파악되었다. 그러나 최근의 연구에서는 직업생활뿐 아니라 일상생활에서 필요로 하는 능력과도 일치하는 것으로 나타나 그 중요성이 더욱 부각되고 있으며, 단순히 성인기에 강조되는 능력이 아니라 전 생애에 걸쳐 강조되어야 하는 능력으로 인식되고 있다. 이는 개인이 일상생활 속에서 타인과 호혜적인 관계를 맺으면서 자신의 능력을 발휘할 뿐 아니라 행복한 삶을 영위하는 데 필요한 능력으로 정의되는 생활역량과도 추구하는 바가 유사하다.

단편적인 측면에서 접근한 다른 연구들과는 달리 종합적인 관점에서 청소년의 생활역량을 연구한 윤명희 · 김진화(2008)의 연구와 생활역량이라는 용어 대신 생애역량이라는 용어를 사용하여 전 생애에 걸친 생활역량을 연구한 유현숙(2002)의 연구를 살펴보면 직업기초능력과 생활역량과의 연관성을 더 뚜렷이 찾아볼 수 있다.

먼저, 윤명희 · 김진화(2008)는 개인이 일상생활 및 주변 환경에 적응하기 위해서 실생활에서 발생하는 문제를 해결하고, 자신과 타인을 이해하여 상호 호혜적인 관계를 유지할 수 있도록 개인의 행동과 감정 및 사고를 변화시킬 수 있는 내적 · 외적 역량으로 생활역량을 정의하고, 중 · 고등학교에 재학 중인 청소년을 대상으로 내적 역량뿐 아니라 외적 역량을 진단한 연구를 실시하였다. 이들은 청소년 시기의 특수성을 충분히 고려하여 6가지 하위 역량과 이를 구성하는 22개의 다양한 생활기술, 즉 자기조절역량(감정조절기술, 신체관리기술, 시간활용기술, 합리적소비기술), 자기성취역량(동기형성기술, 목표설정기술, 진로탐색기술), 대인관계역량(표현기술, 경청기술, 관계형성기술, 갈등조절기술), 공동체역량(매너기술, 봉사참여기술, 협력기술, 리더십기술), 창의성역량(창의적기획기술, 의사결정기술, 문제해결기술), 상황대처역량(휴대폰중독대처기술, 인터넷중독대처기술, 유해물질대처기술, 폭력대처기술)을 제안하였다. 이들이 설정한 생활역량과 생활기술은 청소년이라는 발달단계의 특수성을 내포하고 있으나, 청소년을 둘러싸고 있는 환경 속에서 타인과 조화를 이루고 자신의 역할을 충분히 감당해 나가는 데 필요한 능력들을 제안했다는 측면에서 직업기초능력과 일맥상통함을 알 수 있다. 실제로 이들이 제안한 생활역량의 하위 영역 및 생활기술에서 직업기초능력의 하위 영역과 일치되는 부분이 많음을 볼 수 있다.

또한, 국가 수준의 생애능력(life competency) 표준을 설정하고 이를 위한 발달단계별 학습체제의 질 관리 방안을 연구한 유현숙(2002)은 개별적으로 능력 있고 행복한 사람, 사회적으로 건전한 시민이 되기 위해 요구되는 능력, 즉 전 생애를 통하여 육성해야 할 핵심능력을 생애능력, 곧 생활역량으로 보았다. 선행연구 및 외국의 동향을 분석하여 기초문해력, 핵심능력, 시민의식, 직업특수능력으로 유형화하여 제안하였고, 그중 특히 각 발달단계에 따라 공통적으로 강조되고 육성할 필요가 있는 부분은 문제해결력, 자기주도학습력, 의사소통능력, 창의력, 인간관계능력 등을 포함하고 있는 핵심능력이라고 제안하였다. 이와 같이 유현숙(2002)이 제안한 4가지 유형 중 핵심능력의 하위 영역들은 이전 장에서 제시한 직업기초능력의 하위 영역들과 거의 일치함을 볼 수 있다.

이상에서 살펴본 바와 같이, 직업기초능력과 청소년의 생활역량은 궁극적으로 추구하는 바가 유사하다. 직업기초능력은 직업세계의 구성원뿐 아니라 일상생활을 살아가는 한 개인이 주어진 환경과 상황에 적절히 적응하며 자신의 역할을 충분히 수행하기 위해 공통적으로 요구되는 능력이며, 청소년의 생활역량은 청소년이 일상생활 속에서 타인과 호혜적인 관계를 맺으면서 자신의 능력을 발휘할 뿐 아니라 행복한 삶을 영위하는 데 요구되는 공통적인 능력으로 정의되고 있다. 따라서 직업기초능력이 궁극적으로는 일상생활 속에서의 적응과 수행을 위해 개인에게 요구되는 공통적인 능력이라는 측면에서 유사함을 볼 수 있다. 또한 직업기초능력과 청소년의 생활역량을 구성하고 있는 하위 영역들을 보면, 문제해결력, 의사소통능력, 창의력, 대인관계능력, 리더십 등과 같이 궁극적으로 유사한 요소로 구성되어 있음을 알 수 있다. 최근 정규 교육과정을 통해 직업기초능력의 함양을 모색하려는 노력은 결국 청소년의 생활역량을 강화하기 위한 또 다른 측면의 노력이라고 볼 수 있을 것이다.

4. 생활기술

1) 생활기술의 도입배경

생활기술은 1970년대 미국에서 청소년의 훈련을 위한 프로그램을 제공하면서부터 강조되기 시작하였다. 당시에는 생활기술을 상호의존적인 사회를 살아가기 위해 유용하게 사용되는 능력으로 정의하고, 커뮤니케이션능력, 대응능력, 인간관계능력, 의사결정능력이 포함된 청소년 리더십 생활기술로 특화하였다. 현재는 관련 연구들을 토대로 청소년에게 적용가능한 프로그램 개발에 관심이 집중되고 있는 추세이다.

생활기술이라는 용어는 일반 청소년의 자질과 능력을 향상시키기 위한 교육훈련보다는 청소년의 보건교육과 관련하여 쓰인 사례가 많다. 특히, 생활기술에 기반을 둔 음주 및 약물 또는 흡연 예방 프로그램 등에 이용되어 왔다. 흡연 예방 프로그램의 경우 흡연이 인체에 미치는 영향을 포함한 정확한 지식의 전달뿐만 아니라 친구나 부모 혹은 대중매체와 같은 사회적 영향에 대한 인지, 의사소통기술, 자아존중감 향상과 같은 것까지 생활기술로 보고 있다.

또한 발달적 장애를 가지고 있는 사람들에게 기능적 측면에서 생활기술을 적용하는 경우도 있다. 이러한 경우 생활기술은 자기관리, 가정생활, 지역사회 시설이용, 이동과 교통수단, 여가, 대인관계와 같은 재활 및 단순한 일상생활에 필요한 영역으로 구성된다. 국내에서 생활기술을 많이 사용하고 있는 또 다른 분야는 농촌이다. 예를 들어, 농촌의 농업기술센터에서는 농작물을 잘 재배하는 기술을 통칭하여 생활기술이라는 용어를 사용하고 있다. 이처럼 생활기술은 다양한 상황에서 다양한 대상에게 적용되어 쓰이고 있으나, 각 대상이 살아가면서 우선적으로 갖추어야 할 실제적인 기술을 의미한다는 점에서 유사하다.

생활기술을 본격적으로 논의하고 연구한 것은 2000년 이후부터이다. WHO, OECD, UNESCO 등의 국제기구에서 'life skill'을 국민이 전 생애적으로 익히고 배워야 할 기술로 정의하고, 생활하면서 필요한 기술을 다양하게 제시하여 국민들이 이를 습득하도록 국가적으로 장려하고 있다. 특히 직업기초능력과 관련지어 성인이 살아가면서 필요로 하는 기술이라 제시하고 있다.

우리나라에서는 2002년부터 한국교육개발원에서 생애기술(life skill)이라는 용어를 사용하여 국가 차원에서 연구를 실시하고 있으며, 전 국민이 유년기부터 노년기까지 일생에 걸쳐 필수적으로 갖추어야 하는 기술로 정의하여, 국가 수준의 생애기술을 향상시키고자 노력하고 있다.

이상에서 살펴본 바와 같이 생활기술의 개념이 도입된 초기에는 생활 속에서 요구되는 구체적인 기술, 예를 들어 음주, 약물, 흡연 등의 개선을 위한 기술, 장애인의 기능적 기술, 농작물 재배기술 등과 같은 형태로 강조되었다. 그러나 최근에는 국가적 차원에서 모든 국민이 전 생애에 걸쳐 익혀야 하는 보편적인 기술로 그 의미가 확대되고 있다.

2) 생활기술의 개념

생활기술이라는 용어의 기원은 1904년 Miller가 청소년 조직의 구성원에게 교육프로그램을 제공한 데에서 시작된 것으로 보인다(Boyd,

1991: 재인용). 그는 생활기술이라는 용어를 직접적으로 사용하지는 않았지만 상호의존적인 사회에서 유용하게 사용되는 청소년의 사고와 행동, 그리고 과정을 강조한 생활기술 교육프로그램을 장려한 바 있다.

생활기술에 대한 최초의 학문적 정의는 Himsl(1973)에 의해 이루어졌다. 그는 생활기술을 어떤 특정 업무를 수행하는 데 응용되는 가장 적절하고 책임 있는 문제해결행동이라고 정의내렸다. 또한 Miller(1976)는 상호의존적인 사회에서 유용한 것으로 실제 상황에서 리더십을 발휘할 수 있는 능력이라고 할 수 있으며, 사고, 행동, 감정이 포함된다고 하였다. Pigg와 Meyers(1980)는 과학적 지식과 기술을 사용하는 능력, 커뮤니케이션, 사회적 기술, 건강유지, 리더십 능력, 합리적 의사결정 등을 포함하는 실용적 기술의 개발을 의미한다고 하였으며, Mullen(1981)은 현대사회에서 살아가기 위해 필요한 공통된 핵심 수단, 즉 인간관계기술, 문제해결기술, 자신의 가치에 대한 이해를 지칭하는 것이라고 하였다.

생활기술에 대해 보다 포괄적으로 정리한 Weatherford & Weatherford(1985)는 생활기술이 구체적으로 능력(competency), 대처(copying), 공헌(contributory)의 의미를 내포하고 있다고 제시하였다. 능력은 자신과 주위 세계에 대한 지식과 기술을 개발시키는 것으로, 효과적인 문제해결과 의사결정기술, 건강한 행동, 환경 파수꾼과 그 역할, 평생학습 능력, 전문적 지식으로서의 자부심이라는 내용으로 구성되어 있다. 따라서 본 연구에서 제시하고 있는 역량(competency)과는 그 의미가 다름을 기억해야 할 것이다. 한편, 대처는 대인관계기술의 개발을 통해 정체성을 확립하는 것이고, 공헌은 자신과 타인과의 관계에서 상황적·개인적 장벽을 제거할 수 있게 하는 분배와 사회적 공헌을 증진해 나가는 것이라고 하였다.

이후 1990년대에 들어서 생활기술에 대한 본격적인 연구가 시작되었다. 특히 WHO(1999)에서는 생활기술에 대한 개념을 정의하고 청소년기에 바람직한 생활습관을 확립하는 데 필요한 생활기술을 제시하였다. 최근 OECD 등 국제기구를 비롯하여 여러 선진국에서 활발히 논의가 이루어지고 있는 가운데, 생활기술은 일생생활에서 일어나는 전반적인 상황과 대인관계 등의 영역에서 생성되고 그 속에서 요구되는 기술이라는 것을 알 수 있다. 또한 정규 교육과정에서뿐만 아니라 비정규 교육과정 모두를 통해서 이루어져야 하고, 한정적인 상황이 아닌 생활 전반에 걸쳐 다양한 환경에서 적용되어야 하는 것으로 강조되고 있다(ILO, 2003).

3) 생활기술의 영역

생활기술 영역은 주로 성인을 대상으로 제안되어 왔다. 미국의 경우, ASTD(2004)에서는 기본능력, 기초문해능력, 의사소통능력, 적응력, 개인관리능력, 집단능률, 영향력을 하위영역으로 제안하였으며, SCANS(1991)에서는 기초능력, 사고력, 개인적 자질, 직무현장능력을 제시하였다. 영국의 NIACE에서는 기초문해능력, 핵심능력(의사소통능력, 수리적용능력, 정보활용능력, 자기학습능력, 대인관계능력, 문제해결능력), 직업분야능력, 구체적 직무능력으로 나누고, 독일의 연방교육과학 연구 및 기술부에서는 기술적, 방법론적 학습능력, 특정 학문관련 능력, 심리사회적 기술, 외국어능력, 매체활용능력, 문화 간 기술, 기타 기술 등으로 구분하여 하위 영역을 제시하고 있다(유현숙, 2004).

또한, WHO(1999)에서는 먼저 생활기술을 일상생활에서 직면하는 다양한 상황에 대해 효과적으로 대응할 수 있도록 해주는 심리사회적 기술로 정의하고, 주어진 정보를 가지고 결정을 내리고 문제를 해결하기 위해 창조적이고 비판적인 사고를 하는 것(Critical thinking skills/Decision-making skills), 효과적으로 의사소통을 하는 것(Interpersonal/Communication skills), 자기를 통제하고 관리하는 것(Coping and self-management skills) 등의 하위 영역을 제안하였다. 특히, 청소년에게 생활기술은 특정 위험상황뿐 아니라 그들의 권리를 증진시키고 보호할 수 있는 능력이 필요한 상황에서 긍정적으로 적용될 수 있다고 제안하며 〈표 2-13〉과 같이 생활에 필요한 기술 10가지를 제안하였다.

〈표 2-13〉 청소년의 생활기술 분류

생활기술	정 의
의사결정기술	건강에 관한 여러 선택 가능한 행동 중에서 그 결정이 가져올 영향을 평가하고, 주체적인 의사결정을 할 수 있는 기술
문제해결기술	정신적 스트레스와 신체적 긴장을 유발하는 중요한 문제를 해결하는 기술
창조적 사고	특정 상황에서 선택 가능한 보기들의 파악, 행동에 뒤따르는 결과에 대한 사고, 및 의사결정과 문제해결을 돕는 기술
비판적 사고	개인의 가치관, 친구의 권유, 대중매체 등이 사람들의 태도와 행동에 영향을 미치는 요인을 인식하고 평가할 수 있는 기술
의사소통기술	상황에 적절한 방법과 언어적 또는 비언어적으로 자신을 표현할 수 있는 기술
대인관계기술	인간관계를 구축하고 유지할 수 있는 기술
자기인지	자신의 성격, 장단점, 하고 싶은 것과 그렇지 않은 것을 알 수 있는 기술
공감성	자신이 잘 모르는 상황에 있는 다른 사람의 생활에 대해 이해하고 공감할 수 있는 기술
감정에 대처하는 기술	자신과 타인의 감정에 대해 인식하고 감정이 행동에 어떻게 영향을 미치는지를 알고, 적절히 대처하는 기술
스트레스대처기술	스트레스 원인을 파악하고 통제할 수 있는 기술

출처: WHO(1999). 재구성

생활기술에 대한 WHO의 개념은 현재 전 세계 아동 및 청소년의 안녕을 위해 노력하고 있는 UNICEF의 주요 실천 내용이 되고 있다(www.unicef.org). UNESCO에서도 개인이 살아가면서 전 생애에 걸쳐 필요한 능력을 제시하였다. 특히 핵심적인 생활기술로 효과적인 커뮤니케이션, 문제해결, 창조적 사고, 비판적 사고, 의사결정, 자아인식 및 목표설정, 공감성, 스트레스와 감정 극복, 가치 확인 등을 제안하였다(박현정, 2003). 우리나라에서는 한국교육개발원이 국가 수준에서 생애능력의 필요성을 강조하고 전 생애에 걸쳐 필요한 능력의 하위 영역으로 기초문해력, 핵심능력(의사소통능력, 문제해결능력, 자기주도적 학습능력), 시민의식, 직업특수능력으로 하위 영역을 지정하여 제시한 바 있다(유현숙, 2002).

이와 같이 생활기술의 하위 영역은 삶을 살아가면서 필요한 구체적인 기술과 이를 생활에 적용할 수 있는 요인으로 구성되어 있음을 알 수 있다. 주로 기초문제능력, 의사소통능력, 개인관계능력, 문제해결능력, 창조적 사고, 직업능력 등이 공통적으로 포함되어 있다. 따라서 이와 같은 항목들은 생활기술에 필수적으로 포함되어야 할 것으로 판단된다.

4) 생활기술과 청소년 생활역량의 관계

지금까지 논의된 사항을 토대로 생활기술과 청소년 생활역량이 어떤 관계에 놓여있는지를 정리하였다. 먼저, 용어에서 보이는 관계적 특성은 다음과 같다. OECD는 '기술(skill)'과 '역량(competency)'을 구분하고 있는데, skill은 competency를 구성하는 하위 요소로서 우리 말로는 기능 혹은 기술에 해당한다고 볼 수 있으며, competency는 단순히 직업적인 능력을 의미하기보다는 시민이 사회에서 요구되는 가치와 태도 등을 포함한 좀 더 확대된 개념으로 정의되고 있다(ILO, 2003). 따라서 생활기술은 생활역량의 하위 요소로 볼 수 있으며, 다양한 생활기술을 합한 개념이 생활역량으로 정의될 수 있다.

이러한 생활기술은 지금까지 언급한 상황에 따라 다양하게 쓰이면서 변화되고 있을 뿐만 아니라 여러 관점에 의해 분석될 수 있어 유일한 정의를 갖기에는 무리가 있다. 하지만 지금까지의 논의를 보면 일생생활에서 일어나는 전반적인 상황과 사회적인 대인관계 등의 영역에서 생성되고 그 속에서 요구되는 기술이라는 것을 알 수 있다. 특히 천성적으로 타고나거나 특정인만이 가지고 있는 것이 아니라, 누구나 소유하고 있으며 교육을 통해서 얼마든지 배울 수 있다는 특징이 있다.

이러한 관점에서 볼 때 청소년들의 생활기술을 향상시키기 위한 교육이 필요함에도 불구하고 지금까지는 이에 대한 노력이 부족하였다. 따라서 다변화되고 복잡한 사회에서 살고 있는 현대의 청소년이 일상생활을 살아가는 데 필요한 생활기술을 향상할 수 있도록 정규 교육과정뿐만 아니라 비정규 교육과정에서도 관심을 가져야 할 것이다.

5. 청소년 생활역량에 관한 선행연구

전통적으로 청소년에 대한 관심은 크게 두 가지로 집중되어 왔다. 이는 청소년에게 지식과 정보를 전달하는 데 관심이 있는 인지주의적 관점과 비행이나 범죄로부터 청소년을 보호하고 예방하려는 차원에서의 관심으로 구별할 수 있다. 그러나 최근에는 청소년을 독립된 생활인으로 전제하고 그들의 잠재적 역량을 향상시키는 것에 대한 관심이 높아지고 있다. 특히 급변하는 현대사회에서 청소년들이 가정과 학교생활 그리고 이후에 성공적인 직장생활을 잘 수행하고, 시민의식을 가진 생활인으로 성장하기 위해서는 무엇보다도 생활역량을 갖추어야 한다. 미래 사회의 주역이 될 청소년이 일상생활 혹은 환경에 적응하기 위해 문제를 해결하고, 자신과 타인을 이해하여 상호 호혜적인 관계를 유지할 수 있도록 개인의 감정, 사고, 행동을 변화시킬 수 있는 생활역량을 함양해 나가야 한다는 것이다.

이전 장에서도 살펴본 것과 같이 그동안 사회적 역량이나 생활기술이 생활역량의 관점에서 취급되었기 때문에, 생활역량이라는 의미를 내포하고 있어도 용어 자체를 직접 내세워 진행한 연구는 몇 편 되지 않는다. 그중 교육이나 청소년 분야에서 생활역량이라는 용어를 직접 사용한 연구는 다음과 같다.

이병림(1987)은 생활역량을 여러 환경을 경험하면서 어떠한 목적을 성취하기 위하여 유효적절하게 취할 수 있는 여러 가지 행동이라고 하였으며, 노현미(1999)는 외부 세계와의 적절한 작용을 의미하는 것으로, 인지적 · 언어적 · 사회적 · 정서적 능력 등 다양한 영역들이 복합적으로 이루어진 개념이라고 하였다. 또한 이종징(2004)은 인간이 살아가면서 인지적 · 사회적 · 정서적 · 신체적 · 예술적 부분을 효율적으로 수행하기 위해 기본적으로 필요한 능력이라고 하였으며, 박선희(2005)는 일상생활 속 전반에서 필요한 능력을 생활역량이라 지칭하면서 신체 및 운동능력, 지적 능력, 책임수행능력, 사회적 능력, 예술적 능력, 인성을 하위 영역으로 제안하였다

생활역량에 대해 본 문헌과 유사한 관점을 취하고 있는 유현숙

(2004)은 생애능력이라는 용어를 사용하고 있다. 여기에서 생애(life)는 일상생활 속의 장면을 의미하고 있는 것이 아니라 전 생애적인 평생(life-long)이라는 의미를 내포하고 있으며, 능력(competency)은 지식, 기술, 태도를 포함하는 상위의 개념으로서 학교교육에서만 길러지거나 창출될 수 없는 종합적 능력을 의미한다. 즉, 생애능력은 전 생애를 통하여 육성해야 할 핵심능력이라 할 수 있으며, 기초문해력, 핵심능력(의사소통능력, 문제해결능력, 자기주도적 학습능력), 시민의식, 직업특수능력을 포함하고 있다고 제안하였다.

이처럼 사회적 역량, 직업기초능력, 생활기술, 생활역량의 개념적 혼재로 인해 청소년 생활역량에 대한 연구가 미비하였던 것은 사실이다. 그러나 사회의 변화와 더불어 관련 연구가 점차 활발해지면서 생활역량에 대한 요구도 높아지고 청소년의 생활역량을 함양할 수 있는 구체적인 근거와 프로그램이 지속적으로 제안되고 있다.

6. 요 약

이상의 내용을 종합해 보면 생활역량은 인간이 살아가면서 기본적으로 갖추어야 할 능력이라는 것을 알 수 있다. 여기에서 생활(life)은 유년기부터 노년기까지의 전 생애적인 의미를 내포하고 역량(competency)은 거시적으로 개인이나 조직이 현대사회에 발맞추어 그 변화에 성공적으로 적응하는 능력을 말한다. 이러한 관점에서 청소년 생활역량은 청소년이 생활 속에서 기본적으로 갖추어야 할 능력이라 할 수 있다.

지금까지 살펴본 역량, 사회적 역량, 직업기초능력, 생활기술과 생활역량의 관계를 정리하면 다음과 같다.

첫째, 역량은 본래 직업교육이나 훈련 분야, 혹은 성인교육 분야에서 논의된 것으로 숙달해야 하는 직무나 업무의 성공적인 수행과 연관하여 강조되어 왔다. 즉, 어떤 업무 이후의 성과를 측정하고 예측하기 위한 방법으로 기존의 특성이나 지능 중심의 문제를 지적하면서 이를 극복하기 위한 대안으로 역량이 제시되었다. 그러나 1997년 OECD는 DeSeCo 프로젝트를 통해 역량이 직업이나 직무와 관련된 것 뿐 아니라 일반적으로 인간 전체의 삶의 질과 관련하여 중요하다는 점을 인식시켜 주었다.

역량이라는 개념은 사용되는 맥락이나 사용하는 사람에 따라 다른 의미와 목적으로 사용되지만, 일반적으로 개인이나 조직이 현대사회에 발맞추어 그 변화에 성공적으로 적응하는 능력으로 이해되고 있다. 이러한 관점에서 볼 때 청소년 역량이란 청소년 시기에 다양한 국면에 부딪히며 맞닥뜨리는 특정 과제를 해결하기 위해 요구되는 지식, 기술, 태도 등과 같은 최소한의 기본능력이라 할 수 있다.

둘째, 지금까지 청소년의 생활역량에 대한 연구는 주로 사회적 역량, 또는 사회적 기술에 치중되어 온 경향이 있다. 그러나 생활역량을 개인의 일상생활 및 주변 환경, 즉 전반적인 생활 속에서 개인의 역량으로 이야기한다면, 사회적 역량은 생활역량의 하위 요소 중에서 사회적 측면에 초점을 두고 인간이 환경과 상호작용하는 능력을 의미하므로 분명히 구별되는 개념이라고 할 수 있다. 따라서 본 연구에서는 생활 전반을 다루는 생활역량을 상위 개념으로 보고, 사회적인 측면을 강조하고 인간의 상호작용 속에서 발휘되는 역량을 강조한 사회적 역량은 생활역량에 내포된다고 본다. 또한 역량의 구체적인 표현

형태가 기술이므로 사회적 기술은 사회적 역량의 하위 영역으로 포함되어야 할 것이다.

셋째, 청소년 생활역량이 궁극적으로 추구하는 바와 매우 유사한 직업기초능력은 기본적으로 교육적인 측면보다 산업 부문의 요구에 의해 강조되었으며, 근로자에게 필요한 자질로 파악되었다. 하지만 최근에는 직업기초능력이 직장을 가진 성인뿐만 아니라 학생의 학습능력, 생활능력 등과도 매우 관련성이 높아 학교교육에서도 강조해야 할 부분으로 인식되고 있다. 즉, 단순히 성인기뿐 아니라 전 생애에 걸쳐 강조되어야 할 능력으로 인식되는 것이다. 이는 개인이 일상생활 속에서 타인과 호혜적인 관계를 맺으면서 자신의 능력을 발휘할 뿐 아니라 행복한 삶을 영위하는 데 요구되는 능력으로 정의되는 생활역량이 추구하는 것과도 유사하다. 특히 직업기초능력과 청소년의 생활역량을 구성하고 있는 하위 영역들을 살펴보면 문제해결능력, 의사소통능력, 창의력, 대인관계능력, 리더십 등과 같이 궁극적으로 상당히 유사함을 볼 수 있다. 따라서 최근 정규 교육과정에서 직업기초능력을 향상시키기 위한 노력은 청소년의 생활역량을 강화하기 위한 노력의 한 측면이라고 볼 수 있다.

넷째, 생활역량의 하위 개념인 생활기술은 청소년의 훈련을 위한 프로그램을 제공하면서부터 강조되기 시작하였으며, 상호의존적인 사회를 살아가기 위해 유용하게 사용되는 능력으로 정의된다. 특히 생활기술이라는 용어는 일반 청소년의 자질과 능력을 향상시키기 위한 교육훈련뿐 아니라, 발달적 장애를 가지고 있는 사람에게 기능적 생활기술의 관점에서 사용되었다. 현재 생활기술은 다양한 상황에서 다양한 대상에게 적용되어 쓰이고 있으며, 국민이 전 생애적으로 익히고 배워야 할 기술로 정의하여 이를 개발하고 국민들이 습득할 것을 국가적으로 장려하고 있다. 즉, 생활기술은 선천적으로 타고 나거나 특정인만이 가지고 있는 것이 아니라, 누구나 소유하고 있는 잠재된 능력으로서 교육을 통해서 얼마든지 향상될 수 있다고 본다.

결론적으로 위에서 탐구한 관련 개념 중에서 역량의 개념이 가장 포괄적인 개념이며, 여기에 생활(life)의 장면이 포함되어 생활역량이 되면서 역량이라는 큰 틀 속에 생활역량이 나타나게 된다. 또한 생활역량 속에는 사회적 역량과 직업기초능력, 그리고 생활기술의 의미가 전체적으로 포함되어 있다. 특히 생활기술은 생활역량의 하위 영역으로서, 다양한 생활기술이 모여 생활역량을 갖추게 된다고 할 수 있다.

위와 같이 생활역량과 유사한 용어인 역량, 사회적 역량, 직업기초능력, 생활기술의 의미를 살펴보고 생활역량과의 관계성을 살펴봄으로써 생활역량의 중요성과 범위를 탐구하였다. 또한 청소년 생활역량은 일부만 선천적으로 타고나는 것이 아니라 누구에게나 잠재된 것으로, 교육을 통해 이끌어 낼 수 있는 것이다. 그러므로 학교나 관련 기관의 체계적이고 적극적인 교육을 통해 청소년의 생활역량을 향상시켜 나가는 것이 필요하다.

제3장 청소년 생활역량의 하위 역량 및 생활기술 탐색

1. 자기조절역량
2. 자기개발역량
3. 학습역량
4. 대인관계역량
5. 민주시민역량
6. 문제상황대처역량

제3장 청소년 생활역량의 하위 역량 및 생활기술 탐색

생활역량은 인간이 사회 속에서 적응하고 살아가는 데 기본적으로 필요한 다양한 능력이라고 말할 수 있다. 이에 본 문헌에서는 청소년 생활역량을 '청소년이 일상생활 혹은 환경에 적응하기 위해 문제를 해결하고, 자신과 타인을 이해하여 상호 호혜적인 관계를 유지할 수 있도록 개인의 감정, 사고, 행동을 변화시킬 수 있는 능력'이라고 정의하였다. 더불어 생활역량을 구성하는 하위 요인인 생활기술은 청소년의 생활 속에서 생활역량을 함양할 수 있는 실제적・구체적인 기술이라 할 수 있다.

이러한 정의를 토대로 청소년이 갖추어야 할 생활역량의 하위 요인을 도출하기 위해, 청소년 관련 정책 및 시사, 선행 연구문 등을 포괄적으로 탐색하였다. 이를 통해 현대의 청소년들이 갖추어야 할 생활역량으로 자기를 조절할 수 있는 역량, 자기를 개발할 수 있는 역량, 학습과 관련된 역량, 원만한 대인관계를 형성할 수 있는 역량, 민주시민으로서 가져야 할 역량, 다양한 문제상황에서 이를 적극적으로 대처할 수 있는 역량을 도출하였다. 또한, 생활역량을 도출한 방식과 동일한 과정을 통해 각 생활역량을 구축하고 있는 생활기술을

〈표 3-1〉 청소년 생활역량과 생활기술

하위 역량	생활기술	
자기조절역량	-감정조절기술 -시간활용기술	-신체관리기술 -용돈관리기술
자기개발역량	-창의성개발기술 -진로탐색기술	-목표설정기술 -의사결정기술
학습역량	-과제해결기술 -학습태도기술	-정보활용기술
대인관계역량	-의사소통기술 -갈등조절기술	-인간관계기술 -리더십기술
민주시민역량	-생활예절기술	-공동체참여기술
문제상황대처역량	-매체중독대처기술	-유해환경대처기술

구성하였다. 최종 확정된 청소년 생활역량과 생활기술은 〈표 3-1〉과 같다.

1. 자기조절역량

자기조절역량은 청소년들이 스스로를 조절할 수 있는 능력을 의미한다. 다양한 신체적·심리적 변화를 경험하며 주도적인 생활인으로 성장하기 위해 기본적으로 갖추어야 할 자기조절역량은 감정조절기술, 신체관리기술, 시간활용기술, 용돈관리기술을 통해 함양될 수 있다.

1) 감정조절기술

다양한 상황에 능숙하게 대처하고 사회생활에 원활하게 적응하기 위해서는 일차적으로 자신의 감정을 조절하는 능력이 필요하다. 감정은 사회 속에서 자신의 필요에 민감하게 반응하고 의도를 전달하는 등 중요한 기능을 한다. 기능주의 관점에서는 감정을 개인이 의미 있는 환경과의 관계를 형성·유지·변화, 혹은 종결지으려는 시도와 동일시하고 있으며, 이 과정에서 사회화 경험의 중요성을 강조하고 있다(Barrett & Campos, 1987). 즉, 개인은 사회화를 통해 특정한 양식의 감정표현을 받아들이고 이를 적절한 방식으로 관리하는 감정표현규칙을 학습한다는 것이다. 따라서 효과적인 감정관리는 조직문화 규범과 일치하는 방식으로 감정을 조절하는 능력뿐만 아니라 사회적 맥락 내에서 자신의 목표를 획득할 수 있도록 조절하는 방법도 함께 요구한다.

Gross(1998)는 감정조절을 감정의 하나 혹은 그 이상의 요소들을 증가시키거나 감소시키고자 하는 모든 노력이라 하였다. 사람들은 누구나 자신의 감정, 특히 부정적 감정을 적절히 조절하기를 원한다. 많은 경우 반사회적이거나 비적응적인 행동, 혹은 스트레스나 대인관계에서의 불편함은 적절한 감정조절의 실패에서 기인하는 것으로 볼 수 있다. 유사한 관점에서 문연심(2001)은 행동의 의도 또는 계획을 시도하고 금지된 행동이나 상황에 대해 부적절한 행동을 의도적으로 억제하는 능력, 기다리고 유보하는 능력, 만족을 지연시키는 능력, 자기관리 능력 등으로 감정조절을 설명하였다. 또한 고조된 긍정적 감정과 부정적 감정에 대한 대처과정이며, 나쁜 느낌을 없애는 것 이상의 의미로서 긍정적 감정과 부정적 감정 간의 조화도 중요하다(Hyson, 1998). 이처럼 부정적 감정을 적절하게 조절하는 능력은 사회적 상호작용을 유지시킨다는 점에서 특히 중요하다.

한편, 감정조절이 심리학의 연구 주제가 된 시는 그리 오래되지 않았기 때문에 대다수의 연구자가 합의하는 명확한 학문적 정의는 없으나,

조절이 필요한 환경에 대응하여 내적인 감정 상태를 적절하게 바꾸고 유동적으로 재배열하는 과정이라는 점에는 동의하고 있다. 그중 몇몇 대표적 정의를 살펴보면 다음과 같다.

Westen(1994)은 감정조절을 유쾌한 감정을 극대화하고 불쾌한 감정을 최소화하기 위한 의식적·무의식적인 과정이라 하였고, Morris & Reilly(1987)는 감정을 다루는 전략이라고 정의했다. Fox(1994)는 개인이 감정적으로 반응하고 감정에 대한 경험과 표현을 상황적 요구에 맞추어 잘 조율해 나가는 능력으로서, 단순히 분노나 슬픔을 멈추게 하는 것 이상을 의미한다고 하였다. Thompson(1994)은 감정조절을 하나의 결과이면서 동시에 과정으로 보고, 개인의 목표를 위해 감정적인 반응을 모니터링하고, 평가·수정하는 과정으로 보았다. 또한, Ekman & Friesen(1975)은 자신의 긍정적·부정적 감정 혹은 감정표현을 어떤 식으로든 변화시켜 상황에 전략적으로 대처하는 것이며, 이는 언제 어떤 방식으로 감정을 조절해야 한다는 원칙인 감정표출규칙을 따르는 것이라고 하였다.

이러한 연구들은 보편적으로 두 가지 관점에서 감정조절을 정의하고 있다. 먼저 대부분이 기본적으로 부정적 감정의 억제에 초점을 맞추고 있다. 이는 사람들이 자기 보상적이고, 기분을 좋게 하는 긍정적인 감정을 유지하고, 혐오적이며 부정적인 감정을 억제하도록 동기화되어 있다는 소위 쾌락주의의 원리에 입각한 것이라 할 수 있다. 또 다른 관점은 긍정적인 감정과 부정적인 감정의 조화로운 균형에 초점을 맞추어, 사회에 수용될 수 있는 적정수준으로 균형을 맞추는 것에 관심이 있다(〈표 3-2〉 참조).

본 문헌에서는 감정조절기술을 부정적 감정의 억제에만 초점을 맞추지 않고 긍정적인 감정의 조절 또한 포함시켜, '개인이 일상생활

〈표 3-2〉 감정조절에 대한 정의

관 점	학 자	정 의
부정적 감정의 억제에 초점	Fox(1994)	개인이 감정적으로 반응하고 감정에 대한 경험과 표현을 상황적 요구에 맞추어 잘 조율해 나가는 능력
	Gross(1998)	감정의 하나 혹은 그 이상의 요소들을 증가시키거나 감소시키자 하는 모든 노력
	문연심(2001)	행동의 의도 또는 계획을 시도하고, 금지된 행동이나 상황에 대해 부적절한 행동을 의도적으로 억제하는 능력
긍정적·부정적 감정의 균형에 초점	Ekman & Friesen(1975)	자신의 긍정적·부정적 감정 혹은 감정표현을 어떤 식으로든 변화시켜 상황에 전략적으로 대처하는 것
	Westen(1994)	유쾌한 감정을 극대화하고 불쾌한 감정을 최소화하기 위한 의식적·무의식적 과정
	Hyson(1998)	고조된 긍정적 감정과 부정적 감정에 대한 대처과정

속에서 경험하는 일반적인 감정 및 구체적 환경 속에서 감정을 조절하여 적절히 표현하는 기술'이라 정의를 내렸다.

Kopp(1989)는 원활한 사회적 관계를 위한 감정조절기술의 필요성을 제기하였으며, Wegner와 Wenzlaff(1996)도 사람은 자신이 경험하는 감정이 사회적 상황에서 얼마나 적절한가에 따라 감정을 조절하게 된다고 하였다. 이는 개인이 경험하는 감정을 조절하여 사회에서 용인되는 적절한 형태로 표현하거나, 경험한 감정의 표현을 강화하거나, 원하는 감정을 가장하거나, 경험한 감정을 억누르는 등 일련의 감정표현 방식을 선택하여 감정조절을 행한다는 것을 의미한다.

이처럼 개인은 사회적 상호작용 속에서 자신이 경험하는 긍정적 또는 부정적 감정이 상황에 적절한가에 따라 감정을 조절하게 되는데, 이러한 감정조절은 청소년의 원활한 사회적 상호작용을 위해서뿐 아니라 사회·정서적으로 유능한 개인이 되기 위한 생활역량의 필수적인 기술이라 할 수 있다.

2) 신체관리기술

청소년기는 커다란 신체적 · 정신적 · 정서적 변화에 적응해야 하는 중대한 취약기라 할 수 있다(Elkind, 1998). 우리나라 청소년의 경우 입시경쟁 부담과 공부에 대한 압박감 등 많은 스트레스를 받고 있으며, 개인적 여가시간조차 만화, 컴퓨터 게임 등 책상 앞에서 대부분의 시간을 보내 운동량이 부족하여 체력이 떨어지고 있는 것이 사실이다. 또한 최근 식습관의 서구화와 운동부족으로 인해 비만이 증가하고 있는데, 비만이 여러 성인 질환의 주요 원인으로 밝혀지면서 심각한 사회적 문제로 대두되고 있다. 실제로 청소년 10명 중 1명(14.3%)이 비만이며 남학생의 16.0%, 여학생의 12.3%가 비만인 것으로 보고되고 있다(교육과학기술부 · 보건복지부 · 질병관리본부, 2011).

따라서 오늘날 청소년들은 자신의 체력을 강화하고 건강한 신체 이미지를 확립시킬 수 있는 신체관리기술을 갖춰야 할 필요가 있다. 이러한 근거에 따라 신체관리기술을 자기조절역량의 하위 기술로 선정하였으며, '안정된 식습관과 운동으로 체력을 단련하고 외모관리행동을 통해 건강한 신체상을 유지하는 기술'로 정의하였다.

체력이란 건강에 직접적인 영향을 줄 뿐 아니라 각종 스포츠 활동의 기초가 되며, 튼튼한 몸과 스트레스를 이길 수 있는 건강한 정신으로 활기찬 일상생활을 영위하고 원만한 사회생활을 할 수 있게 하는 기본적인 요소이다(박세윤, 2009). 따라서 청소년은 학교 및 생활현장에서 운동을 생활화해야 하며, 어릴 때부터 규칙적인 운동습관을 형성하여 건강한 체력을 유지해 나가는 것이 매우 중요하다.

한편, 길태오 외(2004)는 규칙적인 신체활동이 청소년의 생활스트레스에 미치는 영향을 규명하는 연구에서 규칙적으로 신체활동에 참여하는 학생은 신체활동을 실시하지 않는 학생보다 생활스트레스의 전 영역(학교생활, 가정생활, 대인관계 스트레스)에서 더 잘 대처하고 있음을 보고한 바 있다. 그러나 우리나라 청소년의 경우 규칙적인 체육활동에 전혀 참여하지 않는 비율이 52.0%로 나타났다. 청소년의 운동부족은 비만의 급격한 증가와 체력의 감소현상을 가져와 교육·사회적으로도 심각한 우려를 낳고 있는 문제이다(문화체육관광부, 2010).

청소년의 신체관리기술은 이상에서 제시한 건강뿐 아니라 외모관리의 내용까지 포함하고 있다. 여기서 말하는 외모관리는 다른 사람에게 자신의 모습을 나타내 보일 때 자신이 기대하는 대로 보이도록 하기 위해서 여러 도구, 즉 의복, 화장품, 액세서리, 소품 등을 적절하게 사용하는 것을 의미한다. 최근 급속한 인터넷문화의 확산과 얼짱·몸짱 열풍으로 외모에 대한 관심이 더욱 증대되고 있는데, 영상매체 속의 완벽하고 멋있는 스타의 외모는 청소년들에게 동경의 대상이 되며 하나의 트렌드로 자리 잡고 있다(박지현, 2007).

이들이 외모에 관심을 갖는 데는 자기존재 표현, 성인 모방, 성적매력 의식, 친구와의 동료의식 등의 심리적인 배경이 있다(전정재, 1998). 즉, 청소년은 어른이 되어 가는 자신을 확인받고 싶어 하는 과정에서 남의 관심을 끌려고 하는 한편, 성적 발달과 함께 외모에 큰 관심을 기울이게 된다. 실제로 오늘날의 청소년은 인기 연예인들의 복장과 헤어스타일의 모방, 유명브랜드의 패션제품 구입, 다이어트 등의 행동을 통해 외모향상에 대한 욕구를 강하게 표현한다(이명희, 2003).

청소년기는 발달 과정상 자아개념이 확립되어 가는 시기이며, 급속한 신체 성장과 사회성 발달로 자신의 신체 및 외모에 관심이 집중되고, 사회적 활동이나 대인관계에 적극 참여하는 시기이기 때문에(송인섭, 1989), 청소년기의 신체적 만족 혹은 불만족은 이들의 정서에 많은 영향을 미치게 된다. 실제로 이상적인 신체상과 인지된 신체상의 차이가 적을수록 정서적으로 자신에 대해 만족한다는 연구결과도 있다(Horn & Gurel, 1981). 이와 비슷한 관점에서 Horn(1975)은 외모에 대한 자기개념이 자존심이나 굴욕과 같은 감정으로 발전될 수 있다고 하였다. 그래서 청소년기에는 외모가 중요한 위치를 차지하게 되고, 체중조절이나 운동, 화장, 신체변화, 의복행동 등으로 외모를 관리하게 된다. 또한 이 시기에는 친구 및 이성과의 사회적 상호관계에서 외모가 중요한 위치를 차지함에 따라 신체에 대한 관심이 더욱 증가한다(서화숙 · 송정아, 2004).

이상에서 살펴본 것과 같이 청소년들은 건강한 몸과 정신을 위해 적절한 운동과 규칙적인 식습관, 외모관리기술을 아우르는 신체관리기술을 통해 활기차고 원만한 일상생활을 꾸려나갈 수 있다. 즉, 신체관리기술은 청소년기에 온전하게 확립되어야 할 필수적인 기술이라 할 수 있다.

3) 시간활용기술

시간은 인간에게 허용된 여러 자원 중에서도 가장 중요한 자원이라고 할 수 있다. 특히 청소년이 어떻게 시간을 활용해서 인적자본을 축적해 가는지는 그들의 미래를 결정하는 중요한 요인일 것이다.

시간이란 이를 인지하는 자의 세계관과 분리해서 생각할 수 없고, 시간을 관리한다는 것은 가지고 있는 시간을 최대한 활용할 수 있도록 자기 자신을 관리하는 것과 같다. 특히, 실제로 사용하고 있는 시간과 자신이 진정으로 하고 싶은 소중한 것이 일치되도록 하는 것은 중요한 문제다(박현철, 2002). 시간도 다른 자원들처럼 생활하는 데 필요한 수단이라는 것을 인지하여, 시간에 쫓기거나 생활 중 한정된 시간이 장애가 되지 않도록 적절히 통제하여 활용할 필요가 있다. 목표성취를 위해 시간사용을 적절히 통제함으로써 시간낭비를 줄이고, 주어진 시간을 효율적으로 이용하며, 시간적 여유와 생활리듬을 조절하여 최대의 만족감을 갖도록 하는 데 시간활용의 궁극적인 목적이 있다(한경미, 1992).

구체적으로 시간활용의 개념을 살펴보면, 넓은 의미에서는 주어진 모든 시간을 최선으로 활용하여 최대의 효과를 거두는 것으로, 자신에게 주어진 시간을 보람되고 가치 있는 것으로 채울 수 있도록 삶을 관리・운영해 나가는 전략적 실천방법으로 정의할 수 있다. 또한 좁은 의미에서는 효과적인 행동을 하기 위해 시간을 잘 조직하는 것으로서, 적정한 휴식과 놀이 시간을 확보할 수 있는 전략적 방법으로 정의할 수 있다(서창호, 1997; 유성은, 1998).

이러한 관점에서 두경자(2002)는 시간활용을 안정적이며 느린 시간과 효율적이며 빠른 시간 사용을 조화시킴으로써 자신의 인생에 효과를 증대시키며 살아갈 수 있는 방법, 즉 자신의 성공과 행복을 얻기 위한 방향으로 시간을 사용하는 것으로 정의하였다. 이정우 외(1997)는 가능한 한 주어진 시간을 효율적으로 통제・배분・사용하는 것이라 하였으며, 채화영・이기영(2005)은 자신의 가치관과 외부환경에 영향을 받아 시간을 사용하는 행동으로서 일종의 시간사용패턴이라고 정의하였다. 또한 목표달성과 실천적 측면을 강조한 김외숙 외(2000)는 자신이 원하는 생활목표를 달성하기 위하여 시간자원을 합목적적으로 사용하는 방법을 개발하고 습관화하는 것이라 정의하였으며, Seiwert(1989)는 효율적으로 시간을 활용하기 위해 일상생활에서 자신의 인생에 긴장과 이완을 주는 올바른 기술을 효과적으로 실

〈표 3-3〉 시간활용에 대한 정의

구 분	학 자	정 의
효율성 강조	이정우 외(1997)	주어진 시간을 효율적으로 통제 · 배분 · 사용하는 것
	두경자(2002)	자신의 성공과 행복을 얻기 위한 방향으로 시간을 사용하는 것
	채화영 · 이기영 (2005)	자신의 가치관과 외부환경에 영향을 받아 시간을 사용하는 행동으로서 긍정적 혹은 부정적으로 양식화된 시간사용 패턴
실천성 강조	Seiwert(1989)	시간을 가장 효율적인 형태로 사용하고, 자신의 인생에 긴장과 이완을 주는 올바른 기술을 일상생활에서 효과적으로 계속 실천하는 것
	김외숙 외(2000)	자신이 원하는 생활목표를 달성하기 위하여 시간자원을 합목적적으로 사용하는 방법을 개발하고 습관화하는 것

천하는 행동적 측면이 중요하다고 강조하였다.

시간활용기술과 관련된 연구는 주로 '시간관리'의 측면에서 진행되어 왔다. 본 연구에서는 시간을 관리하는 데 그치지 않고 동시에 실제적으로 활용할 수 있는 행동적인 기술에 초점을 맞추어야 한다는 점에서 '시간활용'이라는 용어를 사용하였다. 시간활용에 대한 대표적 정의는 〈표 3-3〉과 같다.

이상의 선행연구를 바탕으로 종합해 보았을 때, 시간활용기술이란 '시간의 효율적인 사용을 위해 계획하고 관리하는 기술'이라 정의할 수 있다.

청소년은 대개 이것저것을 하느라고 공부 외의 다른 일에 시간을 낭비해 버리거나, 아르바이트 등으로 인하여 실제로 공부할 수 있는 시간이 부족하다. 또한 막상 공부를 하려고 해도 무슨 과목부터 해야 할 지를 결정하지 못해 망설이곤 한다. 그런데 시간관리기술은 다른 어떤 학습기술보다도 학업에 대한 노력을 잘 예언해 주고(Bowman, 1981), 짧은 기간의 훈련만으로도 효율적으로 사용할 수 있으며, 나아가서는 학습에 대한 동기형성에도 효과가 있는 것으로 나타났다

(Driskell & Kelly, 1980; Walter & Sibert, 1981). 그리하여 미국에서는 청소년에게 이와 관련된 각종 훈련이나 프로그램을 제공하고 있으며, 학습기술과 관련된 프로그램의 다수가 시간관리기술을 주요한 하위 기술로 취급하고 있다(김남옥, 1982).

한편, 시간을 관리하고 활용하는 데 제약이 되는 요소로 Gross 외(1980)는 절대적 시간의 요구, 자원과 사람과의 상호관계, 시간의 양적인 제한을 들고 있다. 그러나 Rice 이(1986)는 시간낭비의 원인은 대개 이러한 외적인 원인보다 개인 내부에서 찾을 수 있다고 하였다. 즉 변화하기 어려운 습관, 일 자체에 대한 지나친 집착, 무질서, 일을 미루고 지연하는 습성 등이 큰 원인이라는 것이다. 특히 일 처리를 지연하는 태도는 많은 청소년이 가지는 문제점으로, 이를 극복하기 위해서는 일이 지연되게 하는 기점을 파악하여 극복하는 데 전념하거나, 우선순위에 따라 한 번에 한 문제씩만 해결하는 방법, 마감시한을 설정하거나 어려운 문제를 가장 먼저 처리하고, 지나친 완벽주의로 인해 무력해지지 않도록 하는 방법들이 있다(Peale, 1972).

시간을 연구하는 대부분의 연구자들은 시간을 효과적으로 통제하고 사용하는 방법으로 아침에 그날 할 행동들을 미리 기록하는 것을 제안하고 있다. Cormijer(1983)는 일상적으로 수행하는 일을 제외한 모든 것을 기록하는데, 반드시 알 필요가 없는 것은 삭제하고, 위화하거나 의사결정을 하는 기능적인 것, 유사한 작업 내용, 위치, 장소, 사람을 기준으로 하여 목록을 작성할 것을 제안하였다.

시간은 양적인 측정이 가능하기 때문에 인간의 계획적인 사고와 행동으로 어느 정도 의식적인 관리가 가능하다. 개인의 관리와 활용능력 여하에 따라 그 가치가 달라지는 반면, 축적할 수 없고 증가시킬 수 없는 자원이라는 점에서 청소년의 생활에 제약요소가 되기도 한다. 현대사회는 과거에 비하여 생활양식이 복잡다양하고 세분화되어 있어, 이에 따른 역할 요구가 많아 시간은 점점 희소한 자원이 되어 가고 있다. 청소년이 이 희소한 시간을 어떻게 사용하고 관리하느냐 하는 것은 현재와 미래의 삶의 질을 결정짓는 중요한 문제이다.

4) 용돈관리기술

우리나라는 빠른 경제성장을 통해 가계소득과 생활수준이 지속적으로 향상되어 왔다. 경제적인 풍요 속에서 성장해 온 지금의 청소년은 미래뿐 아니라 현재에도 소비의 주인공으로 여겨지고 있으며, 가정의 구매의사결정 과정에서도 큰 영향력을 행사한다. 또한 각종 인터넷 쇼핑몰 등 다양한 소비시장에서 청소년이 주요 고객으로 대두되면서, 그들만의 또 다른 소비문화를 형성해 가고 있다.

다른 한편으로 청소년의 소비문화에 대해 우려의 목소리가 큰 것도 사실이다. 청소년들 사이에서 남에게 과시하기 위한 소비, 연예인이나 친구를 무조건 따라하는 소비, 자극적인 광고나 상술에 휘둘린 충동적인 소비 등의 문제가 점점 심각해지고 있다. 청소년기에 잘못 형성된 비합리적인 소비패턴은 성인이 되어서도 이어지기 마련이므로(전미선 · 박형준, 2007), 용돈관리기술은 청소년기에 확립해야 할 중요한 생활기술 중 하나라고 할 수 있다.

청소년의 용돈관리기술과 관련된 다수의 선행연구는 주로 용돈관리교육의 중요성을 밝히거나 청소년의 소비행동 특성을 파악하는 데 초점이 맞추어져 있다(전미선 · 박형준, 2007). 하지만 본 문헌에서는 용돈관리교육이나 행동 자체의 특성을 파악하기보다는 청소년의 생활에 영향을 미치는 생활기술로서 용돈관리기술이라는 용어를 사용하고자 한다.

용돈의 의미를 국어대사전(이희승, 2008)에서는 개인이 날마다 다양한 용도로 쓰는 돈, 또는 특별한 목적을 갖지 않고 자유로이 쓸 수 있는 돈이라고 풀이하고 있다. 즉, 용돈이란 소비하거나 저축하는 것과 같이 청소년 스스로가 임의로 처분할 수 있는 것으로, 학교등록금, 참고서 · 교과서 대금과 같이 개인의 의사와는 전혀 상관없이 지출되도록 정해진 것은 제외한다(황덕순, 1985).

금전이란 일상생활에서 필요로 하는 재화나 용역을 구입하는 수단일 뿐만 아니라 개인의 생활과 태도, 정서, 심리적 안정에까지 영향을 주기 때문에 생활할 때 매우 중요한데(이기춘 외, 1995), 청소년의 경우에는 경제적 능력이 없기 때문에 용돈이라는 금전을 지급받게 된다(박지영, 2005). 따라서 청소년에게 용돈은 소비자로서 화폐를 관리하는 것을 배우는 학습도구이며(이기춘, 1989), 용돈관리를 통해 금전관리를 배울 수 있다.

용돈관리와 관련된 다양한 개념을 정리하면 〈표 3-4〉와 같다.

이처럼 용돈을 사용할 때도 스스로 필요한 만큼, 필요한 수준에서 소비가치관을 가지고 비용절감을 위해 커뮤니케이션 수단과 정보기술을 활용하는 등 합리적인 기술을 활용해야 한다. 또한 청소년 스스

〈표 3-4〉 용돈관리의 개념

학 자	정 의
Fitzsimmous & Williams(1973)	계획된 구매 및 저축과 관련된 소비, 지출 등을 배합할 수 있는 능력으로 최대의 만족을 얻기 위하여 용돈의 사용계획을 수립하고 평가하는 일련의 과정
임대진(1999)	최대의 만족을 얻기 위해 용돈사용에 대한 계획을 수립하고 조정하고 평가함
설하선 · 김정숙 (2000)	그 원천에 상관없이 소비하든지 저축하든지 간에 자유재량으로 사용할 수 있는 금전을 관리하는 것

로가 실질적인 이용가치와 효용 극대화에 관심을 가지고 조절할 수 있는 기술이 필요하다.

종합적으로 정리한다면, 용돈관리기술이란 '주어진 용돈을 스스로 보관하고 사용하는 차원에서 계획, 실행, 평가 등을 통해 효율적이고 합리적인 소비습관을 형성하는 기술'이다. 즉, 자신의 용돈 범위 내에서 낭비 없이 효율적으로 지출할 수 있도록 계획하고 더 나아가 용돈 지출 후 기록 · 검토 · 평가하는 기술까지 포괄하는 개념이라 할 수 있다.

호기심 많고 가치관이 명확하게 정립되지 않은 청소년은 합리적으로 소비문제에 대처할 수 있는 능력이 부족할 수 있다. 청소년기는 아동 시절의 단순한 소비행위로부터 완전한 성인으로서의 독립적인 소비 패턴 형성으로 이행해가는 과도기로서, 청소년이 되면 생활 전반에 걸쳐 독자적인 생활을 하고 싶어 한다. 이에 용돈관리기술은 청소년이 성장하여 독립적인 소비패턴을 가지게 하는 중요한 기반이 된다.

2. 자기개발역량

자기개발역량은 청소년이 자신의 잠재력을 개발하여 경쟁력 있는 개인이 될 수 있도록 함양해야 하는 것으로서, 창의성개발기술, 목표설정기술, 진로탐색기술, 의사결정기술로 이루어져 있다.

1) 창의성개발기술

능력을 나타내는 다른 여러 개념이 존재하듯이 창의성 역시 연구하는 학자들의 수만큼이나 다양한 의미를 갖고 있다. 이것은 창의성을 설명하는 일치된 체계가 아직도 존재하지 않는다는 것을 의미하며, 창의성을 단일한 요인으로 보는 것이 불가능함을 의미하는 것이기도 하다.

창의성을 개념화하는 방법은 여러 가지가 있지만, 여기서는 크게 지적·정의적 측면의 관점, 과정·결과적 측면의 관점, 통합적 측면에서의 관점을 제시하고자 한다.

먼저 지적·정의적 측면에서의 창의성에 대한 개념을 살펴보면 다음과 같다. 지적·정의적 측면에서 창의성을 이해하고 있는 학자 중 Guilford(1950)는 지적 구조모형(SI 모형; Structure of Intellect Model)의 여러 요소 중 확산적 사고가 창의성의 가장 분명한 지침이 된다고 지적하고, 정도의 차이는 있지만 모든 사람이 창의성을 가지고 있다고 보았다. 이처럼 창의성을 지적 능력의 한 특성으로 보는 이론에서는 창의성을 지능의 한 측면 즉, 사고유형 또는 사고전략의 하나로 파악한다.

또한 Rimm & Davis(1982)는 창의성의 정의적인 측면을 강조한다. 즉, 창의성을 일종의 태도나 성격으로 본다. 이러한 관점에서 창의성을 논하는 학자들은 창의적인 사람이 다음과 같은 태도나 성격을 가지고 있다고 본다. 창의적인 사람들은 지적 모험심이 크고, 인내심과 궁금증이 많으며, 자기가 하는 일에 대한 뚜렷한 목적의식과 참여의식을 가지고 있다(Hennessey & Amabile, 1988; Gardner, 1993). 또한 새로운 경험이나 정보에 높은 수용성 내지 개방성을 보이며(Barron,

1969; Sternberg, 1985), 외부에서 오는 규제나 구속을 배척하는 경향이 있고(Sternberg, 1985), 때로 퇴행적이고 반추적인 사고를 하거나 혼자만의 생각에 사로잡히기도 한다(Walberg, 1982; Sternberg, 1985). 더불어 광범위한 흥미를 가지고 있으며, 독창성과 창의성 자체에 높은 관심을 보이고, 행동이나 태도에서 남과는 달리 비관례적이며(Walberg, 1982), 다른 사람에 비해 직감이 풍부함을 볼 수 있다(Barron, 1969).

이처럼 창의성은 지적인 능력뿐 아니라 창의적인 성향까지도 포함하는 인간의 지적·정의적 특성이라고 할 수 있다. 이 두 측면은 서로 구분되는 별개의 특성이라기보다 창의성을 바라보는 관점에 따라 강조점을 두는 측면이 달라짐을 반영하고 있는 것이다. 따라서 어느 한 입장으로 창의성을 바라보기보다는 두 측면을 동시에 고려하는 것이 옳은 탐구방법일 것이다.

둘째, 과정·결과적 측면에서 창의성을 보는 관점이 있다. 이는 창의적이라는 기준을 결과와 과정 중 어디에 두느냐와 관련된 것이다. 즉, 창의성을 어떤 결과물의 창의성에 국한해야 하느냐, 아니면 결과적으로는 반드시 창의적이라고 할 수 없어도 그 과정에서 창의적인 요소가 포함되면 창의적이라고 할 수 있느냐하는 것이다.

창의성을 하나의 과정으로 간주하는 입장은 결과적으로는 반드시 창의적이라 할 수 없어도, 그 과정에 창의적인 요소가 포함되면 창의적이라고 할 수 있다고 보아, 창의성을 어떤 문제나 자극이 당면한 사태에서 시작하여 해결해 나가는 인지적이고 정의적인 과정으로 본다. 즉, 창의성을 문제해결과정이나 정신적 과정으로 바라보고자 하는 것이다. 이러한 관점에서 Wallas(1926)는 자료를 수집하는 준비기(preparation), 무의식적 정신작용이 진행되는 부화기(incubation), 해결책이 암시되는 조명기(illumination), 암시된 해결책의 검토와 발견이 이루어지는 검증기(verification)를 그 과정으로 들고 있다. 또한 Rogers(1962)는 창의성을 하나의 새로운 결과를 야기하는 행동의 출현으로 보면서 개인의 독특성과 그 개인을 둘러싼 사건, 사람, 자료 등에서 생성되는 과정이라고 정의하여, 창의성의 과정적인 측면을 강조하고 있다.

이와 달리 창의성을 결과적인 차원에서 설명하고 있는 학자들은 창의적 결과에 관심을 두어 창의성의 의미를 창의적인 결과물 산출에 국한해야 한다고 강조한다. 이러한 관점에서는 개인 혹은 집단이 산출해 낸 결과를 직접 관찰함으로써 그의 창의성 수준을 파악한다.

셋째, 최근에는 창의성을 복합적이고 다면적인 특성으로 이해하여, 개인의 정의적 · 인지적 · 상황적인 특성이 함께 고려되어야 함을 강조하는 통합적 측면에서의 접근방식이 지지를 받고 있다(Amabile, 1983; Csikszentmihalyi, 1988; Mumford & Gustafson, 1988; Sternberg, 1988; Woodman & Schoenfeldt, 1989; Gardner, 1993).

사회심리학자 Amabile(1983, 1989)은 세 가지 구성모델(three-component model)을 통해 영역기술, 창의적 사고 및 행동기술, 내적 동기의 세 요소를 창의적인 성취를 결정짓는 요소로 설명하고 있다. 창의적인 성취를 위해 특정한 영역에서의 소질 또는 재주를 의미하는 영역 기술, 특정한 영역의 재주를 보다 훌륭하고 효과적이며 창의적인 성취로 만들기 위한 창의적 사고능력과 행동스타일, 또한 어떤 일이 성취되기를 바라는 강한 욕구와 그 일에 대한 흥미, 만족감, 도전감과 같은 창의적 결과물을 얻고자 하는 강한 내적 동기가 요구된다.

또한 투자이론으로 창의성을 설명한 Sternberg와 Lubart(1995)는 싸게 사서 비싸게 팔 수 있는 증권의 세계를 아이디어의 세계에 비유하여 창의적인 사람까지 설명한다. 이들에 의하면 창의적인 사람은 아

〈표 3-5〉 창의성에 대한 세 가지 관점

관 점	특 성
지적 · 정의적 측면의 관점	-지적 특성: 창의성은 지능의 한 측면으로 사고유형 또는 사고전략의 하나임 -정의적 특성: 창의성은 창의적인 사람들이 보이는 태도 및 성격으로 알 수 있음 -지적 · 정의적 특성: 지적 능력 및 창의적인 성향의 두 측면을 모두 고려해야 함
과정 · 결과적 측면의 관점	-과정 강조: 창의성은 창의적인 요소가 포함된 문제해결과정이나 정신적 과정임 -결과 강조: 창의성은 개인이나 집단이 산출해 낸 창의적인 결과물임
통합적 측면의 관점	-창의성은 복합적이고 다면적인 특성임 -창의성은 정의적, 지적, 상황적 특성을 모두 고려해야 함

이디어의 세계에서 싸게 사서 비싸게 팔 수 있는 능력과 의지가 있는 사람이다. 이와 같은 창의성이 가능하기 위해서는 여섯 가지의 개별적이지만 서로 상관된 자원, 즉 지적 능력, 지식, 사고양식, 인성, 동기 및 환경을 필요로 한다.

이상에서 제시한 창의성에 대한 세 가지 관점을 정리하면 〈표 3-5〉와 같다.

이렇게 창의성은 매우 다양하게 개념화되지만, 일반적으로 창의성을 새롭고(new) 적절한(appropriate) 산물을 내놓을 수 있는 능력(Barron, 1988; Hennessey & Amabile, 1988; Lubart, 1994)이라 정의하는 것에 일치하고 있다. 즉, 창의성은 새롭고 가치 있으며 유용한 것을 만들어 내는 능력으로 개인의 인지적 능력과 정의적 특성이 환경 및 과제와의 상호작용을 통해 결정되는 것이라고 보는 것이다(김남성, 1993; 김명숙, 2001; 송인섭 · 김혜숙, 1999; Amabile, 1983; Sternberg & Lubart, 1995).

이처럼 인간의 고차원적이고 생산적인 능력인 창의성은 급변하는 사회를 살아가는 현대인이 새로운 문화에 보다 효율적으로 적응하고 고유의 문화를 창조적으로 계발할 수 있게 하는 능력이 된다는 점에서 더욱 높은 관심을 받고 있다(임규혁 · 임웅, 2007). 특히, 미래의 주역이 될 청소년에게 있어 창의성은 필수적인 능력으로 요구되고 있으며, 청소년의 창의성을 개발하고자 하는 노력이 우리나라 학교현장에서도 꾸준히 이루어지고 있다(고혜영, 2005; 김도훈 외, 2006; 김명숙, 2001; 김성일 · 최종봉, 2000; 윤명희 · 김진화, 2008; 윤미원, 2002; 전경선, 2008).

학교현장의 이러한 노력과 더불어, 창의성개발은 한 명의 독립적인 생활인으로서 청소년이 갖추어야 할 필수적인 기술 중에 하나이며 생활 속에서 충분히 함양될 수 있는 기술이라는 인식함양을 위한 구체적인 노력도 필요하다. 즉, 청소년의 창의성개발기술은 미래사회의 주역이 될 청소년이 한 명의 독립된 생활인으로서 성장하기 위해 갖추어야 할 중요한 생활기술 중 하나라고 할 수 있다.

이에 본 연구에서는 창의성개발기술을 '다양한 과제나 문제상황에서 창의적인 사고를 통해 실현가능한 방법과 절차를 계획하며, 새롭고 적절한 결과를 산출할 수 있는 기술'이라고 정의하였다. 여기에는 다양한 아이디어를 최대한 많이 고안해내는 유창성, 독특한 아이디어나 산물을 만들어내는 독창성, 다양한 정보나 새로운 아이디어에 개방적인 유연성, 구체적이고 치밀한 결과를 산출해내는 정교성, 기존의 아이디어나 흩어져있는 정보를 모아 새로운 결과물을 만들어내는 재조직 등의 능력이 포함될 수 있다.

이상에서 제안한 바와 같이 창의성개발기술은 타고나거나 변화가 어려운 특성이 아니라 교육과 훈련에 의해 충분히 개발될 수 있는 기술이므로, 청소년기에 창의성개발기술을 함양시킬 수 있도록 개인과 학교 및 사회적 차원에서의 노력이 필요하다.

2) 목표설정기술

인간은 목표가 무엇이냐에 따라 각기 다른 정서, 인지, 행동적 반응을 보이며(Dweck & Leggett, 1988), 추구하는 목표가 변하면 인간의 행동도 변화하는 경향이 있다(Maehr, 1989). 목표설정의 힘이 어느 정도인지를 알아보기 위해 하버드 경영대학원 졸업생들을 대상으로 명확한 장래목표를 설정하여 기록하고 이를 성취하기 위한 계획을 세웠는지에 대한 조사연구를 실시하였다. 당시 목표가 있었으나 그것을 기록하지 않았던 13%는 목표가 전혀 없었던 84%의 학생들보다 10년 후 평균적으로 2배의 수입을 올리고 있었으며, 명확한 목표를 기록했던 3%는 나머지 졸업생에 비해 평균 10배의 수입을 올리고 있었다고 한다(황매향, 2007). 이처럼 인생의 목표를 정하고 그것을 글로 적어보는 것이 삶에 변화를 준다는 것은 매우 중요하다. 그러나 이를 알면서도 실제로 목표를 설정하여 기록하고 이를 실천하기 위해 노력하는 사람은 매우 드물다. 왜냐하면 대부분의 사람들은 목표를 어떻게 설정하는지 잘 모르기 때문이다.

목표는 처음부터 구체적이고 완벽한 형태로 모습을 드러내는 것은 아니지만(Egan, 1994), 성취가능하고 제대로 달성할 수 있는 목표를 설정하기 위해서는 여러 가지 조건을 갖추고 있어야 한다. 교육, 인적자원개발, 상담, 스포츠 등과 같은 다양한 분야에서는 목표설정의 중요성을 언급하며, 목표설정 시 고려해야 할 기준에 대해 고민하고 이를 구체적으로 제시하고 있다.

먼저 Tyler와 Mager는 교수-학습 과정에서 목표를 세분화하여 설정하는 것이 우선시되어야 함을 강조하였다. 그중 Tyler(1950)는 구체적이고 명료한 목표가 설정되어야 한다고 하였으며, Mager(1962)는

Tyler의 목표설정 기준에 달성조건과 도달기준을 포함하여, 목표가 달성될 수 있는 실천방법뿐 아니라 어느 정도의 행동이 보였을 때 달성했다고 말할 수 있는지에 대한 정보까지 포함해야 한다고 주장하였다.

또한 Berg(1995), Heaton(1998), 이동렬 · 박성희(2000)는 상담 과정에서 목표설정의 중요성을 강조한 학자들이다. Berg(1995)는 개인이 중요하게 여기면서 유익한 것을 목표로 설정해야 하며, 가능하면 작고, 구체적이며, 현실에서 성취가능한 목표를 긍정적으로 표현해야 한다고 하였다. Heaton(1998)도 Berg와 유사하게 구체성, 현실성, 달성가능성을 고려하여 목표를 설정해야 함을 강조하였고, 이동렬 · 박성희(2000)는 구체성, 구체적 상황성, 행동변화 정도의 언급을 목표설정 시 고려해야 할 요소로 제시하였다. 한편, 조직심리 전문가인 Egan(1994)은 결과중심적 표현, 구체성, 삶의 영향가능성, 신중함, 현실성, 지속성, 융통성, 가치부합 여부, 현실적 기간 등의 다양한 기준을 고려하여 목표를 설정해야 함을 제안하였다.

이들의 의견을 토대로 목표설정 시 고려해야 할 기준을 정리하면 〈표 3-6〉과 같다.

각 연구자가 제시한 내용을 토대로 목표가 갖추어야 할 특성을 도출해보면, 구체성, 명료성, 현실성 등을 들 수 있다. 즉, 실천방법을 수립하여 행동으로 옮길 수 있도록 구체적이어야 하며, 기대하는 결과가 분명하게 드러날 수 있도록 명료해야 한다. 또한 현실에서 스스로 통제하고 자신의 능력을 발휘할 수 있도록 현실적이어야 할 것이다.

이러한 목표설정에 가장 크게 영향을 미치는 변인은 동기이다. 동기란 유기체의 움직임을 기저오게 하는 과정이며, 이 움직임은 맹목적인 것이 아니라 뚜렷한 방향을 가지고 있다고 볼 수 있다(김신정,

〈표 3-6〉 목표설정 시 고려해야 할 기준

연구자	목표설정 시의 기준
Tyler(1950)	-구체성: 구체적인 내용이 포함된 목표 -명료성: 명확한 행동중심적 목표
Mager(1962)	-구체성: 구체적인 내용이 포함된 목표 -명료성: 명확한 행동중심적 목표 -달성조건: 목표가 달성될 수 있는 실천방법을 구체적으로 제시 -도달기준성: 어느 정도의 행동이 보였을 때 달성가능하다고 말할 수 있는지에 대한 구체적인 목표달성의 정도를 표현한 목표
Egan(1994)	-결과중심적 표현: 활동보다는 결과 또는 성과로 표현된 목표 -구체성: 검증할 수 있고 행동으로 옮길 수 있을 만큼 구체적인 목표 -삶의 영향가능성: 개인의 삶에 어떤 결정적인 영향을 미치면서 적절하게 높은 목표 -신중함: 모험할 만하면서도 신중한 목표 -현실성: 능력과 통제의 측면에서 현실적인 목표 -지속성: 일정 기간 동안 지속될 수 있는 목표 -융통성: 불확실한 상황에서는 목표의 구체성과 융통성 사이에서 어느 정도의 타협이 필요 -가치부합 여부: 개인이 가진 가치에 맞는 목표 -현실적 기간: 적절한 기간 내에 이루어질 수 있는 목표
Berg(1995)	-중요성: 개인이 중요하게 여기면서 유익한 목표 -작음: 설정하는 목표가 작을수록 목표 성취가 용이 -현실성: 개인의 생활환경에서 현실적이고 성취 가능한 목표 -구체성: 구체적이고 명확하며 행동적인 목표 -긍정성: 긍정적인 표현으로 기술된 목표
Heaton(1998)	-구체성: 기대하는 결과가 분명하게 드러나는 방식으로 진술된 목표 -현실성: 실제로 성취될 수 있는지에 대한 현실적 기대를 갖고 설정한 목표 -달성가능성: 달성이 가능한 목표
이동렬·박성희 (2000)	-구체성: 구체적이고 객관적으로, 될 수 있으면 눈으로 보거나 귀로 들을 수 있는 행동으로 진술한 목표 -구체적 상황성: 어떤 상황에서 그 행동이 나타나기를 기대하는가를 분명히 밝힌 목표 -행동변화 정도의 언급성: 행동변화가 어느 정도 이루어졌을 때 달성되었다고 보는지에 대한 답변이 될 수 있는 목표

2008). 즉, 동기는 목표에 도달하려는 개인의 기대와 개인에게 주어지는 목표의 가치산물인 것이다(Bandura, 1986). 따라서 무언가를 성취하고자 하는 동기는 목표설정 시 방향을 결정하게 하며, 개인의 동기는 설정된 목표의 달성을 극대화한다.

이와 같은 관점에서 청소년이 자신만의 목표를 설정하고 그에 따른 구체적인 방법을 수립하여 실천하는 것은, 자신의 삶에 대한 책임을 지고 자율적으로 계획하고 행동하는 삶의 주체자가 되게 한다(김신정, 2008). 또한 스스로의 행동을 지시하고 동기를 부여하고, 개인의 삶뿐 아니라 공동체의 효율성도 높이게 하며(Yalom, 1985), 삶을 한 곳으로 집중시키고 삶의 방향을 제시해주는 나침반의 역할을 한다(황매향, 2007).

청소년이 인생의 주인이 되고 독립적인 생활인이 되기 위해서는 자신에게 가장 중요한 것이 무엇인지를 분명하게 알고 우선순위를 고려하여 목표를 설정해야 한다. 이에 본 연구에서는 '비전을 가지고 구체적인 목표를 설정하며 이를 실천하기 위한 계획을 세울 수 있는 능력'을 의미하는 목표설정기술을 청소년 생활역량, 특히 자기개발역량을 구성하는 생활기술로 보고자 한다.

3) 진로탐색기술

진로(career)는 개인의 생애 전반(life-span)에 거쳐 추구하는 일의 총체로서 입학, 졸업, 진학, 취업, 직업 전환, 결혼, 이혼, 여가활동 등 연속적으로 진행되는 인생 전반의 모든 활동을 포함하는 개념으로 정의되고 있다(이지연, 2001; Osipow & Fitzgerald, 1996). 그러나 현실에서는 직업생활과 관련해 제한된 의미로 활용되는 경우가 많다. 이는 개인이 일생 동안 하게 되는 다양한 일 중에서 직업생활과 관련된 일이 차지하는 비중이 가장 크기 때문인 것으로 보여진다. 그러나 기본적으로 진로의 개념은 직업생활에 한정된 개념에서 벗어나 전 생애, 즉 모든 삶의 국면과 관련되는 포괄적인 관점으로 이해해야 할 것이다(윤명희 · 서희정, 2008).

이처럼 진로를 인생에서의 한 시점이 아닌, 전 생애적 관점에서 개인의 성장과 발달로 고려하는 이론으로 진로발달이론(career development theory)이 있다. Ginzberg, Tiedeman과 O'Hara, Super에 의해 강조되고 있는 이 이론은 인간발달의 개념을 진로이론에 도입한 것으로서, 개인의 직업선택을 상당한 기간에 걸쳐 이루어지는 일련의 발달과정으로 보고 있다.

Ginzberg(1952)에 의하면 개인은 자신의 욕구, 능력, 가치관, 흥미 등의 내적 요인과 가정환경, 부모의 영향, 직업조건 등의 외적 요인의 타협을 통해 직업을 선택하게 되고, 이러한 능력은 나이가 들수록 발달한다고 하였다. 그는 진로발달단계를 환상적 선택의 단계(fantasy period), 잠정적 선택의 단계(tentative period), 현실적 선택의 단계(realistic period)로 나누어 제시한다. 약 6−11세까지 속하는 환상기는 현실여건, 자신의 능력이나 가능성을 고려하지 않고 독단적으로 특정 직업을 택해서 그 직업에서 하는 일을 놀이를 통해 표출하려고 한다. 잠정기는 약 11−17세에 해당하는 시기로, 자신의 흥미나 취미에 따라 직업선택을 하려는 경향을 보이며, 17세 이후부터 성인기까지 이르는 현실기에서는 직업에서 요구하는 조건 및 개인적 욕구와 능력 등을 고려하여 현명한 선택을 하고자 하는 경향이 있다. 따라서 Ginzberg의 이론에 따르면 청소년은 잠정기에 속한다고 볼 수 있다.

Tiedeman & O'Hara(1963)는 직업발달을 몇 단계로 구분하고 각

단계의 특징을 기술하는 점에서 Ginzberg이론과 유사하지만, Ginzberg가 각 발달단계에 해당하는 연령을 고정시킨 반면, 이들의 발달단계는 연령과 관계없이 진로문제에 관한 의사결정을 어떻게 하느냐가 중요하며, 이러한 의사결정은 일생 동안 여러 번 반복될 수 있다는 입장을 강조하고 있다. 따라서 예상기(anticipation), 실행기(implementation), 통합기(integration)로 구분되는 이들의 진로발달이론을 의사결정과정으로 표현하기도 한다. 청소년은 아직 직업을 갖기 이전에 해당되므로 이 이론에서는 예상기에 해당된다.

Super(1969)는 진로발달이 아동기로부터 성인 초기까지에 국한된 과정이라고 한 Ginzberg의 초기 이론에 이의를 제기하였다. 또한 직업선택을 타협의 과정으로 본 Ginzberg의 이론을 보완하여 타협과 선택이 상호작용하는 일련의 적응 과정으로 보았다. 즉, 진로선택이 개인과 환경의 상호작용으로 인한 결과인 것과 마찬가지로 진로발달을 개인과 환경의 상호작용에 의한 적응 과정이라는 것이다. Super는 크게 세 단계로 구성된 직업발달단계를 제시하였다. 출생－14세까지에 해당하는 성장기(growth stage)는 초기에는 욕구와 환상이 지배적이나 사회참여와 현실검증이 증가함에 따라 흥미와 능력을 중요시하게 되는 시기이다. 탐색기(exploration stage)는 15－24세까지에 해당하는 단계로서 학교생활, 여가활동, 시간제 일을 통해서 자아검증, 역할시행, 직업적 탐색을 시도하는 단계이다. 25－44세까지 해당하는 확립기(establishment stage)는 자신에게 적합한 분야를 발견하며 거기에서 영구적인 위치를 확보하기 위해 노력을 하는 시기이다. Super의 이론에 의하면 청소년은 탐색기에 속한다.

이상과 같이 청소년기는 직업생활에 진입하기 이전의 잠정적인 준비단계이면서 탐색단계라고 할 수 있다. 즉, 자신의 진로를 서둘러

결정하기보다는 잠정적으로 진로계획을 수립하고 진학과 취업에 대하여 어떻게 대처해야 하는지를 고민하고 준비하는 시기로서(이지연 외, 2005), 자신과 직업세계에 대한 충분한 이해를 통하여 진로를 탐색해 나가는 시기에 해당되는 것이다.

한편, 청소년기의 주요한 발달과제 중 하나인 진로탐색(career exploration)은 진로결정이나 진로발달을 목적으로 자기 자신과 직업세계(또는 환경)를 이해하기 위하여 수행하는 인지적 · 행동적 활동을 의미한다(Jordaan, 1963; Stumpf, Colarelli, & Hartman, 1983). 청소년기에 추구해야 할 이상적인 개념이 아니라 구체적으로 실천해야 하는 활동이라는 관점에서 김봉환(1997)은 진로준비행동이라는 용어를, 최동선(2003)은 진로탐색행동이라는 명시적 용어를 사용하고 있다. 이들에 의하면 진로탐색은 자신에 대한 탐색(self-exploration)과 직업에 대한 탐색(work-related exploration)으로 구분할 수 있다. 여기에는 심리검사나 상담 프로그램 등을 이용하여 자기 스스로를 이해하기 위한 행동뿐 아니라 진로상담가나 직장인, 부모, 친구 등과의 대화, 또는 각종 매체나 직업현장에서의 실제적인 경험을 통하여 직업세계에 관한 정보를 수집하려는 행동 등과 같은 구체적이고 실제적인 활동이 포함될 수 있다.

이처럼 청소년기에 '자신의 적성, 흥미, 성격, 가치관 등을 이해하기 위해 다양한 활동을 하며, 직업세계에 대한 정보를 습득하고, 구체적인 계획을 통해 미래를 준비해 나가는 기술'을 본 연구에서는 진로탐색기술이라 한다. 청소년의 이러한 진로탐색기술은 자발적으로 자신 및 환경에 대해 탐색하게 하며, 뚜렷한 진로목표를 설정하고 차분히 이를 준비해 나갈 수 있도록 지원하는 힘이 될 것이다.

4) 의사결정기술

우리는 매일의 생활에서 의사결정을 하면서 살아간다. 어떤 옷을 입고 등교할 것인가와 같이 반복적이고 일상적인 것에서부터 어떤 학과를 선택하고 어떤 학교로 진학할 것인지와 같이 심각한 상황도 있을 수 있다. 단순하고 반복적인 문제이든 복잡하고 특수한 문제이든, 의사결정 및 선택은 이후의 생활이나 삶에 중요한 영향을 미치게 되므로 당면한 문제를 해결하기 위해 가장 합리적인 방법으로 의사결정을 내려야만 한다.

의사결정(decision making)에 대한 정의는 다양하지만 대체로 인간의 선택행위에 초점이 맞추어져 있다(홍정림, 1998). 개인이 어떤 문제상황에 처하게 되었을 때, 그 문제를 해결하기 위하여 몇 가지 대안을 마련하고, 이를 일정한 준거에 의거하여 상호비교함으로써 가장 합리적이고 실행 가능한 대안을 선택하고 이를 실행에 옮기는 과정, 즉 어떤 행동을 하기 전에 그 결과를 미리 생각해 보는 과정이 의사결정이라고 할 수 있다(최웅용 외, 2009). 따라서 의사결정은 단일한 정답이 있지 않은 상황에서 가치가 포함된 여러 가지 해결방법 중 최선의 방법을 확인하는 과정인데, 이 과정은 실천적 문제를 해결하는 과정과 일치하기 때문에 실천적 문제를 해결하는 데 가장 적절한 방법이라고 할 수 있다(김영채, 1998).

이처럼 의사결정은 많은 상황에서 다양한 형태로 이루어지는데, Harren(1979)은 사람들이 보이는 의사결정의 양식을 합리적·직관적·의존적 유형이라는 세 가지로 분류한 바 있다(〈표 3-7〉 참조).

그의 모델에서 합리적 유형(rational style)이란 의사결정 상황에 대해 논리적이고 체계적으로 접근하는 것을 의미한다. 이러한 유형의

〈표 3-7〉 Harren의 의사결정 유형

유 형	특 성
합리적 유형	-논리적이고 체계적으로 의사결정을 수행하며, 결정에 대해 책임을 짐 -이전의 경험을 활용하며, 체계적으로 정보를 수집함 -장점: 의사결정이 매우 신중하고 논리적으로 행해지므로 실패할 확률이 낮음 -단점: 의사결정에 시간이 걸림
직관적 유형	-개인의 내적인 감정상태에 의존하여 의사결정을 함 -결정에 대한 책임을 지지만 정보수집활동은 별로 없음 -장점: 의사결정의 과정이 비교적 빠름 -단점: 의사결정의 과정이 분명하지 못하여 실패할 확률이 높음
의존적 유형	-의사결정과정에서 타인의 영향을 많이 받음 -수동적·복종적이며, 사회적인 승인에 대한 욕구가 높은 사람들에게서 많이 나타남 -단점: 의사결정의 상황에서 정서적으로 불안을 느낌, 다른 사람의 눈치를 보므로 일을 소신 있게 처리하지 못함

사람은 결정에 대한 책임을 수용하며, 이후의 결정을 위해서 이전의 경험을 평가하고 활용할 수 있는 능력을 소유하고 있다. 또한, 자신이나 기대되는 상황에 대해 정보를 수집하는 등과 같이 체계적으로 준비하므로, 매우 신중하고 논리적으로 의사결정을 하는 것이 특징이다.

직관적 유형(intuitive style)은 의사결정을 할 때 개인의 내적인 감정상태에 의존하는 경향이 있다. 결정에 대한 책임은 수용하지만 정보수집을 위한 활동은 별로 없으며, 사실에 대해 논리적으로 판단하기보다는 현재의 느낌에 더 많은 주의를 기울인다. 이러한 유형의 사람은 의사결정의 과정이 비교적 빠르지만, 어떻게 결정에 도달하였는지를 명백하게 진술하지 못하는 경향이 있다.

한편 의존적 유형(dependent style)은 이상의 두 유형과는 달리 결정에 대해 자신이 책임지기를 거부하며, 그 책임을 자신 이외의 가족이나 친구, 그리고 동료에게 전가하는 특징이 있다. 이 유형을 자주 활용하는 사람은 타인의 기대에 크게 영향을 받고, 수동적·복종적이며, 사회적인 승인에 대한 욕구가 높은 편이다. 의사결정을 내려야 할 상황에서 정서적으로 불안을 느끼며, 다른 사람의 눈치를 보기 때문에 일을 소신 있게 처리하지 못하는 경향이 있다.

각 개인은 자신의 삶을 영위하면서 Harren이 제시한 세 가지의 의사결정형태를 보일 수 있으나, 보다 바람직하고 건강한 인생을 설계하기 위해서는 합리적인 방법으로 의사결정을 내리는 것이 필요하다. 이러한 합리적 의사결정은 세 가지 하위 기능을 종합하는 포괄적인 개념이라 할 수 있다(이지연, 2004). 첫째, 합리적인 의사결정자가 되기 위해서는 우선 의사결정을 내려야 하는 문제상황에 대한 정확한 인식과 지식과 정보를 종합할 수 있는 비판적 사고력이 있어야 한다. 둘째, 서로 다른 의견과 가치가 갈등하고 대립할 때 건전하고 보편타당한 가치관에서 현명한 가치판단을 내릴 수 있는 능력을 지녀야 한다. 셋째, 민주적인 의사결정을 내릴 수 있도록 이해와 합의를 지향하는 의사소통행위를 할 수 있는 능력이 필요하다.

한편, 합리적으로 의사를 결정하는 과정에 대해 학자들은 다양한 의견을 제시하고 있다. 먼저, Schunke(1988)는 합리적 의사결정과정을 문제의 결정, 대안과 그 결과에 대한 자료수집 계획, 대안 도출, 대안 검토, 가치구조와 일치되는 대안 선택, 선택에 따른 행동으로 제시하고 있으며, Remy(1989)는 의사결정의 문제와 선택의 필요성 이해, 목표 또는 가치의 확인, 대안의 확인, 대안의 긍정적 결과 또는 부정적 결과의 예측, 대안선택의 과정으로 제시하고 있다. 또한 김성규(2000)는 문제인식, 현상의 탐구와 예측, 가치분석, 대안의 검토결정, 행위의 과정으로, 김현경(2000)은 문제제기, 지식과 가치문제의 확인, 대안탐색, 결과예측, 선택 및 결론, 행동의 과정으로, 그리고 김선희·장윤옥(2007)은 문제규명단계, 정보단계, 대안단계, 가치단계,

〈표 3-8〉 Hirst, Kinney & Weiss의 의사결정 과정

과 정	특 징
문제인식	-해결해야 될 문제가 무엇인지 인식함 -문제의 배경 및 원인에 대한 고려와 학습자의 관심이 필요함
문제정의	-문제의 진술, 정보의 수집, 가치의 검토를 통해 문제를 명확하게 정의함 -문제의 진술: 문제의 분명한 부각과 한계를 명확히 정함 -정보의 수집: 문제를 해결하는 데 필요한 과학적 정보를 수집함 -가치의 검토: 문제와 관련된 자신의 가치를 검토함
대안개발	-정의된 문제와 가치를 바탕으로 대안을 개발함 -창의적인 사고가 필수적임
대안평가	-개발된 대안을 평가함 -대안을 평가할 명확한 기준의 마련이 필요함
대안선택 및 행동	-최적의 대안을 선택하고 그에 따라 행동함 -자신의 선택과 일치하는 행동이 전제되어야 함
결과평가	-실제 선택과 행동의 결과를 평가함

참조: 정문성 · 김동일(1998). 재인용.

평가단계로 구분하고 있다. Hirst 외는 이상에서 제시된 학자를 비롯하여 여러 학자의 합리적 의사결정 과정을 종합하여 〈표 3-8〉에 제시된 바와 같은 6단계, 즉 문제인식의 단계, 문제정의 단계, 대안개발의 단계, 대안평가의 단계, 대안선택 및 행동의 단계, 결과평가의 단계로 제안하였다(정문성 · 김동일, 1998 재인용).

오늘날과 같은 정보화 시대에는 합리적 의사결정능력의 개발이 더욱 중요한 과업으로 부각되고 있다. 이러한 의사결정능력은 나이가 들면서 저절로 향상되는 것이 아니고 학교 및 가정을 포함한 일상생활에서의 학습을 통해서 개발된다(Edersheim, 1988). 특히, 청소년은 자신과 관련된 일을 스스로 결정하고자 하는 독립성을 가지고 있으며 그러한 역량도 충분히 가지고 있다. 청소년에게 의사결정능력은 주체적인 사회인으로서 독립된 생활을 영위하기 위한 기본요소이자 성인생활로의 성공적인 전환을 위한 핵심능력이라 할 수 있다. 따라서 의사결정기술은 '비판적 사고력을 토대로 독립적 · 합리적으로 판단하고 결정

하는 기술'이라 정의내리고, 청소년이 자신의 요구를 이해하고 흥미나 적성을 고려하여 스스로 판단하고 결정할 수 있는 능력을 갖추도록 체계적으로 지도해 주어야 한다.

또한 청소년이 보다 합리적으로 의사결정을 하기 위해서는 문제상황에 대한 정확한 인식이 필요하며, 문제의 인식과 이해에 필요한 지식과 정보를 충분히 가져야 하는데 이때 필요한 기술이 바로 비판적 사고력이다(유정희, 2003). 다른 발달시기보다 더욱 다양한 문제와 중요한 결정상황에 직면하게 되는 청소년이 올바른 가치관에 기초하여 합리적인 의사결정을 할 수 있도록 하기 위해서는 비판적 사고력을 향상시킬 수 있는 방안을 모색하는 것도 필요하다(Gagne, 1974).

청소년의 이러한 의사결정기술은 뚜렷한 가치관을 가지고 자신의 일을 스스로 판단하며, 합리적으로 의사를 표현하고 결정해 나갈 수 있도록 지원하는 힘이 될 것이다.

3. 학습역량

학습역량은 청소년기의 주요 발달과업 중 하나인 학습을 효율적으로 수행해 나가는 능력을 의미한다. 청소년의 학습역량을 성취하기 위해서는 과제해결기술, 정보활용기술, 학습태도기술의 함양이 필요하다.

1) 과제해결기술

과제해결기술은 일반적으로 문제해결기술이라는 용어와 유사하게 사용되고 있는데, 문제라는 용어 때문에 주로 장애인, 문제 청소년이 주요 대상이 되어 왔다(김기태 외, 1996; 서진환, 1998; 조인수, 2007). 그러나 본 문헌에서는 일반 청소년의 학업적 해결능력에 주된 초점을 맞추고 있기 때문에 용어의 차별화를 위해 과제해결기술이라 명명하였다.

과제라는 것은 학생이나 탐구자의 자발적인 관심에서 유발되거나 미리 예정된 정답이 없는 것이라 할 수 있다. 예를 들어, 자료를 모으고 분석해 결과를 도출하는 것, 사회운동, 재활용운동 등 활동의 영역에 속하는 것, 특정 주제나 아이디어를 표현하는 것, 말, 미술재료, 행동을 통해 의사를 전달하고, 이야기를 통해 의미를 전달하는 것 등이 포함된다(Renzulli, 1977). 이처럼 과제란 학생이 목표달성을 원하지만 실제로 그 목표를 달성하기 위한 방법은 모르는 상태를 지칭하며, 학생이 해답을 얻는 데 필요한 일련의 행동을 알지 못하는 상황이라고 볼 수 있다(원용준, 1999).

과제해결기술과 관련된 대표적인 개념을 정리하면 〈표 3-9〉와 같다.

〈표 3-9〉 과제해결기술의 정의

학 자	정 의
Gagne(1985)	이미 배운 원리를 응용하여 여러 가지 새로운 상황에서 직면하는 과제에 대한 해결책을 발견해 내는 능력
Dewey(1910)	현존하는 둘 이상의 아이디어를 종합하여 재정리하고 적용하는 과정
Feldhusen & Treffinger(1983)	모호하고 어려운 장애물을 인지하고, 그 문제에 대해 가능한 해결책을 생각하고, 그 해결책을 평가하는 인지과정능력
차경수(1997)	과제가 무엇인지 발견하고, 그 과제해결을 위한 가설을 설정하며, 자료를 수집·분석하여 해결방법을 스스로 찾아내는 사고력
원용준(1999)	알고 있는 것과 알기를 원하는 것과의 차이를 줄이기 위해 가장 적절한 방법을 찾는 것으로서, 고차적 사고능력이 복합적으로 상호작용하여 형성되는 능력
김현정 외 (2003)	문제를 이해하고, 자신이 지닌 과학적 지식과 탐구기능을 바탕으로 확산적 사고와 비판적 사고의 상호작용을 통해 새로운 산출물 혹은 해결책을 만들어 내는 사고과정

과제해결기술은 보편적으로 정보처리적 접근에 의해 설명된다. 이 접근에서는 과제에 대한 일반적인 해결절차를 강조하는데, 과제해결을 위한 절차를 학습할 필요가 있으며, 산출물은 예측가능하다고 본다. 또 다른 관점인 구성주의적 접근에서는 과제의 형성과 재정의를 강조하고 과제해결자의 주도적 역할을 중시하며, 과제해결의 노력결과로서의 산출물은 과제 해결자의 목표가 무엇인가에 따라 달라진다고 본다(김영채, 1999).

종합적으로 과제해결기술이란 '일상생활에서 문제나 학습관련 과제를 계획적이고 능동적으로 해결하는 기술'이라 정의할 수 있다.

변영계(1993)는 과제해결기술을 학습기술의 하위 요소로 보고 읽기과제 해결기술과 쓰기과제 해결기술로 구분하여 제안하였다. 읽기과제 해결기술은 밑줄 긋기, 자신의 말로 의역해보기, 읽은 내용을 간단한 그림이나 도표로 나타내보기, 핵심내용을 여백이나 공책에 표시해두기, 중간중간 이해 정도를 확인해보기, 예상질문 만들어보기 등의 기술이며, 쓰기과제 해결기술은 과제를 어떻게 쓸 것인지를 계획하거나 독창적 아이디어를 생각하기, 정보나 자료를 수집·정리하기 등의 기술을 말한다.

과제해결능력은 학습단계가 높아질수록 점점 좋아지지만, 창의적으로 과제를 해결하는 데 필요한 확산적 사고능력은 여전히 부족하다(송기호, 2008). 청소년이 시대에 발맞추어 변화에 효율적으로 대처하기 위해서는 단순히 기존의 지식이나 신념만을 학습해서는 안 되며, 새로운 방법을 능동적으로 찾아낼 수 있는 고등정신기능을 계발할 필요가 있다. 따라서 이러한 역할과 관련된 과제해결기술은 청소년의 생활역량을 위해 반드시 계발되어야 할 생활기술이라 할 수 있다.

2) 정보활용기술

정보사회에서 가장 핵심이 되는 것은 정보기술이라고 할 수 있다. 정보기술은 정보사회의 성장을 가능하게 하는 데 핵심적인 역할을 해왔을 뿐만 아니라 일상생활 전반에 스며들어 개인의 삶을 좀 더 편리하고 윤택하게 해주고 있다. 예컨대 컴퓨터의 등장은 다른 무엇보다도 오늘날의 정보사회를 현실적으로 가능하게 하는 데 핵심적인 역할을 했다고 할 수 있다. 컴퓨터는 지식과 정보를 얻고 사용하는 데 필요한 도구로서 탁월한 역할을 수행해 왔으며, 정보혁명의 중추적 역할을 해왔다.

이와 함께 최근의 정보통신 관련 기술의 발전은 정보사회의 혁신적인 변화에 큰 기여를 하고 있다. 즉, 디지털 통신기술과 광섬유를 이용한 전송기술의 발전 및 정보통신의 네트워크화는 컴퓨터와 결합되면서 정보사회의 발전을 가속화시키고 있다. 이와 같이 정보사회에서의 인간의 주요 활동은 정보기술이 제공하는 서비스의 지원을 필요로 하며, 더불어 정보사회의 핵심은 정보활용기술에 있다고 할 수 있다(소경희, 1999).

정보활용기술과 관련한 여러 선행연구에서는 정보활용을 기술 단위가 아닌 능력의 개념으로 취급하여 왔다. 또한 청소년이 주체가 되어 적극적으로 자신의 능력을 향상시키는 측면에서의 연구보다 교수-학습 자료 활용을 위한 수단으로 사용된 사례가 더 많다(강운선, 1997; 권지영 외, 2004; 장언효 · 이성흠, 2002). 본 문헌에서는 청소년 개개인이 직접 소유하고 있는 정보활용기술에 초점을 맞추어 관련 연구물을 고찰하였다.

정보활용기술이라는 개념은 Zukowski(1974)에 의해 처음 사용되기 시작하였다. 그는 정보활용기술을 가진 사람은 정보자료를 활용하여 업무를 수행하도록 훈련받은 사람으로서, 문제를 해결하기 위한 방법으로 일차 자료뿐만 아니라 광범위한 정보도구를 사용하는 테크닉과 기술을 습득한 사람이라고 하였다. 이러한 정보활용기술은 초기에 사서들에 의해 도서관 활용과 서지정보 관련 연구를 중심으로 이루어졌으나, 정보기술과 사회의 변화로 정보의 중요성을 인식한 학자들에 의해 1980년대부터 보다 확대되어 정보를 이해 · 판단 · 평가하는 수준까지 확대되기에 이르렀다(김세아, 2008). 1989년 미국도서관협회의 정보활용능력위원회는 '정보활용기술을 갖추기 위해서는 정보가 필요한 때를 인식하고, 필요한 정보의 소재를 파악하고 평가하여 효과적으로 사용할 수 있는 능력을 갖추어야 한다'고 하였다. 이후 정보활용기술에 대한 개념은 정보의 위치를 알아내고 평가하고 사용할 수 있는 능력과 정보가 필요한 때를 인식하는 능력, 컴퓨터를 사용할 수 있는 능력에서부터 다양한 방식으로 정보를 주고받는 능력까지 포괄하는 개념으로 확대되었다(Shapiro & Hughes, 1996).

시대적 흐름에 따라 변화된 정보활용기술의 개념은 〈표 3-10〉과 같다.

〈표 3-10〉 정보활용기술의 개념 변화

구 분	정 의
1980년대 이전	문제를 해결하기 위한 방법으로 일차 자료뿐만 아니라 광범위한 정보도구를 사용하는 테크닉과 기술
1980년대	정보의 접근 · 이용 수준에서 보다 확대되어 정보를 이해 · 판단 · 평가하는 수준
1990년대 이후	정보의 위치를 알아내고 평가하고 사용할 수 있는 능력과 정보가 필요한 때를 인식하는 능력, 컴퓨터를 사용할 수 있는 능력에서부터 다양한 방식으로 정보를 주고받는 포괄적인 능력

정보활용기술은 정보 자체보다 정보기술, 인터넷활용기술로 정의하여 미디어활용, 컴퓨터활용, 디지털활용기술 등의 용어로 사용되기도 하였다. 디지털환경과 정보기술의 발달로 인하여 정보활용기술의 범위가 컴퓨터 활용으로 국한되어 보이지만, 인터넷뿐 아니라 신문, 도서, 잡지나 전문서적 등의 여러 정보자료를 탐색하고 접근하여, 이를 해석 · 분석 또는 종합하여 표현하고, 더 나아가 정보활동을 평가하는 등의 기술까지도 포괄하는 광범위한 개념이라 할 수 있다. 따라서 청소년이 갖추어야 할 정보활용기술이란 '필요로 하는 정보요구에 부합할 수 있도록 다양한 정보자료에 접근하여 탐색 · 분석 · 평가 · 적용하는 기술'이라고 정의할 수 있다.

오늘날 청소년이 삶을 배우는 데 필요한 정보가 날로 더 복잡해지고 있어 어느 때보다 더욱 정보활용기술이 필요하다. 프랑스 정부는 청소년이 정보를 활용할 수 있다는 것은 일상생활을 잘 조정할 수 있도록 도와주며, 개인적 자유를 누릴 수 있는 영역을 이해하고 각자의 전망을 정의하는 데 작용할 수 있는 사회적 난점을 인지하도록 한다고 청소년정보헌장에 제시한 바 있다. 이렇듯 청소년은 자신의 삶에서 중요한 의사결정을 내릴 때 최선의 정보를 선택하고 적절히 활용할 수 있어야 한다.

3) 학습태도기술

학습태도란 일반적으로 학습자의 학습경험을 통해 형성되는 인지적 · 정의적 · 행동적 반응 경향성을 의미한다. 학습이란 수업을 통한 학습경험뿐만 아니라 학습자를 둘러싸고 있는 환경을 통한 학습경험 모두를 포함한다(박한숙, 2000). 이러한 관점에서 학습태도는 학교와 학습과제를 긍정적, 또는 부정적으로 보는 하나의 심리적 경향이라 할 수 있다. 즉, 학습자가 학교나 학습에 대해 가진 태도로서 학교생활을 통해 형성된 것이라 볼 수 있다. 학습자가 갖고 있는 이러한 정의적 특성은 부분적으로 현재의 학습과제와 학습자가 마음속에 그리는 장래 목표나 목적 사이의 관계를 어떻게 지각하느냐에 의해 결정된다. 이러한 지각은 학습관련 유능성에 대한 개인적 지각에 영향을 받게 되는데, 이 역시 학습자가 새로운 학습경험을 어떻게 형성해 나가는가에 따라 중요한 영향을 받는다. 따라서 학습자들이 학습에 대해 긍정적인 경험을 하게 되면 학습태도 역시 긍정적으로 변화하리라 추측할 수 있다(김영채, 1990).

이상의 내용을 종합하면 학습에 영향을 미치는 정의적 특성 중 대표적 요인인 학습태도는 경험에 의해 조직된 준비상태이며, 개인과 관계된 모든 상황에서의 반응에 영향을 주는 마음의 준비상태라고 할 수 있다. 즉, 학습태도란 학습자가 갖고 있는 긍정적 또는 부정적인 태도로서 학습에 대해 나타나는 일관성 있는 경향이라 할 수 있는 것이다.

선행연구물에서 나타난 학습태도에 대한 정의는 대부분 학습태도를 경향성으로 나타내는 데 반해, 본 연구에서는 정의적인 특성이나 경향성이라는 포괄적인 의미보다는 학습을 할 때 나타나는 구체적인 행동기술로 제한하고자 한다. 그러므로 본 연구에서의 학습태도기술이란 '학습에 긍정적인 영향을 주는 태도 및 구체적인 능력'을 의미한다.

한편, 개인의 학습태도와 학업성취도와의 관련성 연구에서는 매우 의미 있는 상관관계를 발견할 수 있다. Austin(1984)과 Strauss & Volkwein(2002)는 학업성취도에 결정적인 영향을 미치는 요인으로 학습태도를 들고 있다. 물론 학습태도를 정의적 요인의 일부로 간주할 수도 있으나, 학생의 출석률, 과제수행의 정도, 강의 집중도, 해당 과목에 대한 흥미도, 학생들이 앉은 좌석의 위치, 수업 시간의 시선 집중 등 보다 포괄적이고 수업과 직접 관련된 요인들로 구성되어 있다고 보기 때문이다.

특히 청소년에게는 스스로 학습을 구성하고 관련 정보를 탐색하며 학습하는 자기주도적인 학습태도가 중요하다. 따라서 학교교육은 청소년에게 단순한 지식과 기술을 전달하는 것에만 목적을 둘 것이 아니라 학교를 졸업한 이후에도 스스로 학습을 지속해 나갈 수 있는 역량을 함양시켜야 할 필요가 있다. 궁극적으로 본인에게 필요한 평생학습을 자율적이고 성공적으로 계속할 수 있게 하는 자기주도적 학습태도가 청소년에게 필요한 대표적인 학습태도기술이라 할 수 있다.

4. 대인관계역량

청소년기에는 사회적 관계의 폭이 넓어지면서 다양한 사람들과 관계를 맺게 된다. 따라서 타인과 적절한 관계를 유지해 나갈 수 있는 대인관계역량이 요구된다. 청소년들이 갖추어야 할 대인관계역량으로는 의사소통기술, 인간관계기술, 갈등조절기술, 리더십기술을 들 수 있다.

1) 의사소통기술

다른 사람과의 관계를 이루는 데 중요한 것은 상대가 어떤 생각을 하고 어떻게 반응하며 나의 생각이나 감정이 어떻게 전달되는지 이해하는 것인데, 이와 같이 상대방과의 상호작용을 매개하는 것이 바로 의사소통이다(김명신, 2003). 그러나 현대사회의 핵가족화, 도시화, 맞벌이 부부의 급증 등으로 인한 가족관계의 변화는 대인관계를 경험하고 효율적인 의사소통방법을 배울 기회를 잃어가게 하고 있다. 뿐만 아니라 컴퓨터, 인터넷, 휴대폰 등 정보통신의 발달로 인해 의사소통의 통로는 증가하였지만, 질 높은 의사소통이 줄어들면서 청소년들은 대인관계의 어려움을 경험하고 있다(두진영, 2008).

의사소통은 일반적으로 인간 사이의 의미전달 행위로 묘사되지만, 의사소통과 단순한 언어행위는 차이가 있다. 공통(共通) 또는 공유(共有)라는 사전적 의미에서 찾아볼 수 있듯이 의사소통에는 다른 사람과 함께 나누거나 공유한다는 뜻이 내포되어 있다. 즉, 의사소통은 의미전달뿐 아니라 말하는 사람과 듣는 사람 상호 간에 의미가 공유됨으로써 그들의 행동에 변화가 일어나는 사회적 과정이라 할 수 있다. 같은 맥락에서 박연호(1984)는 사람들 사이에 사실・생각・의견 또는 감정의 교환을 통해서 공통적 이해를 이루게 하고 의식이나 태도 또는 행동에 변화를 일으키게 하는 일련의 상호교류 과정이라 정의하였다.

한편 Myers와 Myers(1973)는 의사소통의 개념을 매우 포괄적으로 정의하고 있다. 첫째, 의사소통은 개인의 인간성을 발전시키고 다른 사람과의 관계를 발달시키는 매개체이며, 둘째, 자극과 반응, 말하는 사람과 듣는 사람, 언어적 내용, 기호화 과정, 기호해독 과정, 반응,

지각, 자기표현 등으로 구성된 대인관계의 매개체이고, 셋째, 과거와 미래, 현재를 거쳐 계속된다. 넷째, 의사소통은 대인관계에서 순환적인 과정을 통하여 지속되므로 상호 간에 영향을 주고받는 것이며, 다섯째, 태도, 생각, 사상, 느낌 등을 전달하는 매개체이고, 여섯째, 언어적·비언적인 방법으로 전달된다고 하였다(신효식·김근화, 2004, 재인용).

이상의 정의를 종합해 볼 때, 의사소통은 두 사람 이상의 대인관계에서 태도, 생각, 사상, 느낌 등을 언어적·비언어적인 방법으로 교환하고 공유함으로써 공통된 이해를 형성해 나가는 사회적 상호교류의 과정이라 정의할 수 있다. 이러한 의사소통을 원활히 수행하는 데 필요한 능력을 의사소통기술이라 한다. 즉, 의사소통기술이란 표현과 경청을 포괄하는 개념으로, 대인관계에서 공통된 이해를 형성할 수 있도록 '자신의 감정이나 의사를 효과적으로 표현하고, 상대방의 말에 주의를 집중하여 듣고 의도를 정확하게 파악하여 반응함으로써 발전적인 관계를 지속시켜 나가는 기술'이라 할 수 있다.

학자들마다 이러한 의사소통기술의 요소를 다양하게 제시하고 있다. 먼저, Pfelffer와 Jones(1974)는 효과적인 의사소통을 하기 위한 요소로 쌍방향적 의사소통, 경청, 효과적인 피드백의 활용, 압박감 없는 분위기, 분명한 메시지를 제시하였고, Stuart 외(1980)는 경청하는 자세, 자기가 원하는 것의 건설적인 요구, 명확한 선택, 자신의 감정과 생각의 표현을 제시하였다(두진영, 2008, 재인용). 또한 Egan(1994)은 관심, 경청, 이해, 기본적 공감, 탐색과 요약, 도전을 제시하였고, Hill & O'Brien(1999)은 주의집중과 경청, 재진술, 질문, 감정의 반영을 제시하였다. 국내학자인 이상희 외(2002)는 의사소통의 걸림돌 찾기, 듣기, 공감적 이해, 나 전달법(I-massage), 문제해결 방법을 들었

〈표 3-11〉 의사소통기술의 핵심요소

의사소통기술	특 징
적극적 경청	-상대방의 말에 주의를 집중하여 듣고 의도를 정확하게 파악함 -표면적인 내용이나 감정뿐 아니라 표현하지 않은 의미 및 내면의 감정까지도 제대로 이해함
공감적 반응	-적극적으로 경청하고 있음을 표현함 -언어적·비언어적인 반응을 포함함 -상대방과의 긍정적이고 발전적인 관계형성을 촉진함
나 전달법을 통한 자기표현	-자신의 감정이나 의사를 상대방에게 효과적으로 표현함 -나를 주어로 하여 자신의 의사와 감정을 공격적이지 않게 상대방에게 전달함

고, 정호권(2003)은 적극적 경청, 공감적 반응, 나 전달법, 문제해결을 제시하였다.

이상의 학자들이 제시한 논의를 토대로 두진영(2008)은 청소년에게 필요한 의사소통기술의 핵심요소로 적극적인 경청, 공감적 반응, 나 전달법을 통한 자기표현을 제시하였다(〈표 3-11〉 참조). 적극적인 경청이란 상대방의 말에 주의를 집중하여 들어 의도를 정확하게 파악하고, 말의 내용이나 표면적인 감정뿐 아니라 표현하지 않은 의미 및 내면의 감정까지도 제대로 이해하는 것을 의미한다(정호권, 2003). 적극적으로 경청을 하게 되면 상대방이 원하는 것이 무엇인지 알게 되어 공감적인 반응을 표현할 수 있으므로, 적극적인 경청과 공감적인 반응은 연속선상에 있는 의사소통의 핵심기술이라 할 수 있다(두진영, 2008).

또한 공감적 반응은 상대방의 사고와 감정을 경청하고, 상대방이 표현한 내용뿐 아니라 내면의 감정이나 의도까지 제대로 이해하고 있음을 상대방에게 표현하는 과정으로, 언어적인 표현과 함께 비언어적인 모습이 전달되는 것도 포함한다. 공감적 반응이 충실하고 정확하게 일어날수록 상대방과의 긍정적이고 발전적인 관계형성이 촉진될 수 있다.

나 전달법이란 자신의 감정이나 의사를 상대방에게 효과적으로 표현할 수 있는 방법으로, 나를 주어로 하여 자신의 의사와 감정을 공격적이지 않게 상대방에게 전달하는 방법이다. 상대방의 행동과 행동변화에 대한 자신의 감정과 욕구를 나 전달법을 통하여 정확하고 명확하게 전달한다면, 상대방이 오해 없이 자신의 욕구를 받아들일 수 있어 효과적인 의사소통을 할 수 있을 것이다(정호권, 2003).

청소년의 건전한 성장과 성인으로의 질적인 발달에 큰 영향을 미친다고 보고되고 있는 부모와의 관계(권재환 · 이은희, 2006; 김선희, 2009; 김희수 · 홍성훈 · 윤은종, 2007; 지효숙, 2007), 교사와의 관계(강영호, 2002; 문호영, 2005; 손연실, 2002), 친구와의 관계(손연실, 2002; 최유진, 2007; 황미숙, 2007) 형성에서 가장 기본적인 요소는 이상에서 제시하고 있는 의사소통기술이라고 할 수 있다. 따라서 청소년들은 의사소통기술의 함양을 통해 원만한 대인관계를 형성하고, 청소년기에 직면하는 다양한 문제상황과 적응이 요구되는 상황에서도 적절히 대처해 나갈 수 있는 힘을 가지게 될 것이다.

2) 인간관계기술

인간은 다른 사람들과 관계를 맺으며 생활하는 사회적 존재이다. 따라서 인간관계가 원만하지 못하면 좌절하고 고민하게 될 뿐 아니라 가정, 학교, 지역사회의 차원에서도 많은 문제가 야기될 수밖에 없다(김여옥 외, 1992). 특히, 청소년들은 인간관계에 문제가 있을 때 두통, 식욕부진, 불면증과 같은 신체적 이상증상은 물론 심리적 스트레스 등 여러 가지 부적응 현상을 일으킨다고 보고된 바 있어(우채영 · 임재국,

2009), 인간관계는 청소년의 건전한 성장과 성인으로의 원만한 이행에 큰 영향을 미치는 변인이라 할 수 있다.

인간관계를 바라보는 관점은 크게 두 가지가 있다. 먼저, 광의적인 관점에서 대인관계와 같은 개념으로 보아 다른 사람과의 좋은 상태를 유지하는 것과 관련된 모든 내용을 인간관계로 보는 관점이 있다. 한편 좀 더 적극적인 측면에서 타인과 원만한 관계를 구축해 나가는 실제적인 방법 및 기술이라고 보는 관점도 있다(박혜정, 2000). 본 연구에서는 후자의 관점에서 인간관계를 바라보고자 한다.

즉, 인간관계란 두 사람 혹은 그 이상의 사람들 간의 역동적이고 계속적인 상호작용의 패턴을 말하는 것으로(이형득, 1992), 자신과 타인에 대한 신뢰감이나 친근감, 자기감정이나 언어적 표현에 대한 민감성과 개방성, 이해성, 높은 수준의 의사소통능력 등을 통해 다른 사람들과 원만하고 좋은 관계를 유지해 나가는 것을 의미한다(강정임, 2005).

긍정적인 인간관계를 형성하면 정체감 확립, 건전한 성격발달, 자아성취, 행복감, 욕구만족 등이 이루어지는데, 그렇지 못할 때는 불안, 우울, 욕구좌절, 소외 등의 정서적인 문제가 생겨 심리적 증상의 주원인이 되기도 한다(권석만, 1995; 이형득, 1992). 이처럼 만족스러운 인간관계의 질과 양은 독특한 자아의 형성 및 발달뿐 아니라 건전한 인격발달에도 영향을 미친다.

긍정적이고 친밀한 인간관계를 형성하기 위해서는 갖추어야 할 몇 가지 요건이 있다(박주리, 1999; 이재창, 1995). 첫째, 올바른 인간관을 형성해야 한다. 즉, 인간의 존재에 대해 바른 이해와 태도를 가져야 하는 것이다. 둘째, 자기를 자신 있게 개방하여야 한다(류춘렬, 2007). 이를 위해서는 자신을 이해하고 긍정적으로 수용하는 태도를 가져야 하며, 궁극적으로 자신도 알고 상대방도 아는 자신의 모습이 많아야 한다(McKay, Davis, & Fanning, 1995). 셋째, 구체적인 인간관계의 기술(skills)을 갖추어야 한다. 나의 생각이나 느낌을 상대방에게 정확하게 전달하는 방법, 또 상대방이 전달하는 메시지를 왜곡하지 않고 정확하게 받아들이는 의사소통기법 등이 이에 속한다.

반면, 인간관계에 부정적인 영향을 미치는 요인으로 개인의 성격적 특성과 바람직하지 못하게 습관화된 행동 특성을 지적할 수 있다. 지나치게 공격적이거나 조급한 성격, 의심이 많거나 부정적인 태도, 지나치게 소극적이고 수동적이어서 자신의 의견을 제대로 표현하지 못하고 숨기고 억압하는 성격을 가진 경우 생산적인 인간관계를 이루기 어렵다. 또한 상대방을 존중하지 않는 태도와 배려가 부족한 행동 특성도 인간관계를 방해하는 요인이 된다. 나에 앞서 상대방을 먼저 배려하는 마음, 존중하는 마음이 전제되어야 진정한 인간관계가 형성될 수 있다(김복기, 2002).

본 연구에서는 이상에서 제시한 바와 같이 '타인과 긍정적이고 친밀한 인간관계를 형성하고 유지할 수 있는 기술'을 인간관계기술이라 정의한다. 즉, 인간관계기술은 긍정적인 대인관계형성에 필수적인 개념으로, 타인과 긍정적인 관계를 형성할 수 있도록 타인에 대한 신뢰감이나 친근감을 표현하고 자신의 상태나 감정을 솔직하게 개방하여, 다른 사람들과 원만하고 친밀한 관계를 유지해 나갈 수 있는 기술이라 할 수 있다.

이와 같은 인간관계기술은 청소년의 생활의 질을 결정하는 중요한 요소로 부각되고 있다. 청소년에게 중요한 삶의 장인 가정과 학교에서 생활의 질을 결정하는 주된 관계로, 가정생활에서는 부모 및 형제를 포함한 가족관계를, 학교생활에서는 친구관계가 꼽힌다(박영신 · 김의철, 2008). 또한 한 연구에 따르면 청소년들은 본인이 가장 자랑스럽게 생각하는 성공적 경험의 대표적인 것으로 친구의 도움, 원만한 인간관계, 주위의 격려와 관심 등을 제시하였으며, 가장 고통스러운 실패의 이유로는 이해심이 부족했거나 대인관계가 원만하지 못하였음을 지적하였고, 미래에 자기가 원하는 성취를 위해 가장 중요한 요인으로 원만한 인간관계를 꼽았다(박영신 · 김의철 · 탁수연, 2002). 이러한 결과는 청소년에게 인간관계가 생활의 핵심적인 변인으로 작용하고 있음을 보여주는 것이다.

따라서 인간관계기술은 청소년이 한 명의 독립적인 생활인으로서 갖추어야 할 필수적인 기술 중 하나라고 볼 수 있기 때문에 이를 향상시키기 위한 구체적인 노력이 필요하다. 청소년이 인간관계 속의 다양한 심리적 갈등을 효과적으로 해결할 수 있는 실제적인 기술을 함양한다면, 보다 더 자신을 제대로 이해하고 수용하며, 만족스러운 인간관계를 형성하게 됨으로써 미래의 사회구성원으로 그 책임을 다할 수 있게 될 것이다.

3) 갈등조절기술

인간은 대인관계 속에서 필연적으로 갈등을 경험하게 된다. 갈등을 해결하는 과정은 인간의 성장 과정에서 변화의 원동력이 되며, 적응 및 발달에 필수적인 자극이 된다. 이러한 맥락에서 청소년기의 갈등은 사회적 능력 발달에 필수적인 요소라고 할 수 있다. 갈등을 해결해 나가는 과정에서 타인의 관점으로 세상을 바라보는 능력이 향상되며 사회적 이해가 증진되기 때문이다. 또한 노래집단을 비롯한 사회적 관계를 성공적으로 형성하도록 도우며, 형성된 관계를 유지 및 변화시키는 것에도 긍정적인 영향을 미치고 있다.

전형적으로 갈등이란 대인관계에서 목표, 기대 혹은 상대방에 대한 바람의 불일치로 빚어지는 상호간의 대립(Collins et al., 1997; Jensen-Campbel et al., 1996), 혹은 서로 다른 목적을 가진 두 사람이 다양한 친사회적 · 반사회적 전략을 사용하여 상대방의 행동에 영향을 미치고자 하는 것(Malloy & McMuray, 1996) 등으로 정의된다. 그러나 갈등은 항상 부정적인 측면만 있는 것은 아니다. 과거에는 갈등이 자칫 서로 간의 폭력으로까지 이어져 대인관계와 조직에 심각한 위협이 된다는 인식이 높았으나, 현대에 와서는 내재적으로 긍정적인 것도, 부정적인 것도 아니며 변화와 성장이라는 자연적 과정에서 불가피하게 등장하는 것으로 인식되고 있다(Corcoran & Mallinckrodt, 2000). 이러한 갈등이 생산적인 결과를 가져오느냐 아니면 비생산적인 결과를 가져오느냐는 갈등을 어떻게 조절하느냐에 달려 있다. 따라서 대인관계 속에서 갈등이 생산적 결과로 연결되기 위해서는 갈등을 긍정적으로 해결하기 위한 갈등조절기술의 습득이 중요하다(최창욱 · 김진호, 2006).

이와 같이 갈등이 부정적인 측면만 내포하는 것이 아니라 적절한 조절방식에 의해 대인관계능력이 촉진될 수 있다는 많은 연구들이 제시됨으로써 갈등조절능력에 대한 관심이 높아지게 되었다. 이러한 관점에서, Sternberg & Soriano(1984)는 갈등이 진행되고 있는 상황에서 사람들이 취하는 행동 및 그러한 능력을 갈등조절능력으로 보고, 개인의 갈등조절능력은 그가 어떤 의사소통방식을 사용하고 있느냐와 밀접한 관련이 있음을 제시하였다. Thomas(1994)는 미성숙한 갈등조절능력이 갈등을 상승하도록 부추기는 강한 정서를 수반한다고 하였다. 특히, 부정적 정서는 인지적 단순화에 영향을 미치고 타인의 행동을 부정적으로 해석하게 하며 신뢰를 감소시켜 상대방의 입장을 생각하지 못하게 한다고 하였다(류승하, 1995, 재인용). 또한 Unger 외(1998)는 대인관계에서 발생하는 갈등을 잘 관리하고 조절하는 기술이 발달된 사람은 자신과 다른 사람의 요구를 구별하고, 그들 자신의 요구를 다른 사람의 관점에서 통합할 수 있다고 제시한 바 있다.

한편, 개인 간 갈등에 대한 해소 및 적절한 조절을 연구한 학자들은 갈등조절방식을 여러 유형으로 분류하여 제시해 왔다. 최초로 갈등조절유형에 대한 개념적 모델을 제시한 Blake & Mouton(1964)은 경쟁과 힘의 연관관계로 타인의 요구를 적게 반영하고 자신의 요구대로 갈등을 해결하는 강압형, 협력과 조정을 통해 문제에 직접적으로 부딪히고 가능한 해결을 평가해 보는 문제해결형, 갈등을 무시하거나 숨기는 완화형, 신체적 · 심리적으로 갈등상황에서 물러나거나 벗어나는 회피형, 각 당사자의 기본요구를 수용하여 간단히 해결하는 타협형의 5가지 형태를 제시하였다. 이들의 개념적 모델을 근거로 Thomas와 Kilmann(1974)은 갈등조절에 대한 도구를 개발하기도 하였다.

그 후 Rahim(1986)은 Thomas와 Kilmann(1974)이 개발한 도구의 신뢰도와 타당도를 검증하는 여러 연구를 실시함으로써 도구의 신뢰도와 타당도가 낮다고 밝히며, 자신의 이론적 틀에 따라 새로이 갈등조절 유형을 분류하였다. 그는 인간관계 속에서 발생하는 갈등인지의 주체로서 자기 자신에 대한 관심 정도와 타인에 대한 관심 정도를 큰 축으로 놓고, 개인의 행동방식이 어느 쪽에 더 가까운지에 따라 협력형, 절충형, 양보형, 지배형, 회피형의 5가지 유형으로 구분하였다(〈표 3-12〉 참조).

첫째, 협력형은 자신과 상대방의 관심과 이해를 정확히 알려고 하기 때문에 문제의 본질을 집중적으로 정확하게 파악하고 문제해결을 위한 통합적 대안을 도출하려는 유형이다. 즉, 양측의 의견을 공동의

〈표 3-12〉 Rahim의 갈등조절 유형

유 형	특 성
협력형	-공동선의 입장에서 문제해결을 위한 통합적 대안을 도출해 내고자 하는 유형 -장점: 장기적으로 효력을 발생함 -단점: 문제를 다루는 데 시간이 오래 걸림
절충형	-서로의 입장을 양보하고 외부나 제삼자의 개입이나 협상의 방법을 동원함 -장점: 민주적인 방법으로 절충함 -단점: 상호교환과 희생을 통해 부분적으로 만족을 취함
양보형	-상대방을 위해 자신의 관심부분을 양보하거나 포기함 -장점: 서로 간에 협동을 가능케 함 -단점: 악화된 문제에는 부적합하며, 문제점을 소홀히 다룰 가능성이 있음
지배형	-자기중심적인 행동을 선호하고 상대방의 입장을 고려하지 않음 -장점: 신속함 -단점: 상대방의 분노와 원망을 초래할 수 있음
회피형	-갈등상태에 대처하기보다 상황을 피함으로써 벗어나려는 유형 -장점: 매우 중요한 문제마저 회피해 버릴 가능성이 있음 -단점: 지나치게 사소한 문제나 피하는 것이 오히려 이익이 될 상황에 적합함

입장에서 통합할 수 있는 행동방식으로 양측의 관심사를 모두 만족시켜 줌으로써 갈등을 해소하려는 유형이다. 문제를 총체적으로 다루기 때문에 장기적인 안목에서 볼 때 그 효력이 발생하지만, 문제를 다루는 데 시간이 오래 걸린다는 단점이 있다.

둘째, 절충형은 자신과 타인의 공통된 관심분야를 서로 주고받기 위한 대안으로서 서로의 입장을 양보하고 외부나 제삼자의 개입 및 협상의 방법을 동원한다. 민주적인 방법이지만, 다수의 이익을 우선하기 위해 상호교환과 희생으로써 부분적인 만족을 취한다는 한계가 있다.

셋째, 양보형은 상대방의 관심부분을 충족시키기 위해 자신의 관심을 양보하거나 포기하는 방식으로 배려를 하는 형태이다. 서로 간에 협동을 가능케 해준다는 장점이 있지만 복잡하거나 악화된 문제에는 부적합하며, 문제점을 소홀히 다룰 가능성이 있다는 점에서 일시적인 대안이라고 할 수 있다.

넷째, 지배형은 자기중심적인 행동을 선호하고 상대방의 입장은 전혀 고려하지 않는 방식이다. 신속하다는 장점이 있지만, 상대방의 분노와 원망을 초래할 수 있다는 단점이 있다.

다섯째, 회피형은 갈등상태에 대처하려 들지 않고, 단지 그 상황을 피함으로써 벗어나려는 유형이다. 즉, 갈등문제로부터 물러나거나 이를 피함으로써 자신뿐 아니라 상대방의 관심사마저 무시하는 유형이다. 지나치게 어려운 문제를 접했을 때 일어날 수 있는 자연스러운 반응이지만 매우 중요한 문제마저 회피해버릴 가능성이 있다. 그러나 문제가 지나치게 사소하거나 피하는 것이 오히려 이익이 될 상황에서는 적합한 대안이 될 수 있다.

이상에서 제시한 각각의 갈등조절유형은 모두 장·단점을 가지고 있으므로 어느 것이 가장 좋은 방법이라고 단언할 수 없다. 따라서 이들 유형을 상황에 따라 적절히 사용할 때 갈등조절의 효과를 거둘 수 있을 것이다(김창걸, 1994).

이상의 연구에서 살펴본 바와 같이, 다른 사람과 갈등이 생겼을 때 상황에 맞는 갈등조절전략을 적용하여 이를 긍정적인 방향으로 해결해 나갈 수 있는 능력을 본 문헌에서는 갈등조절기술이라 한다. 또한 과거의 연구에서는 자신을 포함한 다른 사람과의 갈등에 한정하여 갈등조절을 제시하고 있으나, 본 문헌에서는 제3자 간의 갈등을 해결하는 능력까지 갈등조절기술에 포함하고자 한다. 즉, 다양한 대인관계 속에서 '다른 사람과의 갈등이나 제3자 간의 갈등이 있을 때, 긍정적이고 생산적인 방향으로 해결할 수 있도록 갈등을 소설하는 기술'을 갈등조절기술이라 한다. 개인의 갈등조절기술에 따라 갈등이 삼소될 수도, 증가할 수도 있으므로 이의 함양은 매우 중요하다고 볼 수 있다.

청소년기는 갈등조절기술을 학습하는 데 특히 결정적인 시기라고 할 수 있다. 왜냐하면, 청소년기의 긍정적인 갈등조절기술은 위험행동을 감소시키고, 성공적인 성인기로의 진입은 물론 성인기에 겪게 되는 갈등의 긍정적 해결을 촉진시킬 수 있기 때문이다(Alexander, 2000). 청소년이 대인관계 속에서 다양한 심리적 갈등을 효과적으로 해결할 수 있는 실제적인 기술을 함양한다면, 자신과 타인의 관점을 보다 잘 이해할 수 있을 뿐 아니라 상황에 맞는 적절한 행동을 취할 수 있어, 보다 생산적이고 만족스러운 대인관계를 형성해 나갈 수 있게 될 것이다.

4) 리더십기술

청소년기에는 집단의 구성원이 되어 소속감을 갖고자 하며, 자신의 가치와 능력을 발휘하고자 하고, 타인과 긴밀하고 좋은 관계를 구축하고자 하며, 공동체 속에서 지도력과 통솔력을 발휘하고자 하는 욕구를 갖는다(Pittman, 1991). 청소년의 이러한 공통된 욕구를 건전하게 충족시키며 성공적인 성인기를 준비하기 위해서는 잠재되어 있는 리더십을 개발하고 발휘할 필요가 있다.

지금까지 이루어진 리더십 관련 이론 중 가장 오래된 이론 중의 하나는 위인이론이다. 위인이론에서 리더는 모든 상황을 다스리며, 어떤 정해진 천부적 특성을 가지고 태어나 부하들과 구별되는 사람으로 묘사된다(오치선, 2002). 위인이론 이후, 리더의 특성이나 행동을 밝히고자 한 특성이론(trait theory) 및 행동이론(behavior theory), 처해진 다양한 상황에서의 효과적 리더십에 대한 상황이론(contingency theory), 그리고 인본주의에 입각한 변환적 리더십 및 거래적 리더십

이론(transformational & transactional leadership theory) 등을 바탕으로 한 연구가 이루어졌다. 연구가 순차적으로 이루어지면서 리더십은 선천적으로 타고나는 특성이라는 초기의 관점이 후천적으로 개발 가능한 특성이라는 관점으로 변화되어 왔다.

이러한 광범위한 리더십 이론을 바탕으로 최근 미국에서는 청소년의 리더십 개발을 위해 반드시 표본으로 삼아야 할 리더십의 공통된 특징과 기술로 구성된 리더십기술척도가 개발됐고, 이 척도를 이용한 연구들이 폭넓게 전개되고 있다(Ellis, 1990; Renzulli, et al., 1997; Sisk & Rosselli, 1987).

Fertman과 Linden(1999)은 청소년 리더십을 모든 청소년이 학습·개발할 수 있는 기술과 태도의 집합체로 정의하고 있으며, Kames와 Bean(1997)은 다른 사람에게 어떠한 행동을 하도록 영향을 미치지는 않는다 하더라도 자기 자신을 이끌거나 다른 사람과 함께 일해 나가는 능력으로 정의한 바 있다(이채식·박은식, 2006, 재인용). 또한 청소년 리더십은 청소년 구성원에 의하여 공유된 목표를 이루기 위해 집단을 지도하는 과정에서 나타나는 청소년의 행위이며, 규모가 큰 조직체뿐 아니라 일상생활 속에서 이루어지는 대인관계적 영향력이라고도 할 수 있다(오치선, 2002).

다양한 리더십 이론 및 개념을 바탕으로 Renzulli 외(1997)는 책임감 있는 행동, 급우들에게 존중받는 경향, 아이디어를 정교화하고 다른 사람들과 효과적으로 의사소통하는 능력, 또래 친구들을 대할 때의 자신감, 물건이나 사람 또는 일 등을 조직화·구조화하는 능력, 다른 사람과 함께 일할 때의 협력적 행동, 자신이 참여하는 활동에서 주도적인 역할을 수행하는 경향 등을 청소년 리더십의 특성으로 제시하였다. 또한 Sisk(1993)는 자신의 창의적 리더십 모델에서 타인들로

하여금 그들 스스로를 이끌 수 있도록 돕는 사람을 리더라고 정의하고, 청소년의 창조적 리더십의 핵심적 특성으로 비전, 용기, 열심, 재능의 네 가지를 제시하였다.

한편, 청소년의 리더십과 관련된 실천 분야에서는 이러한 청소년 리더십의 특성을 강화하기 위한 리더십기술과 역량에 주목하고 있다 (〈표 3-13〉 참조).

청소년이 일상생활을 살아가는 데 필요한 생활기술영역에 리더십을 접목시킨 Miller(1991)는 리더십기술을 실제 생활에서 리더로서의 역할을 수행하기 위해 요청되는 다양한 생활기술의 자기평가이며, 조직과 관련된 구체적 부분이라고 하였다. Boyd(1991)는 상호의존적인 사회를 살아가기 위해 유용하게 사용되는 능력으로 리더십기술을 정의하고, 커뮤니케이션기술, 대응기술, 인간관계기술, 문제해결기술, 의사결정기술 등이 여기에 포함된다고 하였다.

또한, Plowman(1981)은 리더가 갖는 특성을 카리스마적인, 직관적인, 생산적인, 분석적인, 평가적인, 시너지적인 등과 같은 형용사들로 유목화하였다. 청소년의 리더십을 강화하기 위해서 비판적 사고기술, 의사결정기술, 설득력, 기획기술, 평가기술 등의 리더십기술과 다른 사람들의 요구 이해, 개인과 집단행동의 유형의 탐구, 정치 · 사회 ·

〈표 3-13〉 청소년 리더십기술의 정의

연구자	정 의
Miller (1991)	-실제 생활에서 리더로서의 역할을 수행하기 위해 요청되는 다양한 생활기술의 자기평가이며, 조직과 관련된 구체적 부분임
Boyd (1991)	-상호의존적인 사회를 살아가기 위해 유용하게 사용되는 능력임 -커뮤니케이션기술, 대응기술, 인간관계기술, 문제해결기술, 의사결정기술 등의 하위 기술이 포함됨
Plowman (1981)	-비판적 사고기술, 의사결정기술, 설득력, 기획기술, 평가기술 등의 하위 기술이 포함됨

경제 등 여러 분야에서 자신들에게 변화를 가져오게 한 경험 표현 등의 훈련이 필요함을 제시하였다. 이처럼 청소년의 리더십기술은 단일한 능력으로 제시될 수 있는 것이 아니라, 잠재되어 있는 리더십을 개발하고 생활 속에서 발휘하는 데 필요한 여러 가지 기술의 총합이라고 할 수 있다.

본 연구에서는 이상의 연구를 토대로 청소년의 리더십기술을 '조직이나 대인관계 속에서 다른 사람에게 긍정적인 영향을 미치고 함께 일해 나갈 수 있도록 리더십을 발휘하며, 스스로의 잠재능력을 개발하고 자신을 이끌어 나갈 수 있는 기술'로 정의하고자 한다.

이와 같은 리더십기술의 습득을 통하여 청소년들은 개인 · 사회 · 조직생활을 성공적으로 영위할 수 있게 될 것이다. 즉, 개인적으로는 자기 자신에 대하여 정확하게 이해할 수 있는 능력을 신장시킬 수 있고, 사회적으로는 다른 사람들과 더불어 살아가기 위한 커뮤니케이션 능력과 원만한 인간관계를 유지할 수 있는 능력을 함양할 수 있으며, 조직 속에서는 합리적인 의사결정능력과 조직관리기술 및 조직에 적응하여 살아갈 수 있는 능력을 가질 수 있다(최창욱, 2001).

이처럼 청소년이 자신이 처해있는 상황 속에서 자연스럽게 리더십기술을 개발하고 함양한다면, 다양한 조직체 및 대인관계 속에서 능동적으로 대처하고 공동의 목표를 위하여 리더십을 발휘할 수 있을 뿐 아니라, 자신을 보다 잘 관리하고 이끌어나가는 능력을 갖게 되어 성공적인 대인관계를 형성해 나갈 수 있게 될 것이다.

5. 민주시민역량

오늘날 청소년은 다양한 형태의 모임이나 조직에 속해 있다. 크거나 작은 조직의 일원으로서 자신이 속한 사회의 발전에 긍정적인 영향을 주고, 다른 구성원들과 조화를 이루며 살아가기 위해서는 민주시민으로서의 자질을 갖추어야 한다. 즉, 오늘날의 청소년은 민주시민으로서의 역량이 필요하며, 이를 함양하기 위해 생활예절기술과 공동체참여기술이 요구된다.

1) 생활예절기술

오늘날 급격한 선진산업의 유입으로 인해 우리의 생활양식과 사회구조가 크게 변하고 있다. 특히, 기계문명에 예속되어 정신적인 빈곤과 비인간화 현상, 가치관의 혼돈 등으로 청소년의 균형 있는 성장이 방해받고 있다. 뿐만 아니라 자녀 수가 줄어들고 부모의 무조건적인 사랑과 과잉보호로 인하여 청소년의 인내력과 의지력도 약해지고 있다(김홍규, 2000).

과거에는 부모나 웃어른으로부터 일상생활을 통해 자연스럽게 예절교육이 이루어졌으나, 오늘날에는 핵가족화와 맞벌이 부부의 증가 등으로 인해 생활습관은 물론이고 기본적인 예절교육조차 제대로 이루어지지 못하는 경우가 많다. 더욱이 우리사회에 만연한 입시위주의 교육풍토 때문에 지식중심적이고 결과중심적인 교육에 치중함으로써 인성과 예절교육을 간과하는 실정이다.

또한 사회・경제・문화의 급격한 변화에 따라 고유의 생활양식과 전통적 의식구조가 약화되고, 새로운 생활양식과 다양한 가치체계가 나타나면서 무분별한 외국문물의 유입으로 인해 청소년 사이에서 우리의 것을 경시하는 풍토가 생겨나고 있다. 이런 변화에 부합하는 새로운 예절이 아직 정립되지 않아 우리의 생활예절에 심각한 문제가 생기고 있다.

예절은 예의범절과 동의어로서, 일상생활에서 지켜야 할 모든 행동 절차와 형식을 통틀어 일컫는 말이며, 일상생활에서 나 자신과 다른 사람을 위하여 우리 모두가 지켜야 할 바른 행동이나 말씨, 몸가짐 등의 행동규범을 말한다(방은령, 2002). 다시 말해 예절은 인간의 공동체적 생활을 원활하게 하는 근본으로, 인간이 인간다움을 표현하는 수단이며 궁극적으로는 사회정의를 실현하는 준칙으로 볼 수 있다. 따라서 본 연구에서는 생활예절기술을 '공동체 구성원으로서 예의를 갖추고 타인을 위해 지켜야 할 행동규범을 준수하는 기술'이라고 정의한다.

사람은 생활 속에서 타인과 더불어 살아가게 된다. 이러한 생활에서 가장 중요한 것은 인간관계이며, 예절은 인간으로서의 자기관리와 사회인으로서의 원만한 대인관계 형성 및 의사소통을 위해 갖추어야 하는 부분이다. 특히, 원만한 인간관계는 공통된 예절을 지킴으로써 이루어지기 때문에 사람이 사람답게 세상을 살아가기 위해 반드시 예절이 필요하다고 할 수 있다.

그러나 오늘날 청소년들의 생활모습은 지나치게 자기중심적이며, 예절도 지킬 줄 모르고, 책임감이나 신의 같은 덕목은 찾아보기 힘들다. 작은 어려움과 고통을 참고 이겨내지 못하며, 쉽게 포기하거나 좌절해 버리는 허약성을 드러내는 것도 예사이다. 이와 같이 청소년들의 버릇없음이나 예절의 부재는 여러 원인이 있을 수 있겠지만, 학교교육뿐만 아니라 가정교육에도 문제가 있다. 인간이 태어남과 동시에 소속되는 집단은 가정이다. 기본적인 태도와 성격의 기초, 특히 바른 예절에 대한 기본적인 습관은 가정교육을 통해서 이루어진다. 따라서 청소년은 가정에서부터 예의를 잘 지키고 생활할 수 있도록 해야 할 것이다.

청소년에게 학교는 삶의 현장이며, 주요 활동무대이다. 학교교육이 올바로 이루어질 때, 개인과 나라의 발전이 있을 것이다. 이러한 의미에서 볼 때 학교에서 생활하면서 지켜야 할 예절도 매우 중요하다고 볼 수 있다.

또한 청소년이 사회생활을 할 때 지켜야 할 예절도 많이 있다. 이웃 어른을 만나면 공손히 인사해야 하며, 공공장소에서나 대중교통을 이용할 때 차례를 지키며, 버스나 지하철에서 큰 소리로 떠들어서는 안 되고, 노약자에게 자리를 양보해야 하는 것과 같이 사회 구성원으로서 준수해야 할 예절이 있는 것이다.

이처럼 청소년의 생활예절은 크게 가정생활예절, 학교생활예절, 사회생활예절로 구분될 수 있다(강선영, 2000; 김상범, 1998; 김양섭, 1999). 청소년에게 요구되는 예절의 항목을 구체적으로 살펴보면 〈표 3-14〉와 같다.

청소년기는 신체적·정신적으로 급속한 성장이 이루질 뿐 아니라 수동적이고 의존적인 생활방식에서 벗어나 보다 독립적이고 능동적인 생활방식으로의 전환이 이루어지는 시기이다. 이렇듯 중요한 삶의 전환기에 바람직한 가치관을 정립하고 자신을 추스르며 대인관계를 원만히 할 수 있는 기본예절과 사회예절을 익히고 실천하는 것은 매우 중요하다. 미래의 주역인 청소년의 바람직한 가치관과 인격형성, 그리고 공동체 속에서의 원만한 대인관계를 위해 가정과 학교, 그리

〈표 3-14〉 청소년 생활예절의 영역과 내용

영 역	구 분	내 용
가정생활 예절	가족 간의 예절	-가족 간에 서로 이해하고 양보함 -부모님을 공경함
	형제 간의 예절	-우애를 다지며 바른 말씨를 사용함 -서로 이해하고 양보함
	친척 간의 예절	-친척 간에 어른을 찾아뵙고 문안을 함 -서로 도와주고 아껴줌
	식사예절	-식사할 때 어른이 먼저 드신 후 식사함 -편식하지 않고 골고루 먹음
학교생활 예절	학교에서의 인간관계예절	-선생님께 항상 공손한 태도로 임함 -선배에게는 공손히, 후배에게는 친절히게 대함 -교우 간에 예의를 지킴
	학습 시 예절	-수업 시작 전에 수입을 준비함 -수업 중에는 떠들지 않고 집중함 -다른 학생이 발표 시 비웃거나 잡담하지 않음 -휴대폰이나 다른 물건을 가지고 장난치지 않음
	규칙과 질서를 지키는 예절	-학교비품을 함부로 사용하지 않음 -쓰레기를 함부로 버리지 않음 -교복은 항상 단정하게 입음 -교내에서는 정숙하며 급우에게 피해가 가지 않게 함
사회생활 예절	이웃과의 예절	-이웃 어른을 만나면 인사함 -이웃에게 피해가 가는 행동을 하지 않음
	공공시설 이용 시 예절	-공공시설 이용 시 차례를 지킴 -혼자 지나치게 많은 시간을 사용하지 않음
	대중교통 이용 시 예절	-차례를 지켜 이용함 -장난치거나 큰소리로 떠들지 않음 -노약자에게 자리를 양보함

출처: 강선영, 2000; 김상범, 1998; 김양섭, 1999. 재구성.

고 사회에서는 이들이 생활예절기술을 향상시킬 수 있도록 최선을 다해 지원해야 할 것이다.

2) 공동체참여기술

최근 우리사회에서는 청소년의 사회참여에 대한 관심과 논의가 늘어나고 있다. 이는 우리사회 전반에서 인권의식이 성장하고 성숙한 민주주의에 대한 요구가 증대되고 있는 현상과 무관하지 않다. 또한 청소년을 바라보는 사회의 인식이 점차 변화되고 있음을 보여주는 것이기도 하다. 기존의 우리사회가 청소년을 보호와 육성, 통제의 대상으로 여겨오던 것에서 점차 성인과 함께 사회변화를 이끌어 가는 주체로서 새롭게 인식하기 시작한 것이다(김진호, 2007).

청소년 참여활동에 대해서는 다양한 개념 정의가 존재한다. National Commission on Resources for Youth(1975)에서는 청소년 참여활동의 개념을 청소년 참여자가 자신뿐만 아니라 다른 사람에게도 영향을 주는 기획이나 의사결정활동에 책임감 있고 진취적으로 참여하는 것이라 하였고, Council of Europe(2003)에서는 청소년이 민주적인 방법으로 자신의 삶과 관계가 있는 과정에 영향을 주고, 지역사회의 청소년 정책개발에 관여하는 두 가지를 의미한다고 하였다(박가나, 2007, 재인용). Hart(1997)는 청소년 참여활동이 청소년의 기본권리로서, 자신의 삶과 자신이 살고 있는 지역사회에 영향을 주는 의사결정을 공유하는 과정이라고 하였으며, 한국청소년단체협의회(2003)는 청소년의 삶의 조건과 환경에 영향을 미치는 국가정책의 결정 과정, 지역사회의 각종 결정, 학교 혹은 가정의 여러 결정 과정에 청소년이 스스로의 생각과 주장을 가지고 참여하여 정책결정에 영향을 미치려는 노력이라고 정의하였다.

이러한 정의 속에서 공통적으로 나타나고 있는 '참여(participation)'란 말의 사전적 의미는 '같이 한다' 혹은 '부분을 취한다'는 것이다.

이는 사회의 구성원이 자신이 속한 공동체의 이념이나 목적의식을 공유하며, 의사결정의 결과에 영향을 미치거나 영향을 미치고자 하는 행동으로 정의될 수 있다. 대체로 공적 의사결정 과정은 정치적 영역과 관련되는 것이므로 전통적으로 참여의 의미는 정치적 행위를 일컫는 말로 사용되는 경우가 많다. 따라서 참여는 선거 시 투표권의 행사나 대중집회에의 참석과 같은 구체적인 정치적 행위들을 의미하기도 하지만, 의미를 확대해서 본다면 자신을 포함한 사회의 변화에 관심을 표방하는 행위부터 다양한 사회조직에 가입해서 자신의 역할을 하는 일 등 포괄적인 의미의 사회적 관여행위가 포함될 수 있다(김미윤, 2004).

특히 성인들과 달리 청소년의 참여활동은 정치적 영역에서의 참여기회가 드물기 때문에 개인적 활동이 아닌 공동체 속의 참여라는 의미에서 사회참여라고 보는 것이 타당하다(천정웅 외, 1997). 그러므로 참여활동을 공동체참여활동이라고도 할 수 있다. 또한 청소년 참여활동은 자원봉사활동, 지역사회학습과 같은 사회체험까지도 포함될 수 있으며, 단순한 지식, 태도, 신념과는 달리 직접적으로 자신의 의사를 표현하기 위한 구체적인 행위를 의미한다.

따라서 본 문헌에서는 청소년의 공동체참여기술을 청소년이 자신의 삶과 관련된 '공공의 의사결정 과정에 영향을 미치거나 공동체의 문제를 해결하기 위해 실질적으로 관여하는 기술'이라고 정의하였다. 이 정의에 내포되어 있는 청소년 공동체참여는 학교나 학습의 자치활동, 동아리나 교과학습의 형태로 이루어지는 사회참여활동이 해당되며, 학교 밖에서는 정부 혹은 지방자치단체에서 실시하는 청소년위원회 활동, 시민사회단체 소속 참여활동, 청소년 사회참여 동아리활동 등을 통해 공동체에 참여하여 의사결정에 영향을 미치며, 공동체 속에서 협력·봉사하는 것이 속하게 된다.

청소년의 공동체참여는 청소년 스스로와 그들이 살아가게 될 사회 모두에 중요한 의미를 갖는 활동이라고 할 수 있다. 무엇보다 청소년을 미래의 책임 있는 시민으로 육성하는 데 공동체참여가 가지는 의미가 크다. 젊은 시절의 공동체참여는 성인이 된 후에 선거운동에 참여하거나, 사회에 대한 봉사라든지 공동체 속에서의 협력 등의 행동으로 나타나 공공영역에서의 활동에 결정적인 영향을 미치기 때문이다(Beck & Jennings, 1982). 이처럼 청소년의 공동체참여는 자신의 가능성을 발견하고 공동체 의사결정 과정에의 참여·협동·봉사 등을 통해 참된 사회인이 될 수 있게 한다.

6. 문제상황대처역량

청소년기는 아동에서 성인으로 넘어가는 과도기적 시기로, 어느 시기보다 심리적·신체적 변화가 다양하며 가치관의 혼란 및 다양한 문제에 노출되어 있다. 따라서 청소년들은 다양한 문제상황에 지혜롭게 대처할 수 있는 역량을 갖추어야 한다. 이에 본 연구에서는 요즘 청소년들에게 특히 문제가 되고 있는 매체중독과 유해환경에 대한 대처기술을 제안하고자 한다.

1) 매체중독대처기술

현대사회에서는 정보전달의 신속함과 생활의 윤택함을 위해 다양한 매체들이 등장하고 있는데, 그중 컴퓨터는 누구나 집에 한 대쯤은 보유하고 있는 기기로 자리 잡았다. 더불어 정보통신기술의 발달이 가능하게 한 인터넷은 온라인상에서 우리가 실제 생활하는 물리적인 세상보다 무한한 공간과 정보를 제공해 주면서 강력한 영향력으로 우리의 삶에 커다란 변화를 주고 있다.

또한 우리나라는 휴대전화 가입자가 총인구를 넘어선 것으로 집계되어, 명실공히 휴대전화 강국으로 인정받고 있다(통계청, 2010). 특히, 비경제활동 인구인 중·고등학생은 물론이고 초등학생의 휴대전화 보급률도 점차 확대되는 추세이다. 이제 휴대전화는 단순히 가지고 다니는 전화기의 개념을 넘어서 알람, 시계, 문자보내기, 음악감상, TV·영화감상, 사진촬영, 이메일 보내기, 게임, 친구 관리 등 디지털 기기의 대부분의 기능을 가진 생활필수품이자 삶 자체가 되어가고 있다.

현대인의 삶에 큰 영향을 미치고 있는 매체 중에서 미디어매체를 빼놓을 수 없다. 우리사회에서 일상사로 자리 잡은 TV는 공중파부터 케이블TV, 위성방송, 쌍방향 IPTV까지 다양한 형태의 기술적 진보를 통해 다채널성, 전문성, 지역성, 시청자의 차별화, 선택성 등의 질적 특성이 더욱 강화되고 있다. 때문에 사회를 구성하는 요소 하나하나가 TV의 영향을 벗어나기 힘들며, 사회 속에서 생활하는 사람들도 TV로부터 직·간접적인 영향을 받지 않을 수 없게 된 것이다. 특히 감수성이 풍부한 데 비해 인지적 능력과 경험의 폭이 넓지 않아 미디어에 대해 본질적으로 취약성을 가지고 있는 청소년은 TV로부터 더욱 많은 영향을 받는다고 할 수 있다(김정기, 1998).

위에서 언급한 다양한 매체는 생활의 윤택함과 다양한 정보를 제공해 주는 등 일상에서 편리함을 제공하지만, 이를 과도하게 사용하면 중독적인 형태를 띠게 되어 오히려 생활에 지장을 초래하기도 한다.

중독이란 원래 의학적인 개념으로, 의학용어사전에서는 중단하면 심한 감정적, 심리적 반응을 초래할 정도로 어떤 물질이나 습관, 행위에의 통제가 불가능한 의존이라고 정의하고 있다(류진아, 2003; 이숙진, 2007). 처음에는 약물이나 알코올, 담배와 같은 물질에 대한 심리적 또는 생리적 의존을 의미했으나, 약 20년 전부터 과도한 특정 행위에 대한 집착이나 이 행위를 하고자 하는 충동조절의 문제에 의해서도 발생된다고 주장되면서 그 개념이 확장되었다.

충동조절의 문제로 인한 중독 증상은 충동조절장애와 의존적인 행동장애로 분류되는 행동중독으로 구분된다(Young, 1997). 또한 이는 수동적 중독과 능동적 중독으로 나누어지는데, 수동적 중독이란 TV, 비디오, 영화를 보는 행위와 관련된 행위 등을 의미하며, 능동적 중독이란 인터넷, 휴대전화 등과 같이 상호작용이 필요한 측면에서의 행위를 의미한다. 이와 같이 중독은 알코올, 약물, 담배의 중독만이 아니라 행동상의 중독인 인터넷 중독, 휴대전화 중독, TV중독 등도 존재하며, 이는 청소년의 학업이나 생활에 지대한 영향을 미치는 상황에까지 이르렀다.

인터넷의 경우 이를 과도하게 사용하면 우울, 초조, 답답함을 느끼게 되며, 어떤 상황에서도 인터넷을 찾는 행동을 보이고, 대부분의 시간을 인터넷과 보내려고 한다. 특히 청소년의 경우 학교생활이 어려워져 시험이나 과제 수행능력이 떨어지게 되며, 공부시간을 효율적으로 사용하지 못하게 된다. 또한 대인관계를 제대로 형성하지 못하고 스트레스에 취약해 신체적인 증상을 호소하며, 자신의 기분을 제대로 통제하지 못하는 상태가 되기도 한다(김동일, 2008).

휴대전화의 과도한 사용으로 인해 일상생활과 학업의 방해, 단말기 가격 및 요금으로 인한 경제적 문제, 문자메시지의 과다한 사용에 따른 중독행태와 언어파괴, 모바일게임에 의한 중독, 전자파의 문제, 몰래 촬영 등으로 인한 인권침해 등이 발생하며 심지어 각종 시험에서의 부정행위에 사용되는 등 심각한 문제를 야기하고 있다. 특히 청소년층에서는 휴대전화의 과도한 사용 및 중독 성향이 심화되어 이에 따른 범죄, 학업지체, 소외, 정신장애 등 여러 가지 사회적 문제가 발생하고 있으며, 시간이 지날수록 그 심각성이 커지고 있다(윤상오 · 이해경, 2006).

TV의 중독시청은 신체구조 및 정신건강과 생활양식뿐만 아니라 학습과 지각에까지 영향을 주며, 공격성향을 촉진시키고 대인관계나 사회적 관계에도 부정적 영향을 준다. 특히 청소년들의 학습시간을 빼앗고 비만을 야기하는 주범이며, 가족 간의 유대를 약화시키는 데다가 또래와의 상호작용도 감소시키기 때문에 청소년의 자아중심성 극복을 제한하는 요인이기도 하다(임웅, 2008).

이와 같이 일상생활에서 편리함을 줄 수 있는 인터넷, 휴대전화, TV는 과도하게 사용하거나 이용하게 되면 오히려 생활에 독이 되는 중독현상을 불러 온다. 특히 청소년 시절에 매체에 대해 중독적인 성향을 가지면 자아정체성, 신체적 건강, 성격장애, 학업에의 장애, 대인관계 장애 등으로 이어지기 때문에 중독을 대처하는 자세가 매우 중요하다.

이에 본 문헌에서는 매체 각각의 특성을 고려하여 인터넷, 휴대전화, TV로 구분한 후, 매체중독대처기술을 '인터넷, 휴대전화, TV 등의 중독적인 상황을 예방하고 대처할 수 있는 기술'이라고 정의한다. 〈표 3-15〉에는 본 연구에서 분류한 매체를 정리하였다.

현대의 청소년은 다양한 매체를 접하며 생활하고, 이를 실생활에 활용하고 있다. 따라서 청소년에게 인터넷, 휴대전화, TV를 접하지

〈표 3-15〉 매체의 구분과 내용

영 역	구 분	내 용
매 체	인터넷	인터넷게임, 인터넷쇼핑, 채팅, 블로그 등
	휴대전화	통화, 문자보내기, 사진촬영, 모바일게임, SNS 등
	TV	공중파TV, 케이블TV, 위성방송, IPTV 등

않도록 완전히 통제하기는 어려울 것이다. 특히 정보화시대에 다양한 매체를 활용할 수 있는 것이 오히려 긍정적이므로, 매체를 바람직하고 효율적으로 사용하도록 지도하는 것이 요구된다. 미래의 주역인 청소년에게 바람직한 매체사용을 인지시키고 과도하게 매체를 사용하지 않도록 가정과 학교에서는 예방적 차원에서 노력해야 할 것이다.

2) 유해환경대처기술

오늘날 청소년은 급격한 산업화 과정과 경제발전 그리고 정보화시대를 거치며 여러 가지 혼란 속에서 성장할 수밖에 없다. 이에 따라 유해환경은 날로 심각한 수준에까지 이르렀고 건전한 청소년교육에 악영향을 미치고 있다. 따라서 청소년 주변의 유해환경을 정화하여 학습 분위기를 조성하고 건전하고 바른 청소년으로 성장하도록 지원하는 것이 주요한 과제로 대두되고 있다.

우리나라에서 청소년 유해환경에 대한 관심은 1980년 후반에 들어서 본격적으로 제기되고 있는데 정부에서는 청소년 수련시설 확충, 청소년 지도자 양성, 청소년 상담활동 활성화, 청소년 유해요인 정비 등의 내용을 담은 청소년기본법을 중심으로 청소년을 보호하고 양육해 왔다. 하지만 이러한 국가적인 노력에도 불구하고 청소년의 탈선 및 비행 그리고 범죄는 여전히 사회적 문제로 남아 있다.

이와 관련하여 청소년 유해환경을 한마디로 정의하는 것은 매우 어렵다. 산업사회로 접어들면서 환경의 급속한 변화는 인간에게 미치는 영향도 커졌으며, 좋지 않은 영향을 미치는 외적 환경요소도 급속히 증가했기 때문이다. 유해환경은 청소년들의 비행을 유발할 개연성이 있는 생활주변의 환경으로 정의되며 이는 가변적이고 상대적인 성격을 가지고 있다. 일반적으로 사람들에게 유해한 영향을 줄 수 있는 것은 누구나 쉽게 인식할 수 있으나, 그중 무엇이 청소년에게 유해한 환경인지는 사람마다 다르게 인식할 수 있다. 예를 들어 당구의 경우 이를 건전한 스포츠로 여기는 사람이 증가하였으나, 아직까지 청소년이 당구장에 출입하는 것은 흡연과 내기 당구 등의 탈선의 온상으로 여기는 사람도 있기 때문이다(한국형사정책연구원, 1996).

이와 같은 예에서 볼 수 있는 것과 같이 청소년 유해환경의 개념을 명확하게 구분하여 정의하는 것은 어렵지만, 단순히 물리적 · 지리적 환경뿐 아니라 각종 언론매체와 대중매체를 포괄하는 개념이라는 것은 분명하다. 이는 절대적이고 보편적인 개념이 아니라 청소년들의 연령, 정신발달 정도 및 사회문화적 풍토에 따라 달라지는 상대적 개념이기도 하다. 또한 개체와 환경 간의 일회적 혹은 일시적 영향 관계로 규정되지 않는다는 점에서 연속적인 과정의 개념이며, 청소년들에게만 유해한 환경을 주는 것이 아니라 성인들에게도 일정한 유해적 역할을 할 수 있다는 의미의 포괄적 개념으로 이해할 수 있다(도종수 외, 1990).

이처럼 청소년 유해환경이라는 용어가 의미하는 것은 청소년들의 인격적 발달에 좋지 않은 영향을 줄 수 있는 물리적 · 문화적 · 사회적 · 심리적 요소들과 청소년과 주변환경요인 간에 이루어지는 유해적인 상호작용의 총화라고 할 수 있다(강대근, 1994). 따라서 청소년의 건강한 발달 및 교육 과정에 장애가 되는 모든 요인을 유해환경이라고 볼 수 있다. 하지만 이러한 유해환경의 정의는 그 범위가 너무 포괄적이고 추상적이기 때문에 그것을 분류하여 어느 한 부분에 초점을 맞추기가 어려울뿐더러 어떠한 유해환경이 청소년들에게 유해한 환경인지를 구분할 필요가 있다(이홍영, 2000).

유해환경은 청소년에게 유해한 영향을 줄 가능성이 있는 약물 · 물건 · 장소 · 매체 · 행위 등이다. 이를 구체적으로 설명하면 사람의 생명, 신체 또는 재산에 해를 미치거나 청소년의 범죄를 유발시킬 수 있는 물질 및 물건, 청소년의 성적 감정을 자극하거나 청소년 범죄를 유발하고, 또는 건전한 청소년 육성을 저해할 우려가 있다고 인정되는 장소 및 매체 등을 뜻하고 있으며, 자세한 유형은 〈표 3-16〉과 같다.

본 문헌에서는 흡연, 음주, 약물 등의 유해물질과 청소년의 심신을 훼손할 우려가 있는 유해물건, 그리고 청소년에게 악영향을 미치는 유해장소와 음란하고 폭력적인 유해매체를 유해환경으로 설정하였다.

〈표 3-16〉 유해환경의 유형

구 분	내 용
유해약물	-청소년 심신훼손 우려 약물 -정신기능장애를 초래할 약물 -신체발육장애를 초래할 약물
유해물건	-청소년 심신훼손 우려 물건 -반인륜적 성의식을 조장할 우려가 있는 물건 -선정적 음란물
유해장소	-문제청소년과의 교제, 문제행동 유발기회 제공업소 -학교 내 폭력
유해매체	-청소년의 건전한 성장을 저해하는 매체 -청소년의 성적 감정 및 폭력성 조장, 범죄유발 경향성이 포함된 매체 -청소년의 정신적 · 신체적 유해매체

출처: 청소년보호법 시행령(2012). 재구성

이러한 관점에서 유해환경대처기술을 '청소년에게 심리적 · 물리적으로 유해한 물질 · 물건 · 장소 · 매체에 대해 대처할 수 있는 기술'이라고 정의한다.

청소년의 하루 일과는 대부분 학교에서 이루어지지만, 학교 안뿐만 아니라 그 주변의 환경은 이들에게 직 · 간접적으로 많은 영향을 미치게 된다. 청소년의 문화공간은 턱없이 부족하며 여가활동과 교제공간도 부족하고, 주변은 유해환경으로 가득 차 있다. 이러한 유해환경을 방치해둔다면 바람직하고 건전한 청소년이 되는 데는 문제가 생길 것이다. 따라서 학교에서 유해환경을 파악하고 이에 대처할 수 있는 기술을 습득하게끔 지원하는 교육프로그램을 개발 · 시행해야 할 것이다.

제4장 검사 개발 과정

1. 예비검사 실시
2. 본검사 실시

제4장 검사 개발 과정

본 장에서는 예비검사와 본검사 도구 개발, 검사 시행, 검사결과를 토대로 시행된 검증 과정을 통해 청소년용 생활역량진단검사의 최종 완성 과정을 제시하였다.

1. 예비검사 실시

1) 연구 대상

예비검사에 참여한 연구 대상자의 일반적 특성은 〈표 4-1〉과 같다. 전체 393명의 청소년 중 남학생이 185명(47.1%), 여학생이 208명(52.9%)이었다. 중학생은 195명(49.6%)이 참여하였는데, 학년별로 살펴보면 1학년 66명(33.8%), 2학년 64명(32.8%), 3학년 65명(33.3%)으로 고르게 분포되어 있었다. 또한 고등학생은 전체 198명(50.4%) 중 1학년 66명(33.3%), 2학년 68명(34.3%), 3학년 64명(32.3%)이 참여하였다.

〈표 4-1〉 연구 대상자의 일반적 특성

구 분		빈도(명)	비율(%)
성 별	남	185	47.1
	여	208	52.9
중학교	1학년	66	33.8
	2학년	64	32.8
	3학년	65	33.3
	전체	195	49.6
고등학교	1학년	66	33.3
	2학년	68	34.3
	3학년	64	32.3
	전체	198	50.4
전 체		393	100.0

2) 예비검사 양호도 분석

청소년 생활역량진단검사를 개발하기 위한 예비검사용 도구는 6개의 하위 생활역량과 19개의 생활기술로 이루어졌다. 전체 395개의 문항은 5점 Likert 척도의 형식을 취했으며, 점수가 높을수록 해당 요인의 특성을 많이 가진 것을 의미한다.

예비검사 도구의 신뢰도를 알아보기 위해 Cronbach α 계수를 산출한 결과, 전체 신뢰도는 0.97로 매우 높게 나타났다. 또한 자기조절역량 0.91, 자기개발역량 0.96, 학습역량 0.95, 대인관계역량 0.96, 민주시민역량 0.95, 문제상황대처역량 0.93으로 신뢰도가 전반적으로 높게 나타났다. 이는 신뢰도계수 산출 시 검사문항 수가 많으면 신뢰도가 높다는 본질적인 점을 감안하더라도 본 예비검사 도구의 신뢰도는 양호함을 알 수 있었다. 예비검사의 생활역량과 생활기술의 문항 수 및 신뢰도는 〈표 4-2〉와 같다.

〈표 4-2〉 예비검사 도구의 문항 수 및 신뢰도계수

<table>
<tr><th>생활역량</th><th>생활기술</th><th>문항 수</th><th colspan="2">신뢰도계수</th></tr>
<tr><td rowspan="4">자기조절역량</td><td>감정조절기술</td><td>21</td><td>0.74</td><td rowspan="4">0.91</td></tr>
<tr><td>신체관리기술</td><td>21</td><td>0.75</td></tr>
<tr><td>시간활용기술</td><td>20</td><td>0.85</td></tr>
<tr><td>용돈관리기술</td><td>20</td><td>0.87</td></tr>
<tr><td rowspan="4">자기개발역량</td><td>창의성개발기술</td><td>20</td><td>0.91</td><td rowspan="4">0.96</td></tr>
<tr><td>목표설정기술</td><td>25</td><td>0.93</td></tr>
<tr><td>진로탐색기술</td><td>20</td><td>0.92</td></tr>
<tr><td>의사결정기술</td><td>19</td><td>0.80</td></tr>
<tr><td rowspan="3">학습역량</td><td>과제해결기술</td><td>20</td><td>0.92</td><td rowspan="3">0.95</td></tr>
<tr><td>정보활용기술</td><td>18</td><td>0.88</td></tr>
<tr><td>학습태도기술</td><td>22</td><td>0.89</td></tr>
<tr><td rowspan="4">대인관계역량</td><td>의사소통기술</td><td>21</td><td>0.90</td><td rowspan="4">0.96</td></tr>
<tr><td>인간관계기술</td><td>21</td><td>0.89</td></tr>
<tr><td>갈등조절기술</td><td>19</td><td>0.82</td></tr>
<tr><td>리더십기술</td><td>21</td><td>0.94</td></tr>
<tr><td rowspan="2">민주시민역량</td><td>생활예절기술</td><td>25</td><td>0.91</td><td rowspan="2">0.95</td></tr>
<tr><td>공동체참여기술</td><td>20</td><td>0.93</td></tr>
<tr><td rowspan="2">문제상황대처역량</td><td>매체중독대처기술</td><td>20</td><td>0.91</td><td rowspan="2">0.93</td></tr>
<tr><td>유해환경대처기술</td><td>22</td><td>0.94</td></tr>
<tr><td colspan="2">전 체</td><td>395</td><td colspan="2">0.97</td></tr>
</table>

3) 문항양호도 분석

예비검사 도구에 사용된 개별문항의 양호도를 측정하기 위해 각 생활기술별로 문항별 평균 및 표준편차, 요인부하량, 생활기술-문항 간 상관계수를 산출하였다. 특히, 요인부하량을 산출할 때, 각각의 생활기술이 측정하고자 하는 내용이 일차원성을 의미한다고 가정하여 문항을 개발하였기 때문에 요인의 수를 1개로 고정하여 분석하는 확인적 요인분석방법을 실시하였다.

이러한 통계적 수치를 토대로 문항을 재검토하여 통계적으로 유의성이 떨어지는 문항, 중복적인 의미를 가진 문항, 해당 생활기술의 내용에 부적합한 문항, 지나치게 포괄적인 문항, 애매하거나 불명확한 용어로 인해 검사자로 하여금 오해의 소지가 있는 문항은 삭제하거나 수정하였다.

(1) 자기조절역량

청소년의 생활역량 중 자기조절역량을 나타내는 감정조절기술, 신체관리기술, 시간활용기술, 용돈관리기술에 해당되는 문항을 기술별로 20개 내외씩 개발하여 예비검사를 실시하였다.

– 감정조절기술

선행연구를 통해 감정조절기술에 대한 하위영역을 전반적 감정조절과 구체적인 상황에서의 감정조절을 의미하는 상황적 감정조절로 구분하였다. 전반적 감정조절에 해당되는 8개 문항과 상황적 감정조절에 대한 13개의 문항을 최초에 개발하여 예비검사를 실시하였다(〈표 4-3〉 참조).

감정조절기술을 구성하고 있는 문항의 양호도를 검사하기 위해 각

〈표 4-3〉 감정조절기술의 하위 영역별 문항 구성

하위 영역	문 항	문항 수
전반적 감정조절	1*, 2, 4, 5, 6, 8, 19, 21	8개
상황적 감정조절	3, 7*, 9*, 10*, 11*, 12*, 13, 14, 15, 16, 17, 18, 20*	13개
전 체		21개

*는 역문항을 의미함.

문항별 평균 및 표준편차, 요인부하량, 생활기술 대 문항 간 상관계수를 산출하였다. 그 결과, 21개의 문항 중 평균값이 3.5−4.0 미만인 문항은 6개, 3.0−3.5 미만인 문항은 8개, 3.0 미만인 문항은 7개로 나타났다.

또한 본 연구에서는 문항의 양호도를 결정하는 요인부하량의 기준값을 0.40으로 하였다. 이는 기준값 설정 시 연구자에 따라 다양한 값을 적용할 수 있으나, 보편적으로 양호하다고 제안된 0.40을 기준으로 사용한 것이다(McDonald, 1985). 요인분석 결과, 2·8·9·10·13·14·16·20·21번의 9개 문항의 요인부하량이 0.40 이하로 나타나 이들 문항에 대한 수정이 필요하였다. 그 외 문항의 요인부하량은 0.40 이상으로 나타났다. 한편 생활기술 대 문항 간 상관계수는 0.16−0.58 사이에 존재하였다(〈표 4-4〉 참조).

문항양호도 판정 시에는 통계적 방법에 의한 구인타당도뿐 아니라, 전문가의 주관적 판단에 의한 내용타당도를 동시에 고려하여 문항을 선정하였다.

감정조절기술의 문항 중 적절하지 못한 문항을 재검토한 결과 요인부하량이 너무 낮은 2번과 13번 문항을 우선적으로 삭제하였다. 또한 6번과 유사한 5번 문항, 7번과 유사한 8번 문항, 18번과 유사한 16번 문항, 4번과 유사한 17번 문항을 삭제하였다. 그리고 6번 문항의 경우 실천적 측면의 의미를 포함하도록 문구를 수정하였으며, 7번 문항은 부정적인 의미가 지나치게 부각되지 않도록 수정하였다. 14번 문항은 청소년이 좀 더 쉽게 이해할 수 있도록 수정하였으며, 18번 문항은 스트레스라는 한정된 상황이 아닌 보편적인 상황에서 판단될 수 있도록 수정하였다. 또한 부정적인 의미가 중복적으로 늘어가 있는 20번 문항과 의미가 애매모호한 21번 문항을 보다 명확하게 수정

〈표 4-4〉 감정조절기술의 문항양호도

문 항	평균	SD	요인 부하량	기술-문항 상관계수	비고
1. 주변사람들은 나에게 감정기복이 심하다고 말한다.	3.40	1.15	0.40	0.41	
2. 나는 다른 사람의 기분이 좋은지 나쁜지 구별할 수 있다.	3.82	0.86	0.27	0.28	삭제
3. 나는 나의 요구가 즉시 성취되지 않더라도 조르지 않고 기다린다	2.93	0.90	0.44	0.42	
4. 나는 나 자신의 감정이나 행동의 이유를 알고 있다.	3.62	0.86	0.58	0.54	
5. 나는 기분에 따라 행동하고 싶더라도 기분을 다스리려고 노력한다.	3.51	0.89	0.63	0.58	삭제
6. 나는 기쁘거나 슬플 때 내 감정을 적절하게 조절할 수 있다.	3.32	0.92	0.55	0.51	수정
7. 주변사람들은 내가 화낼 때 매우 심하게 화를 낸다고 말한다.	3.19	1.11	0.40	0.42	수정
8. 나는 화가 났을 때 즉시 표현하지 않는다.	3.08	1.09	0.39	0.41	삭제
9. 나는 화가 났을 때 물건을 던지거나 폭력 등의 행동으로 표현한다.	3.73	1.15	0.38	0.40	
10. 나는 화가 났을 때 욕설이나 폭언 등의 말로 표현한다.	2.99	1.09	0.39	0.40	
11. 나는 야단을 맞을 때 그 자리에서 곧바로 말대꾸한다.	3.54	1.05	0.41	0.41	
12. 나는 친구와 싸우거나 문제가 있을 때 화를 참지 못한다.	3.42	1.01	0.59	0.56	
13. 나는 화나서 말하고 싶지 않을 때라도 말없이 부루퉁해 있지 않는다.	2.70	0.98	0.09	0.16	삭제
14. 나는 화가 나거나 슬플 때 다른 사람의 도움이나 조언을 구한다.	2.94	1.10	0.12	0.21	수정
15. 나는 화가 나거나 슬플 때 다른 일을 떠올리거나 다른 일에 집중한다.	2.99	1.10	0.47	0.47	
16. 나는 화가 났을 때 감정적으로 해결하지 않는다.	2.93	0.95	0.40	0.40	삭제
17. 나는 화가 났을 때 상황이나 문제점을 명확히 이해한다.	3.26	0.89	0.51	0.50	삭제
18. 나는 스트레스가 많아 화가 날 때 마음을 가라앉히는 나만의 방법이 있다.	3.10	1.12	0.43	0.44	수정
19. 나는 최악의 경우에도 긍정적으로 생각한다.	2.91	1.07	0.50	0.48	
20. 나는 기분이 좋을 때 주위사람에게 피해를 줄 만큼 지나치게 표현하지 않는다.	3.32	1.06	0.23	0.25	수정
21. 나는 기쁘거나 행복하다고 느낄 때 내 감정을 잘 표현한다.	3.64	0.98	0.16	0.22	수정

〈표 4-5〉 감정조절기술의 문항 수정 결과

수정 전	수정 후	수정 이유
2. 나는 다른 사람의 기분이 좋은지 나쁜지 구별할 수 있다.	삭제	요인부하량 및 기술-문항 간 상관계수가 너무 낮음
5. 나는 기분에 따라 행동하고 싶더라도 기분을 다스리려고 노력한다.	삭제	6번 문항과 중복적인 의미 포함
6. 나는 기쁘거나 슬플 때 내 감정을 적절하게 조절할 수 있다.	나는 기쁘거나 슬플 때 내 감정을 적절하게 조절한다.	실천의 의미를 강조함
7. 주변사람들은 내가 화낼 때 매우 심하게 화를 낸다고 말한다.	주변사람들은 내가 화를 낼 때 지나치다고 말한다.	부정적인 의미가 과도하게 표현됨
8. 나는 화가 났을 때 즉시 표현하지 않는다.	삭제	7번 문항과 중복적인 의미 포함
13. 나는 화나서 말하고 싶지 않을 때라도 말없이 부루퉁해 있지 않는다.	삭제	요인부하량 및 기술-문항 간 상관계수가 너무 낮음
14. 나는 화가 나거나 슬플 때 다른 사람의 도움이나 조언을 구한다.	나는 화가 나거나 슬플 때 다른 사람의 도움을 구한다.	'조언'이 청소년에게 익숙하지 않은 단어임
16. 나는 화가 났을 때 감정적으로 해결하지 않는다.	삭제	18번 문항과 중복적인 의미를 포함
17. 나는 화가 났을 때 상황이나 문제점을 명확히 이해한다.	삭제	4번 문항과 중복적인 의미를 포함
18. 나는 스트레스가 많아 화가 날 때 마음을 가라앉히는 나만의 방법이 있다.	나는 화가 날 때 마음을 가라앉히는 나만의 방법이 있다.	'스트레스'라는 한정적인 상황을 삭제함
20. 나는 기분이 좋을 때 주위사람에게 피해를 줄 만큼 지나치게 표현하지 않는다.	나는 기분이 좋을 때 주위사람에게 피해를 줄 만큼 지나치게 표현한다.	부정적인 의미가 중복적으로 들어감
21. 나는 기쁘거나 행복하다고 느낄 때 내 감정을 잘 표현한다.	나는 기쁘거나 행복하다고 느낄 때 내 감정을 적절하게 표현한다.	애매모호하게 의미를 전달하고 있음

히였다.

이러한 과정을 통해 감정조절기술은 최초 21개의 문항에서 6개 문항을 삭제하고 6개 문항을 수정하여 최종 15개의 문항으로 재구성되었다(〈표 4-5〉 참조).

예비검사에 포함된 총 19개의 생활기술 중 나머지 18개의 생활기술에 대한 문항양호도 분석 과정을 〔부록 1〕에 제시하였다.

(2) 요약

예비검사 도구의 문항양호도 분석을 통해 삭제된 문항은 111개이며, 수정된 문항은 32개, 추가로 개발된 문항은 4개였다. 따라서 예비검사를 위해 개발된 395개의 문항이 288개의 문항으로 수정·보완되었으며, 이는 본검사에 그대로 사용되었다. 예비검사 도구의 문항양호도 분석을 통한 문항 수의 변화 과정은 〈표 4-6〉과 같다.

〈표 4-6〉 예비검사 도구의 문항양호도 분석

생활역량	생활기술	최초문항	삭제문항	수정문항	추가개발	최종문항
자기조절역량	감정조절기술	21	6	6	-	15
	신체관리기술	21	6	3	-	15
	시간활용기술	20	5	2	-	15
	용돈관리기술	20	6	2	-	14
자기개발역량	창의성개발기술	20	5	-	-	15
	목표설정기술	25	8	2	-	17
	진로탐색기술	20	5	1	-	15
	의사결정기술	19	7	4	4	16
학습역량	과제해결기술	20	5	-	-	15
	정보활용기술	18	4	1	-	14
	학습태도기술	22	5	1	-	17
대인관계역량	의사소통기술	21	5	3	-	16
	인간관계기술	21	6	1	-	15
	갈등조절기술	19	6	1	-	13
	리더십기술	21	5	-	-	16
민주시민역량	생활예절기술	25	9	1	-	16
	공동체참여기술	20	5	1	-	15
문제상황 대처역량	매체중독대처기술	20	5	2	-	15
	유해환경대처기술	22	8	1	-	14
전 체		395	111	32	4	288

2. 본사검 실시

예비검사를 통해 수정 · 보완된 288개의 문항으로 본검사를 실시하였다. 본검사 실시 후 최종 검사도구의 문항을 확정하기 위해 예비검사와 동일한 방법으로 문항양호도 검증을 실시하였다. 이 과정을 통해 일부 부적절한 문항을 삭제하고, 보다 양질의 문항을 확보하기 위해 개별 문항을 재검토하였다.

1) 연구 대상

본검사에는 남학생 866명(52.8%)과 여학생 775명(47.2)의 총 1,641명의 청소년이 참여하였다. 이들은 중학생 850명(51.8%)과 고등학생 791명(48.2)으로 구성되었는데, 중학생 중 1학년은 336명(39.5%), 2학년은

〈표 4-7〉 연구 대상자의 일반적 특성

구 분		빈도(명)	비율(%)
성 별	남	866	52.8
	여	775	47.2
중학교	1학년	336	39.5
	2학년	258	30.4
	3학년	256	30.1
	전체	850	51.8
고등학교	1학년	252	31.9
	2학년	249	31.5
	3학년	290	36.7
	전체	791	48.2
전 체		1,641	100.0

258명(30.4%), 3학년은 256명(30.1%)이었고, 고등학생은 1학년이 252명(31.9), 2학년 249명(31.5%), 그리고 3학년 290명(48.2%)이었다(〈표 4-7〉 참조).

2) 본검사 양호도 분석

청소년 생활역량진단검사를 개발하기 위한 본검사용 도구는 6개의 하위 생활역량과 19개의 생활기술로 이루어져 있다. 최초 개발한

〈표 4-8〉 본검사 도구의 문항 수 및 신뢰도계수

생활역량	생활 기술	문항 수	신뢰도계수	
자기조절역량	감정조절기술	15	0.69	0.91
	신체관리기술	15	0.79	
	시간활용기술	15	0.88	
	용돈관리기술	14	0.88	
자기개발역량	창의성개발기술	15	0.89	0.96
	목표설정기술	17	0.92	
	진로탐색기술	15	0.90	
	의사결정기술	16	0.86	
학습역량	과제해결기술	15	0.89	0.94
	정보활용기술	14	0.89	
	학습태도기술	17	0.87	
대인관계역량	의사소통기술	16	0.89	0.96
	인간관계기술	15	0.87	
	갈등조절기술	13	0.87	
	리더십기술	16	0.93	
민주시민역량	생활예절기술	16	0.89	0.93
	공동체참여기술	15	0.90	
문제상황대처역량	매체중독대처기술	15	0.88	0.92
	유해환경대처기술	14	0.90	
전 체		288	0.99	

395개의 문항을 토대로 예비검사를 실시한 후 문항양호도 검증을 통해 288개 문항으로 정리하였다. 본검사에 활용된 이 288개의 문항은 점수가 높을수록 해당 요인의 특성을 많이 가진 것을 의미하는 5점 Likert 척도의 형식을 취하고 있다.

본검사 도구의 신뢰도를 알아보기 위해 Cronbach α계수를 산출한 결과, 전체 신뢰도는 0.99로 매우 높았다. 또한 자기조절역량 0.91, 자기개발역량 0.96, 학습역량 0.94, 대인관계역량 0.96, 민주시민역량 0.93, 문제상황대처역량 0.92로 신뢰도가 전반적으로 높게 나타나 본 본검사 도구는 매우 양호함을 알 수 있었다. 또한 〈표 4-2〉의 예비검사 신뢰도계수와 비교할 때 그 값이 일부 상승한 것을 알 수 있다. 본검사의 생활역량과 생활기술의 문항 수 및 신뢰도계수는 〈표 4-8〉과 같다.

3) 문항양호도 분석

본검사 도구에 사용된 개별 문항의 양호도를 검증하기 위한 과정은 예비검사의 문항양호도 분석 과정과 동일하게 이루어졌다. 즉, 각 생활기술별로 문항별 평균 및 표준편차, 요인부하량, 생활기술-문항 간 상관계수를 산출하였다. 요인부하량은 각각의 생활기술이 일차원성을 의미한다고 가정하여 문항을 개발하였기 때문에 요인의 수를 1개로 고정한 후 확인적 요인분석방법을 통해 산출하였다.

이와 같은 통계처리 결과를 바탕으로 문항을 재검토하여 통계적으로 타당성이 떨어지는 문항을 선별하여 수정·삭제하였고, 연구자 간 내용타당도 검증 과정을 거쳐 중복되는 의미를 가진 문항, 지나치게 포괄적인 문항, 애매하거나 불명확한 용어로 인해 검사자로 하여금 오해의 소지가 있는 문항은 삭제하거나 수정하였다.

(1) 자기조절역량

예비검사를 통해 추출된 감정조절기술, 신체관리기술, 시간활용기술, 용돈관리기술의 문항으로 본검사를 실시 후, 생활기술별로 문항분석을 실시하였다.

– 감정조절기술

감정조절기술의 하위영역은 전반적 감정조절과 상황적 감정조절로 이루어져 있다. 예비검사를 통해 걸러진 전반적 감정조절의 5개 문항과 상황적 감정조절의 10개 문항으로 본검사를 실시하였다(〈표 4-9〉 참조).

감정조절기술의 15문항에 대한 문항양호도를 살펴보았다. 먼저, 각 문항별 평균을 살펴보면, 평균값이 3.5–4.0 미만인 문항은 5개, 3.0–3.5 미만인 문항은 5개, 3.0 미만인 문항도 5개로 나타났으며, 전체 문항의 평균은 3.25로 본검사에 참여한 청소년들은 보통 정도의 감정조절기술을 갖고 있음을 알 수 있었다. 또한 요인분석을 실시한 결과, 3 · 10 · 11 · 12 · 14 · 15번의 6개 문항의 요인부하량이 0.40 미만으로 나타나 예비검사 때의 9개 문항에 비해 그 수가 감소하였으나 여전히 수정이 필요함을 알 수 있었다. 그 외 모든 문항의 요인

〈표 4-9〉 감정조절기술의 하위 영역별 문항 구성

하위 영역	문 항	문항 수
전반적 감정조절	1*, 3, 4, 13, 15	5개
상황적 감정조절	2, 5*, 6*, 7*, 8*, 9*, 10, 11, 12, 14*	10개
전 체		15개

*는 역문항을 의미함.

부하량은 0.40 이상으로 양호하게 나타났다(〈표 4-10〉 참조).

감정조절기술의 문항 중 요인부하량이 0.40 미만으로 나온 3·10·11·12·14·15번의 문항을 우선적으로 검토하였다. 그중 요인부하량이 매우 낮은 통계값을 보여준 10·14·15번 문항을 삭제하기로 결정하였다. 그러나 3·11·12번의 문항도 요인부하량이 비교적 낮아 객관적인 검증 기준에는 미흡하지만, 생활기술-문항 간의 상관계수가 어느 정도 확보되어 있으며 또한 이 문항들이 청소년기에 갖추

〈표 4-10〉 감정조절기술의 문항양호도

문 항	평균	SD	요인부하량	기술-문항 상관계수	비고
1. 주변사람들은 나에게 감정기복이 심하다고 말한다.	3.36	1.15	0.56	0.50	
2. 나는 나의 요구가 즉시 성취되지 않더라도 조르지 않고 기다린다.	2.97	0.94	0.48	0.46	
3. 나는 나 자신의 감정이나 행동의 이유를 알고 있다.	3.64	0.88	0.30	0.38	
4. 나는 기쁘거나 슬플 때 내 감정을 적절하게 조절한다.	3.37	0.95	0.56	0.56	
5. 주변사람들은 내가 화를 낼 때 지나치다고 말한다.	3.58	1.08	0.61	0.54	
6. 나는 화가 났을 때 물건을 던지거나 폭력 등의 행동으로 표현한다.	3.87	1.09	0.61	0.56	
7. 나는 화가 났을 때 욕설이나 폭언 등의 말로 표현한다.	3.09	1.09	0.59	0.53	
8. 나는 야단을 맞을 때 그 자리에서 곧바로 말대꾸한다.	3.53	1.08	0.51	0.46	
9. 나는 친구와 싸우거나 문제가 있을 때 화를 참지 못한다.	3.46	1.03	0.67	0.57	
10. 나는 화가 나거나 슬플 때 다른 사람의 도움을 구한다.	2.72	1.08	-0.11	0.11	삭제
11. 나는 화가 나거나 슬플 때 다른 일을 떠올리거나 다른 일에 집중한다.	2.88	1.05	0.30	0.41	
12. 나는 화가 날 때 마음을 가라앉히는 나만의 방법이 있다.	3.07	1.11	0.35	0.45	
13. 나는 최악의 경우에도 긍정적으로 생각한다.	2.85	1.04	0.40	0.46	
14. 나는 너무 기분이 좋으면 다른 일에 집중하지 못한다.	2.68	1.13	0.26	0.28	삭제
15. 나는 기쁘거나 행복하다고 느낄 때 내 감정을 적절하게 표현한다.	3.61	0.90	0.15	0.28	삭제

〈표 4-11〉 감정조절기술의 문항 수정 결과

수정 전	수정 후	수정 이유
10. 나는 화가 나거나 슬플 때 다른 사람의 도움을 구한다.	삭제	요인부하량 및 기술-문항 상관계수가 너무 낮음
14. 나는 너무 기분이 좋으면 다른 일에 집중하지 못한다.	삭제	요인부하량 및 기술-문항 상관계수가 너무 낮음
15. 나는 기쁘거나 행복하다고 느낄 때 내 감정을 적절하게 표현한다.	삭제	요인부하량 및 기술-문항 상관계수가 너무 낮음

어야 할 필요가 있는 내용으로 판단되어 최종 문항으로 선정하였다. 그러나 향후 이에 대한 검토가 요구된다(〈표 4-11〉 참조).

이와 같이 감정조절기술은 15개의 문항이 본검사에 사용되었으나, 문항양호도 분석 과정을 통해 3개 문항이 삭제되고 최종 12개 문항만이 최종 문항으로 확정되었다.

본검사에 포함된 총 19개의 생활기술 중 나머지 18개의 생활기술에 대한 문항양호도 분석과정을 〔부록 2〕에 제시하였다.

(2) 요약

본검사 도구의 문항양호도 분석을 통해 삭제된 문항은 60개이며, 수정된 문항은 15개였다. 본검사를 위해 개발된 288개의 문항이 228개의 문항으로 수정·보완되었으며, 이는 청소년 생활역량진단검사의 문항이 된다. 본검사 도구의 문항양호도 분석을 통한 문항 수의 변화 과정은 〈표 4-12〉와 같다.

〈표 4-12〉 본검사 도구의 문항양호도 분석

생활역량	생활기술	최초 문항	삭제 문항	수정 문항	최종 문항
자기조절역량	감정조절기술	15	3		12
	신체관리기술	15	3		12
	시간활용기술	15	3	1	12
	용돈관리기술	14	2		12
자기개발역량	창의성개발기술	15	3		12
	목표설정기술	17	5	2	12
	진로탐색기술	15	3		12
	의사결정기술	16	4		12
학습역량	과제해결기술	15	3		12
	정보활용기술	14	2	2	12
	학습태도기술	17	5	1	12
대인관계역량	의사소통기술	16	4		12
	인간관계기술	15	3		12
	갈등조절기술	13	1		12
	리더십기술	16	4		12
민주시민역량	생활예절기술	16	4	3	12
	공동체참여기술	15	3	1	12
문제상황대처역량	매체중독대처기술	15	3	2	12
	유해환경대처기술	14	2	2	12
전 체		288	60	15	228

제5장 청소년 생활역량진단검사

1. 청소년 생활역량모델
2. 검사 구성
3. 신뢰도 및 타당도
4. 생활역량 및 생활기술 간 상관관계 분석

제 5 장 청소년 생활역량진단검사

1. 청소년 생활역량모델

청소년 생활역량이란 '청소년이 일상생활 혹은 환경에 적응하기 위해 문제를 해결하고, 자신과 타인을 이해하여 상호 호혜적인 관계를 유지할 수 있도록 개인의 감정, 사고, 행동을 변화시킬 수 있는 능력'을 의미한다. 또한 생활기술은 생활역량을 함양할 수 있는 실천방법으로서 청소년들의 생활 속에서 실제적·구체적으로 표현되는 다양한 능력이라 할 수 있겠다. 따라서 청소년들의 생활역량은 생활기술을 통해 함양되는 것이다.

이러한 기본 원리하에 개발된 청소년 생활역량진단검사는 청소년이 생활인으로서 영향력을 발휘하기 위해 갖추어야 할 6개 하위 생활역량으로 이루어져 있는데, 개인의 성장과 관련 있는 개인적 측면의 생활역량과 사회생활에 필요한 능력인 사회적 측면의 생활역량, 그리고 개인적·사회적 측면 모두를 복합적으로 포함하는 복합적 측면의 생활역량으로 구성된다. 또한, 각 하위 생활역량에는 이들을 함양할 수 있는 19개의 생활기술이 제시되어 있다. 이를 구체적으로 살펴보면 다음과 같다.

첫째, 자기조절역량은 청소년들이 스스로를 조절할 수 있는 능력을 의미하는데, 이를 위해 감정조절기술, 신체관리기술, 시간활용기술, 용돈관리기술이 필요하다. 둘째, 자기개발역량은 청소년이 경쟁력 있는 개인이 될 수 있도록 자신의 잠재력을 개발하는 능력을 말하며, 이의 함양을 위해서는 창의성개발기술, 목표설정기술, 진로탐색기술, 의사결정기술이 요구된다. 셋째, 학습역량은 학습을 적절히 수행해

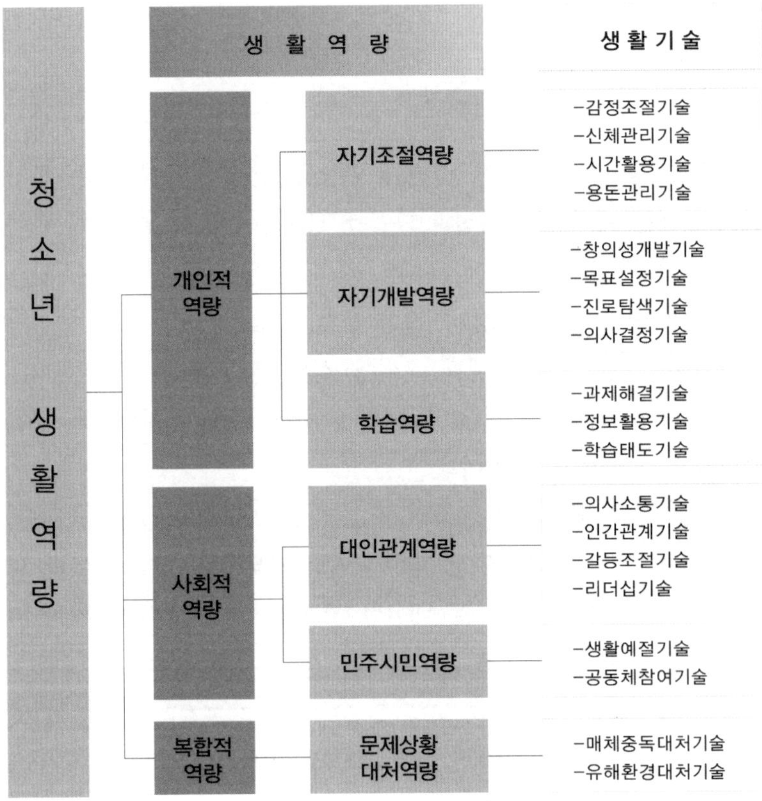

〈그림 5-1〉 청소년 생활역량모델

〈표 5-1〉 청소년 생활역량과 생활기술의 의미

생활역량	생활기술	의 미
자기조절 역량	감정조절 기술	일상생활에서 경험하는 일반적인 감정 및 구체적 환경 속에서 감정을 조절하여 적절히 표현하는 기술
	신체관리 기술	안정된 식습관과 운동으로 체력을 단련하고 외모관리행동을 통해 건강한 신체상을 유지하는 기술
	시간활용 기술	시간의 효율적인 사용을 위해 계획하고 관리하는 기술
	용돈관리 기술	주어진 용돈을 스스로 보관하고 사용할 때 계획, 실행, 평가 등을 통해 효율적이고 합리적인 소비습관을 형성하는 기술
자기개발 역량	창의성개발 기술	다양한 과제나 문제상황에서 창의적인 사고를 통해 실현가능한 방법과 절차를 계획하며, 새롭고 적절한 결과를 산출할 수 있는 기술
	목표설정 기술	비전을 가지고 구체적인 목표를 설정하며 이를 실천하기 위한 계획을 세울 수 있는 기술
	진로탐색 기술	자신의 적성, 흥미, 성격, 가치관 등을 이해하기 위해 다양한 활동을 하며, 직업세계에 대한 정보를 습득하고 구체적인 계획을 통해 미래를 준비해 나가는 기술
	의사결정 기술	비판적 사고력을 토대로 독립적이고 합리적으로 판단하고 결정해 나가는 기술
학습역량	과제해결 기술	일상생활에서의 문제나 학습관련 과제를 계획적이고 능동적으로 해결하는 기술
	정보활용 기술	필요로 하는 정보요구에 부합할 수 있도록 다양한 정보자료에 접근하여 탐색·분석·평가·적용하는 기술
	학습태도 기술	학습에 긍정적인 영향을 주는 태도 및 구체적인 능력을 갖추는 기술
대인관계 역량	의사소통 기술	자신의 감정이나 의사를 효과적으로 표현하며, 상대방의 말에 주의를 집중하여 듣고 의도를 정확하게 파악하여 반응함으로써 발전적인 관계를 지속시켜 나가는 기술
	인간관계 기술	타인과 긍정적이고 친밀한 인간관계를 형성하고 유지할 수 있는 기술
	갈등조절 기술	다른 사람과의 갈등이나 제3자 간의 갈등이 있을 때, 긍정적이고 생산적인 방향으로 해결할 수 있도록 갈등을 조절하는 기술
	리더십 기술	조직이나 대인관계 속에서 다른 사람에게 긍정적인 영향을 미치며 함께 일해 나갈 수 있도록 리더십을 발휘하며, 스스로의 잠재능력을 개발하고 자신을 이끌어 나갈 수 있는 기술
민주시민 역량	생활예절 기술	공동체 구성원으로서 예의를 갖추고 타인을 위해 지켜야 할 행동규범을 준수하는 기술
	공동체참여 기술	공공의 의사결정 과정에 영향을 미치거나 공동체의 문제를 해결하기 위해 실질적으로 관여하는 기술
문제상황 대처역량	매체중독 대처기술	인터넷, 휴대전화, TV 등의 중독적인 상황을 예방하고 대처할 수 있는 기술
	유해환경 대처기술	청소년에게 심리적·물리적으로 유해한 물질, 물건, 장소, 매체에 대처할 수 있는 기술

나가는 능력을 의미하며, 학습역량을 성취하기 위해 청소년들은 과제해결기술, 정보활용기술, 학습태도기술을 갖추어야 한다. 넷째, 대인관계역량은 타인과 적절한 관계를 유지해 나갈 수 있는 능력을 의미하며, 이를 위해 갖추어야 할 생활기술로는 의사소통기술, 인간관계기술, 갈등조절기술, 리더십기술이 있다. 다섯째, 민주시민역량은 자신이 속한 사회의 발전에 긍정적인 영향을 주고, 다른 구성원들과 조화를 이루며 살아가기 위한 민주시민으로서의 자질을 의미하며, 이를 함양하기 위해 생활예절기술과 공동체참여기술이 요구된다. 여섯째, 문제상황대처역량은 다양한 문제상황에 지혜롭게 대처할 수 있는 역량을 의미하며, 이 역량에는 매체중독대처기술과 유해환경대처기술이 있다.

이상의 하위 생활역량과 생활기술을 포함하고 있는 청소년 생활역량모델은 〈그림 5-1〉과 같다.

청소년 생활역량모델에서 추구하고 있는 청소년의 생활역량과 이를 구성하는 생활기술의 의미는 〈표 5-1〉과 같다.

2. 검사 구성

청소년 생활역량진단검사는 19개의 생활기술로 되어 있으며, 각 생활기술별로 12개의 문항으로 구성되어 전체 문항 수는 228개이다 (19×12=228). 각 문항은 기존 선행연구의 이론적 탐색과 전문가의 합의, 또한 예비검사와 본검사를 통한 실증적 자료 분석 결과로 확정된 것이다.

1) 자기조절역량

자기조절역량은 감정조절기술, 신체관리기술, 시간활용기술, 용돈관리기술로 이루어져 있다. 감정조절기술은 전반적 감정조절(4문항)과 구체적인 상황에서의 감정조절(8문항)로 이루어져 있으며, 신체관리기술은 건강(5문항)과 식습관(7문항)의 두 하위 영역으로 이루어져 있다. 또한 시간활용기술은 계획(5문항), 활용(5문항), 평가(2문항)라는 하위 영역에 따라 문항이 구성되어 있으며, 용돈관리기술은 계획(3문항), 실행(5문항), 기록(1문항), 평가(3문항)로 이루어져 있다(〈표 5-2〉 참조). 개별 문항은 〔부록 3〕에 제시되어 있다.

〈표 5-2〉 자기조절역량의 하위 영역 및 문항 구성

생활기술	하위 영역	문 항	문항 수
감정조절 기술	전반적 감정조절	1*, 3, 4, 12	4개
	상황적 감정조절	2, 5*, 6*, 7*, 8*, 9*, 10, 11	8개
신체관리 기술	건 강	13, 14, 15, 16, 17	5개
	식습관	18*, 19, 20*, 21*, 22*, 23*, 24*	7개
시간활용 기술	계 획	25, 26, 27, 28, 29	5개
	활 용	30, 31, 32, 33, 34	5개
	평 가	35, 36	2개
용돈관리 기술	계 획	37, 38, 39	3개
	실 행	40, 41, 42, 43, 44	5개
	기 록	45	1개
	평 가	46, 47, 48	3개

*는 역문항을 의미함.

2) 자기개발역량

자기개발역량은 창의성개발기술, 목표설정기술, 진로탐색기술, 의사결정기술로 이루어져 있다. 창의성개발기술은 유창성(3문항), 독창성(2문항), 유연성(2문항), 정교성(2문항), 재조직(3문항)으로 이루어져 있으며, 목표설정기술은 목표설정(8문항), 실천행동(2문항) 및 평가(2문항)의 세 하위 영역으로 이루어져 있다.

또한 진로탐색기술은 자신에 대한 탐색(6문항)과 진로에 대한 탐색(6문항)이라는 하위 영역에 따라 문항이 구성되어 있으며, 의사결정기술은 기본자세(5문항)와 의사결정 과정(7문항)으로 이루어져 있다(〈표 5-3〉 참조). 문항은 〔부록 3〕에 제시되어 있다.

〈표 5-3〉 자기개발역량의 하위 영역 및 문항 구성

생활기술	하위 영역	문 항	문항 수
창의성 개발기술	유창성	49, 50, 51	3개
	독창성	52, 53	2개
	유연성	54, 55	2개
	정교성	56, 57	2개
	재조직	58, 59, 60	3개
목표설정 기술	목표설정	61, 62, 63, 64, 65, 66, 67, 68	8개
	실천행동	69, 70	2개
	평 가	71, 72	2개
진로탐색 기술	자신에 대한 탐색	73, 74, 75, 76, 77, 78	6개
	진로에 대한 탐색	79, 80, 81, 82, 83, 84	6개
의사결정 기술	기본자세	85, 86, 87, 88, 89	5개
	의사결정 과정	90, 91, 92, 93, 94, 95, 96	7개

3) 학습역량

학습역량은 과제해결기술, 정보활용기술, 학습태도기술로 이루어져 있다. 과제해결기술은 학습(5문항)과 과제(7문항)로 이루어져 있으며, 정보활용기술은 탐색(5문항), 분석(2문항), 및 적용(5문항)의 세 하위 영역으로 이루어져 있다. 또한 학습태도기술은 수업(6문항), 공부(3문항), 과제(3문항)라는 하위 영역에 따라 문항이 구성되어 있다(〈표 5-4〉 참조). 문항은 〔부록 3〕에 제시되어 있다.

〈표 5-4〉 학습역량의 하위 영역 및 문항 구성

생활기술	하위 영역	문 항	문항 수
과제해결 기술	학 습	97, 98, 99, 100, 101	5개
	과 제	102, 103, 104, 105, 106, 107, 108	7개
정보활용 기술	탐 색	109, 110, 111, 112, 113	5개
	분 석	114, 115	2개
	적 용	116, 117, 118, 119, 120	5개
학습태도 기술	수 업	121, 122, 123, 124, 125, 126	6개
	공 부	127, 128, 129	3개
	과 제	130, 131, 132	3개

4) 대인관계역량

대인관계역량은 의사소통기술, 인간관계기술, 갈등조절기술, 리더십기술로 이루어져 있다. 의사소통기술은 적극적 경청(4문항), 공감적 반응(2문항), 및 자기표현(6문항)으로 이루어져 있으며, 인간관계기술은 신뢰감(3문항), 친근감(4문항), 민감성(1문항), 개방성(4문항)의 네 하위 영역으로 이루어져 있다. 또한 갈등조절기술은 기본자세(4문항)

〈표 5-5〉 대인관계역량의 하위 영역 및 문항 구성

생활기술	하위 영역	문　항	문항 수
의사소통 기술	적극적 경청	133, 134, 135, 136	4개
	공감적 반응	137, 138	2개
	자기표현	139, 140, 141, 142, 143, 144	6개
인간관계 기술	신뢰감	145, 146, 147	3개
	친근감	148, 149, 150, 151	4개
	민감성	152	1개
	개방성	153, 154, 155, 156	4개
갈등조절 기술	기본자세	157, 158, 159, 160	4개
	절충 및 협력	161, 162, 163, 164, 165, 166, 167, 168	8개
리더십 기술	자기이해	169, 170, 171	3개
	의사결정	172, 174, 175	3개
	조직관리	173, 176, 177, 178, 179, 180	6개

와 절충 및 협력(8문항)이라는 하위 영역에 따라 문항이 구성되어 있으며, 리더십기술은 자기이해(3문항), 의사결정(3문항) 및 조직관리(6문항)로 이루어져 있다(〈표 5-5〉 참조). 개별 문항은 〔부록 3〕에 제시되어 있다.

5) 민주시민역량

민주시민역량은 민주시민기술과 생활예절기술로 이루어져 있다. 민주시민기술은 시민의식(3문항), 참여활동(4문항), 봉사활동(3문항), 협력(2문항)으로 이루어져 있으며, 생활예절기술은 가정생활(4문항), 학교생활(3문항), 사회생활(5문항)이라는 하위 영역에 따라 문항이 구성되어 있다(〈표 5-6〉 참조). 개별 문항은 〔부록 3〕에 제시되어 있다.

〈표 5-6〉 민주시민역량의 하위 영역 및 문항 구성

생활기술	하위 영역	문 항	문항 수
민주시민 기술	시민의식	181, 182, 183	3개
	참여활동	184, 185, 186, 187	4개
	봉사활동	188, 189, 190	3개
	협 력	191, 192	2개
생활예절 기술	가정생활	193, 194, 195, 196	4개
	학교생활	197, 198, 199	3개
	사회생활	200, 201, 202, 203, 204	5개

6) 문제상황대처역량

문제상황대처역량은 매체중독대처기술과 유해환경대처기술로 이루어져 있다. 매체중독대처기술은 인터넷(5문항), 휴대폰(3문항), TV(4문항)로 이루어져 있으며, 유해환경대처기술은 유해물질(7문항), 유해물건(1문항), 유해장소(3문항), 유해매체(1문항)라는 하위 영역에 따라 문항이 구성되어 있다(〈표 5-7〉 참조). 개별 문항은 〔부록 3〕에 제시되어 있다.

〈표 5-7〉 문제상황대처역량의 하위 영역 및 문항 구성

생활기술	하위 영역	문 항	문항 수
매체중독 대처기술	인터넷	133, 134, 135, 136	5개
	휴대폰	137, 138	3개
	TV	139, 140, 141, 142, 143, 144	4개
유해환경 대처기술	유해물질	145, 146, 147	7개
	유해물건	148, 149, 150, 151	1개
	유해장소	152	3개
	유해매체	153, 154, 155, 156	1개

3. 신뢰도 및 타당도

검사도구의 타당도는 내용타당도와 구인타당도 검증을 통해 확보하였다. 먼저, 선행연구 탐색과 연구자의 협의를 거쳐 395개의 문항을 개발하였다. 예비검사 결과 통계적으로 양호하지 못한 문항을 일차적으로 제거하고 연구자 간 재검토를 통해 288개의 문항을 추출하였다. 288개의 문항으로 다시 본검사를 실시하였고, 예비검사와 동일한 과정으로 통계적 검증 및 연구자의 검토를 거쳐 최종적으로 228개의 문항을 확정하였다. 예비검사와 본검사를 통해 최종 검사도구를 확정하는 과정 중에 내용타당도의 확보를 위해 반복적으로 연구자 및 전문가 간의 검토·협의를 거쳤고, 구인타당도를 확보하기 위하여 예비검사와 본검사 자료를 통계적으로 검증해 양질의 문항만을 추출해 나갔다.

실제로 최종 확정된 228개 문항의 요인부하량은 감정조절기술의 1문항이 0.30이고, 신체관리기술의 1문항이 0.37인 것을 제외하고 나머지는 0.42−0.78 사이에 존재하고 있다.

진단검사의 신뢰도는 Cronbach α 계수로 측정하였는데, 228개 전체 검사의 신뢰도는 0.98로 매우 높음을 알 수 있다. 생활역량별로 보면 자기조절역량 0.90, 자기개발역량 0.95, 학습역량 0.93, 대인관계역량 0.96, 민주시민역량 0.91, 문제상황대처역량 0.90으로 나타났다.

개별 문항의 요인부하량과 신뢰도계수를 생활기술별로 나타낸 결과는 〈표 5-8〉과 같다.

〈표 5-8〉 신난검사의 요인부하량 및 신뢰도

생활역량	생활기술	문항 수	요인부하량	신뢰도계수	
자기조절역량	감정조절기술	12	0.30－0.67	0.73	0.90
	신체관리기술	12	0.37－0.69	0.79	
	시간활용기술	12	0.42－0.73	0.86	
	용돈관리기술	12	0.42－0.77	0.86	
자기개발역량	창의성개발기술	12	0.59－0.73	0.87	0.95
	목표설정기술	12	0.62－0.78	0.91	
	진로탐색기술	12	0.54－0.77	0.88	
	의사결정기술	12	0.60－0.72	0.88	
학습역량	과제해결기술	12	0.55－0.72	0.87	0.93
	정보활용기술	12	0.55－0.72	0.87	
	학습태도기술	12	0.53－0.70	0.86	
대인관계역량	의사소통기술	12	0.55－0.71	0.86	0.96
	인간관계기술	12	0.54－0.71	0.85	
	갈등조절기술	12	0.47－0.72	0.88	
	리더십기술	12	0.62－0.74	0.91	
민주시민역량	공동체참여기술	12	0.57－0.71	0.87	0.91
	생활예절기술	12	0.53－0.75	0.86	
문제상황대처역량	유해환경대처기술	12	0.55－0.75	0.89	0.90
	매체중독대처기술	12	0.49－0.75	0.87	
전 체		288		0.98	

4. 생활역량 및 생활기술 간 상관관계 분석

하위 생활역량 간 어느 정도의 상관이 있는지를 알아보기 위해 Pearson의 r값을 산출하여 〈표 5-9〉에 제시하였다. 이를 살펴보면 생활역량 간 상관관계는 0.43－0.76이며, 특히 자기개발역량과 학습역

〈표 5-9〉 생활역량 간 상관관계

	자기조절	자기개발	학　습	대인관계	민주시민	문제상황대처	전 체
자기조절	1.00						
자기개발	0.64	1.00					
학　습	0.65	0.76	1.00				
대인관계	0.56	0.70	0.70	1.00			
민주시민	0.61	0.61	0.70	0.71	1.00		
문제상황대처	0.53	0.43	0.54	0.52	0.65	1.00	
전　체	0.74	0.75	0.82	0.81	0.87	0.86	1.00

량의 상관계수가 0.76으로 가장 높게 나타나 청소년의 자기개발은 학습과 연관성이 높음을 알 수 있다. 반면 자기개발역량과 문제상황대처역량 간의 상관계수는 0.43으로 가장 낮게 나타났다. 또한, 대인관계역량과 자기개발역량(r=0.70), 대인관계역량과 학습역량(r=0.70), 대인관계역량과 민주시민역량(r=0.71), 민주시민역량과 학습역량(r=0.70)도 관련성이 높게 나타났다. 한편, 하위 생활역량과 전체 검사 간의 상관계수는 0.74−0.87로 높게 나타났다.

〈표 5-10〉은 생활역량을 구성하는 생활기술 간의 상관관계를 산출한 결과이다. 자기조절역량은 0.27−0.50의 범위에 걸쳐 상관관계를 나타냈고, 자기개발역량은 0.43−0.63의 상관관계를 보였다. 학습역량은 0.54−0.66, 대인관계역량은 0.62−0.73, 민주시민역량은 0.58, 문제상황대처역량은 0.45의 상관관계를 나타냈다. 특히 다른 생활역량에 비해 대인관계역량이 높게 나타났으나, 이들의 상관계수가 다중공선성의 기준인 0.80을 넘지 않기 때문에 상호작용의 효과를 일으키지는 않는 것으로 판단된다.

〈표 5-10〉 생활기술 간 상관관계

	감정	신체	시간	용돈	창의	목표	진로	의사	과제	정보	학습	소통	인간	갈등	리더	생활	공동	유해	매체	전체
감정	1.00																			
신체	0.43	1.00																		
시간	0.27	0.33	1.00																	
용돈	0.31	0.38	0.50	1.00																
창의	0.24	0.32	0.53	0.39	1.00															
목표	0.24	0.30	0.68	0.51	0.55	1.00														
진로	0.19	0.29	0.36	0.31	0.53	0.50	1.00													
의사	0.31	0.29	0.56	0.42	0.63	0.59	0.43	1.00												
과제	0.30	0.39	0.63	0.46	0.61	0.62	0.44	0.65	1.00											
정보	0.22	0.31	0.47	0.36	0.62	0.53	0.50	0.61	0.66	1.00										
학습	0.36	0.49	0.51	0.41	0.47	0.49	0.40	0.48	0.65	0.54	1.00									
소통	0.36	0.35	0.40	0.33	0.54	[illegible]	0.43	0.55	0.51	0.54	0.53	1.00								
인간	0.35	0.38	0.41	0.30	0.54	0.43	0.48	0.51	0.52	0.52	0.55	0.73	1.00							
갈등	0.37	0.30	0.42	0.34	0.51	0.43	0.42	0.56	0.52	0.50	0.49	0.70	0.69	1.00						
리더	0.29	0.34	0.45	0.33	0.61	0.50	0.48	0.54	0.54	0.56	0.55	0.62	0.67	0.64	1.00					
생활	0.36	0.46	0.40	0.37	0.44	0.38	0.40	0.49	0.52	0.51	0.58	0.55	0.60	0.58	0.52	1.00				
공동	0.30	0.38	0.44	0.44	0.48	0.47	0.43	0.44	0.54	0.49	0.60	0.50	0.54	0.52	0.60	0.58	1.00			
유해	0.27	0.34	0.22	0.25	0.27	0.22	0.28	0.28	0.35	0.31	0.40	0.37	0.40	0.40	0.34	0.52	0.40	1.00		
매체	0.32	0.44	0.36	0.43	0.32	0.38	0.30	0.36	0.47	0.33	0.53	0.38	0.39	0.38	0.42	0.50	0.56	0.45	1.00	
전체	0.46	0.56	0.59	0.55	0.63	0.51	0.56	0.64	0.73	0.65	0.75	0.69	0.72	0.70	0.71	0.78	0.76	0.70	0.77	1.00

제6장 청소년 생활역량 실태분석

1. 전체 집단의 생활역량 분석
2. 성별 생활역량 분석
3. 학교급별 생활역량 분석

제6장 청소년 생활역량 실태분석

본 장에서는 청소년 생활역량진단검사를 통해 수집된 자료를 바탕으로 청소년의 생활역량 및 생활기술을 성별 및 학교급에 따른 집단 간 차이로 나누어 분석하였다.

1. 전체 집단의 생활역량 분석

청소년 생활역량진단검사를 통해 수집된 생활역량과 생활기술의 특성은 〈표 6-1〉과 같다. 청소년들의 생활역량 전체의 평균은 3.35였다. 자기조절역량의 평균은 3.06, 자기개발역량은 3.24, 학습역량은 3.29, 대인관계역량은 3.39, 민주시민역량은 3.27, 문제상황대처역량은 3.45로 나타나, 이를 평균점수 순으로 나열하면 '문제상황대처역량 > 대인관계역량 > 학습역량 > 민주시민역량 > 자기개발역량 > 자기조절역량'의 순이 된다. 즉 문제상황대처역량의 평균이 가장 높고, 자기조절역량의 평균이 가장 낮게 나타났다.

각각의 생활역량을 구성하고 있는 생활기술의 특성을 살펴보면 다

〈표 6-1〉 생활역량 및 생활기술의 기술통계값

생활역량	생활기술	평균	SD	역량 내 순위	전체 순위
자기조절역량	감정조절기술	3.25	0.45	2	12
	신체관리기술	3.42	0.54	1	6
	시간활용기술	2.89	0.63	3	18
	용돈관리기술	2.70	0.69	4	19
	전 체	3.06	0.43		
자기개발역량	창의성개발기술	3.24	0.60	3	13
	목표설정기술	3.00	0.69	4	17
	진로탐색기술	3.44	0.70	1	4
	의사결정기술	3.26	0.51	2	11
	전 체	3.24	0.51		
학습역량	과제해결기술	3.18	0.65	3	14
	정보활용기술	3.42	0.65	1	6
	학습태도기술	3.28	0.60	2	10
	전 체	3.29	0.55		
대인관계역량	의사소통기술	3.44	0.56	2	4
	인간관계기술	3.47	0.56	1	3
	갈등조절기술	3.37	0.57	3	8
	리더십기술	3.29	0.63	4	9
	전 체	3.39	0.51		
민주시민역량	공동체참여기술	3.02	0.63	2	16
	생활예절기술	3.52	0.61	1	2
	전 체	3.27	0.55		
문제상황대처역량	매체중독대처기술	3.13	0.72	2	15
	유해환경대처기술	3.77	0.72	1	1
	전 체	3.45	0.61		
전 체		3.35			

음과 같다. 자기조절역량에서는 신체관리기술의 평균(3.42)이 가장 높으며 감정조절기술(3.25)이 그 다음으로 높게 나타났다. 그러나 상대적으로 시간활용기술(2.89)이나 용돈관리기술(2.70)의 평균이 낮게 나타났다. 자기개발역량에서는 진로탐색기술의 평균(3.44)이 가장 높고 다음으로 의사결정기술(3.26), 창의성개발기술(3.24)이며, 목표설정기술(3.00)이 가장 낮게 나타났다. 또한, 학습역량은 정보활용기술(3.42)의 평균이 가장 높으며 학습태도기술이 3.28이고, 과제해결기술의 평균(3.18)이 가장 낮게 나타났다. 대인관계역량은 인간관계기술의 평균(3.47)이 가장 높고, 의사소통기술(3.44), 갈등조절기술(3.37)이고, 리더십기술의 평균(3.29)이 가장 낮음을 알 수 있다. 민주시민역량은 공동체참여기술(3.02)보다 생활예절기술(3.52)의 평균이 더 높게 나타났으며, 문제상황대처역량에서는 유해환경대처기술의 평균(3.77)이 매체중독대처기술(3.13)보다 높음을 알 수 있다.

19개 생활기술을 전체적으로 비교해 보면 유해환경대처기술의 평균(3.77)이 가장 높고, 용돈관리기술(2.70)의 평균이 가장 낮음을 볼 수 있다. 특히 유해환경대처기술뿐 아니라 생활예절기술, 인간관계기술, 의사소통기술 등이 높게 나타났으나, 공동체참여기술, 목표설정기술, 시간활용기술, 용돈관리기술 등이 낮은 것으로 나타났다. 이를 통해 청소년들이 유해환경에 대한 대처기술이나 인간관계에 관련된 기술은 어느 정도 갖추고 있지만, 민주시민으로서의 기본소양인 공동체참여나, 목표설정, 특히 자기조절과 관련된 분야에서의 기술이 부족하다는 것을 알 수 있다.

2. 성별 생활역량 분석

청소년들의 성별에 따라 생활역량에 차이가 있는지를 알아보기 위해 t-검정을 실시하였다. 〈표 6-2〉에 제시된 바와 같이 남학생과 여학생의 전체 생활역량의 평균은 3.35로서 차이가 없었으나, 6개 생활역량 중 자기조절역량과 대인관계역량은 유의수준 0.01에서 통계적으로 의미 있는 차이가 나타났다. 자기조절역량에서는 남학생(3.13)이 여학생(3.07)보다 높았으며, 대인관계역량에서는 여학생(3.46)이 남학생(3.38)보다 높게 나타나 여학생의 대인관계능력이 더 높은 것으로 나왔다.

한편, 자기조절역량의 감정조절기술은 남학생(3.36)이 여학생(3.24)의 평균보다 유의하게 높았으며($p<0.001$), 신체관리기술도 남학생(3.52)이 여학생(3.32)보다 높았으나($p<0.001$), 시간활용기술은 여학생(2.95)이 남학생(2.82)보다 높게 나타났다($p<0.01$).

자기개발역량 중 진로탐색기술은 여학생(3.49)이 남학생(3.38)보다 높게 나타났으며, 이는 유의수준 0.01에서 의미 있는 차이였다.

학습역량 중 과제해결기술은 여학생(3.27)이 남학생(3.18)보다 높게 나타났으며($p<0.01$), 정보활용기술 역시 여학생(3.48)이 남학생(3.40)보다 높게 나타났다($p<0.05$). 그러나 학습태도기술은 남학생(3.30)이 여학생(3.24)의 평균보다 통계적으로 유의하게 높았다($p<0.05$).

대인관계역량 중 의사소통기술, 인간관계기술, 갈등조절기술의 평균은 여학생이 남학생보다 높게 나타나, 여학생들이 남학생보다 대인관계 관련 기술이 높음을 알 수 있었다.

민주시민역량의 경우 성별에 따른 차이를 발견하지 못하였으며, 문제상황대처역량 중 유해환경대처기술은 여학생(3.84)이 남학생(3.73)보다 높았으나($p<0.01$), 매체중독대처기술은 남학생(3.22)이 여학생(3.05)

보다 더 높게 나타났다($p<0.001$).

〈표 6-2〉 성별에 따른 생활역량의 차이

생활역량	생활기술	남학생		여학생		t
		평균	SD	평균	SD	
자기조절 역량	감정조절기술	3.36	0.51	3.24	0.53	4.60***
	신체관리기술	3.52	0.59	3.32	0.60	4.78***
	시간활용기술	2.90	0.63	3.01	0.66	3.24**
	용돈관리기술	2.75	0.70	2.72	0.68	0.71
	전 체	3.13	0.44	3.07	0.45	2.70**
자기개발 역량	창의성개발기술	3.30	0.62	3.30	0.60	0.03
	목표설정기술	2.92	0.72	2.98	0.75	0.03
	진로탐색기술	3.38	0.70	3.49	0.71	3.16**
	의사결정기술	3.27	0.62	3.30	0.62	1.20
	전 체	3.22	0.54	3.27	0.54	1.90
학습역량	과제해결기술	3.18	0.64	3.27	0.68	2.73**
	정보활용기술	3.40	0.63	3.48	0.66	2.54*
	학습태도기술	3.30	0.66	3.24	0.64	1.97*
	전 체	3.29	0.56	3.33	0.57	1.41
대인관계 역량	의사소통기술	3.41	0.58	3.52	0.55	4.20***
	인간관계기술	3.48	0.61	3.55	0.53	2.63**
	갈등조절기술	3.34	0.59	3.49	0.56	4.98***
	리더십기술	3.28	0.64	3.30	0.64	0.60
	전 체	3.38	0.53	3.46	0.49	3.47**
민주시민 역량	공동체참여기술	3.08	0.63	3.03	0.62	1.59
	생활예절기술	3.57	0.62	3.55	0.61	0.38
	전 체	3.32	0.55	3.29	0.55	1.11
문제상황 대처역량	유해환경대처기술	3.73	0.72	3.84	0.69	3.01**
	매체중독대처기술	3.22	0.72	3.05	0.72	4.63***
	전 체	3.47	0.61	3.44	0.59	1.59
전 체		3.35	0.47	3.35	0.45	0.16

$*p<0.05$, $**p<0.01$, $***p<0.001$

3. 학교급별 생활역량 분석

청소년들의 학교급, 즉 중학교와 고등학교에 따라 생활역량에 차이가 있는지를 알아보기 위해 t-검정을 실시하였다. 〈표 6-3〉에 제시된 것과 같이 전체 생활역량은 중학생(3.44)이 고등학생(3.24)의 평균보다 더 높았으며, 유의수준 0.001에서 통계적으로 유의미한 차이를 보였다. 이는 중학생의 생활역량이 고등학생보다 유의하게 높다는 것을 의미하는데, 나이가 들수록 오히려 생활역량이 낮아지는 특이한 현상을 보여주는 것이다. 입시 위주인 우리나라의 교육현실이 영향을 끼쳤을 것으로 유추할 수 있으나, 추후 연구를 통해 확인해 보아야 할 것이다.

6개 생활역량 중 자기개발역량을 제외한 5개 생활역량에서 의미 있는 차이가 나타났다. 자기조절역량, 학습역량, 민주시민역량, 문제상황대처역량은 0.001 수준에서, 대인관계역량은 0.01 수준에서 유의한 차이가 있었는데, 이들 모두에서 중학생의 생활역량이 고등학생보다 높음을 볼 수 있다.

한편, 개별 생활기술에 대한 중학생과 고등학생 간의 차이를 분석한 결과는 다음과 같다. 자기조절역량 중 시간활용기술을 제외한 감정조절기술, 신체관리기술 및 용돈관리기술이 0.001의 유의수준에서 의미 있는 차이가 나타났는데, 모두 중학생의 평균이 고등학생의 평균보다 높게 나왔다.

자기개발역량에서는 창의성개발기술만 0.05 수준에서 의미 있는 차이를 보였으며, 이 역시 중학생의 평균이 더 높았다.

학습역량에서는 과제해결기술과 학습태도기술에서 의미 있는 차이를 보였다. 과제해결기술은 0.01의 유의수준에서, 학습태도기술은 0.001

의 유의수준에서에서 통계적으로 유의미한 차이를 보였고, 두 경우 모두 중학생이 고등학생의 평균보다 더 높게 나왔다.

〈표 6-3〉 학교급에 따른 생활역량의 차이

생활역량	생활기술	중학생		고등학생		t
		평균	SD	평균	SD	
자기조절 역량	감정조절기술	3.36	0.54	3.24	0.50	4.75***
	신체관리기술	3.55	0.61	3.29	0.56	9.04***
	시간활용기술	2.95	0.69	2.96	0.60	0.22
	용돈관리기술	2.82	0.73	2.64	0.62	5.15***
	전 체	3.17	0.49	3.03	0.39	6.25***
자기개발 역량	창의성개발기술	3.33	0.65	3.26	0.56	2.19*
	목표설정기술	2.95	0.78	2.94	0.69	0.41
	진로탐색기술	3.46	0.71	3.40	0.70	1.66
	의사결정기술	3.30	0.68	3.27	0.54	0.92
	전 체	3.26	0.58	3.22	0.49	1.53
학습역량	과제해결기술	3.27	0.72	3.17	0.59	3.25**
	정보활용기술	3.44	0.72	3.43	0.57	0.08
	학습태도기술	3.38	0.70	3.15	0.57	7.23***
	전 체	3.36	0.63	3.25	0.48	4.01***
대인관계 역량	의사소통기술	3.49	0.61	3.43	0.53	2.18*
	인간관계기술	3.55	0.60	3.47	0.54	2.98**
	갈등조정기술	3.44	0.62	3.38	0.53	2.00
	리더십기술	3.34	0.68	3.23	0.59	3.66***
	전 체	3.46	0.55	3.38	0.46	3.21**
민주시민 역량	공동체참여기술	3.16	0.67	3.95	0.56	6.97***
	생활예절기술	3.63	0.65	3.49	0.56	4.45***
	전 체	3.39	0.60	3.22	0.48	6.46***
문제상황 대처역량	유해환경대처기술	3.95	0.72	3.59	0.69	10.24***
	매체중독대처기술	3.34	0.77	2.93	0.62	11.79***
	전 체	3.64	0.63	3.26	0.55	13.09***
전 체		3.44	0.50	3.24	0.39	9.08***

$^{*}p<0.05$, $^{**}p<0.01$, $^{***}p<0.001$

대인관계역량을 구성하는 모든 생활기술에서도 중학생의 평균이 고등학생보다 유의하게 높았다. 한편, 민주시민역량의 공동체참여기술과 생활예절기술도 중학생이 고등학생보다 높게 나타났고, 유의수준 0.001에서 통계적으로 유의미한 차이를 보였다.

문제상황대처역량의 유해환경대처기술과 매체중독대처기술도 중학생이 고등학생보다 높았고, 유의수준 0.001에서 통계적으로 유의미한 차이가 나타났다.

이상에서 살펴본 것과 같이 청소년의 생활역량은 학교급에 따라 유의한 차이가 있었으며, 특히, 중학생의 모든 생활역량이 고등학생보다 유의하게 높다는 것이 주목할 만한 점이다.

제7장 청소년 생활역량모델 검증

1. 구조방정식모형
2. 개념모형 개발
3. 측정모형의 검증
4. 구조모형의 검증
5. 적합도지수 검증

제 7 장 청소년 생활역량모델 검증

청소년 생활역량모델의 타당성을 검증하기 위해 개념모형 개발, 자료수집, 개념모형 검증, 모형수정, 최종 모형 선정이라는 구조방정식 모형의 절차를 수행하였다. 본 장에서는 구조방정식모형에 대한 간략한 설명 후, 연구 초기에 이론적 탐색을 통해 개발한 개념모형에 대한 소개와 최종적으로 선정된 모형 설명을 중심으로 서술하였다.

1. 구조방정식모형[1)]

최근 경영학, 심리학, 교육학, 사회학, 가정학, 간호학 등 여러 분야의 연구에서 요인분석(factor analysis)과 회귀분석(regression analysis)이 결합된 형태인 구조방정식모형(SEM; Structural Equation Modeling)의 적용이 늘어나는 추세이다.

1) 서희정(2010)의 박사학위논문 중 일부를 요약한 것임.

1) 구조방정식모형의 의미

구조방정식모형(structural equation modeling)은 측정모형(measurement model)과 구조모형(structural model)을 통해서 모형 간의 인과관계를 파악하는 방정식모형을 의미한다. 〈그림 7-1〉에서 X와 Y는 직접적으로 관찰되거나 측정되지는 않지만 측정항목을 통해 이론적으로 구성되는 잠재변인(latent variable)을 의미한다. X1, X2, X3, X4 및 Y1, Y2, Y3, Y4는 직접적인 척도를 통해 측정되는 문항인 측정변인(measurement variable)를 의미하며, e1–e9는 오차(error)를 의미한다.

실선으로 표시된 것은 측정모형으로부터 추출된 잠재변인 간의 인과관계, 즉 관찰변수 간의 관계 속에 잠재적으로 내재되어 있는 구조(structure)를 나타내기 때문에 구조모형(structural model)이라 한다.

또한 점선은 잠재변수와 측정변수와의 인과관계를 나타내는 측정모형(measurement model)이라고 할 수 있다. 하나의 측정모형은 각각

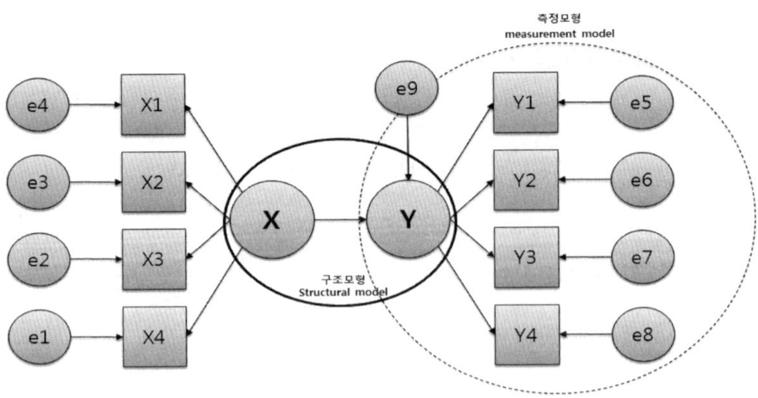

출처: 문수백(2009)

〈그림 7-1〉 구조방정식모형의 예

하나의 잠재변인과 여러 개의 측정변인으로 구성되고, 이 측정변인은 직접 조사할 수 있는 측정도구, 즉 개별항목 문항으로 구성된다(양병화, 2004).

이처럼 구조방정식모형은 확인적 요인분석을 통해서 측정오차가 없는 잠재요인을 발견하고 회귀분석으로 잠재요인 간을 연결하는 방법으로서, 인과분석을 하기 위해서 요인분석과 회귀분석을 개선적으로 결합한 형태라고 할 수 있다.

구조방정식모형이 널리 쓰이는 이유는 여러 가지가 있지만, 그중 대표적인 장점으로 다음과 같은 점을 들 수 있다.

첫째, 여러 학문영역 중 기초이론의 확립이 미흡한 영역에서는 이론(theory), 가설(hypothesis) 또는 명제(proposition)를 명확히 검정할 필요성이 존재한다. 이런 경우 가장 유용하게 적용할 수 있는 통계적 기법이다(조현철, 2003; 허준 · 최인규, 2000).

둘째, 구조방정식모형에서는 여러 개의 측정변수를 이용해서 추출된 공통분산을 변인(잠재변인)으로 사용하므로, 그 변인의 측정오차가 통제된다. 따라서 잠재변인을 바탕으로 한 구조방정식모형을 적용해서 추정한 계수의 값은 단지 측정변수를 바탕으로 구한 값보다 정확하다고 할 수 있다(홍세희, 2008).

셋째, 매개변수(mediator)의 사용이 용이하다. 매개변수는 특성상 모형에서 독립변수 및 종속변수의 역할을 동시에 해야 하는데, 회귀분석의 경우 한 변수는 하나의 역할만을 해야 한다. 특히 매개변수가 하나 이상인 경우 매개변수의 도입 및 평가가 쉽지 않다. 회귀분석 대신 경로분석을 사용하면 매개변수를 쉽게 다룰 수 있지만, 경로분석(path analysis)에서는 잠재변인이 아닌 측정변인이 사용되므로 측정오차를 제대로 통제할 수 없다(홍세희, 2008).

넷째, 결과 산출 시 그래픽 기능이 추가되어 연구자가 경로도형을 설정하거나 수정할 때, 그리고 결과물을 해석할 때 보다 높은 이해를 가능하게 한다(허준 · 최인규, 2000).

다섯째, 이론적 모형인 개념모형에 대한 통계적 평가가 가능하다. 즉, 연구자가 개발한 개념모형이 실제 자료에 얼마나 잘 부합하는지를 평가하고, 이를 바탕으로 그 모형을 타당한 모형으로 받아들이거나 수정할 수 있다(홍세희, 2008).

2) 구조방정식모형의 절차

구조방정식모형은 개념모형 개발, 자료수집, 모형 분석, 모형 평가, 모형 수정, 최종모형 선정의 절차를 따른다.

첫째, 통계적으로 검증할 개념모형을 개발하는 첫 단계에서는 어떤 변인이 잠재변인이 될 것인지, 어떤 측정변인을 이용해서 잠재변인을 간접적으로 측정할 것인지를 결정해야 한다. 일반적으로 한 잠재변인에 약 2－4개 정도의 측정변인이 적당하다.

둘째, 검증하려는 이론모형의 복잡성을 고려하여 충분한 표본으로부터 자료를 수집하여야 한다. 표본 수가 너무 작으면 측정오차가 커지므로 추정된 미지수 값을 신뢰할 수 없게 된다. 표본크기에 대한 절대적인 기준은 없지만 일반적으로 자유 모수치의 5배에서 10배 정도의 표본이 필요하다는 주장(Bentler & Chou, 1987)과 어떤 경우에도 200명 이상의 표본이 필요하다는 주장이 있다(Anderson & Gerbing, 1988). 또한 관찰변인의 수가 작을 경우(대체로 2개 이하)에는 최소 200명 정도는 되어야 하며, 만약 관찰변인의 수가 12개 이상이면 표본은 '1.5×관찰변인의 수(관찰변인의 수 + 1)'가 되어야 한다는 의견도 있다

(Joreskog & Sorbom, 1989).

셋째, 모형분석 단계에서는 구조방정식모형용 프로그램을 이용해서 모형에서 추정하고자 하는 자유 미지수 값을 추정해야 한다. 추정방법으로는 최대우도법(ML; Maximum Likelihood)이 가장 많이 사용되는데 이는 자료의 공분산 행렬과 추정된 자유 미지수 값을 이용해 재생한 공분산 행렬 사이의 차이를 최소화하는 방법이다. 모형의 적합도가 완벽하면 최대우도법을 이용해서 구해지는 F는 0이 되며 적합도가 나빠질수록 F가 커진다.

넷째, 적합도지수의 산출을 통해 모형의 적합성을 평가해야 한다. 구조방정식모형에서는 10여 개의 적합도지수를 제공한다. 모형을 제대로 평가하기 위한 적합도지수는 표본 크기에 민감하게 영향을 받지 않아야 하며, 모형의 간명성을 고려하는 것이어야 한다(Hu & Bentler, 1995). 여러 적합도지수 중 NNFI(Non-Normed Fit Index)와 RMSEA (Root Mean Square Error of Approximation)가 표본 크기에 덜 민감하고, 모형의 간명성을 고려하는 지수로 꼽힌다. 다른 지수는 표본 크기에 많은 영향을 받거나 모형의 간명성을 고려하지 않거나 또는 두 문제를 동시에 지니고 있다. NNFI 값이 0.9 이상이면 모형의 적합도가 좋은 것으로 해석했으나 최근에는 0.95 이상을 그 기준으로 삼기도 한다. RMSEA 값은 0.05 이하 또는 0.06 이하이면 모형의 적합도가 좋은 것으로 해석한다(Hu & Bentler, 1995).

다섯째, 모형이 자료에 잘 맞지 않으면, 즉 모형의 적합도 값이 좋지 않으면 모형을 수정할 수 있다. 모형의 적합도가 좋지 않은 원인으로는 여러 가지가 있으나, 그중 주요 원인은 어떤 두 변수 사이의 관계를 설명하는 중요한 경로(path)가 모형에 포함되지 않았기 때문이다. 즉, 추정되어야 할 중요한 미지수가 자유 미지수로 모형에 포함되지 않았기 때문이다. 따라서 모형을 수정해야 하는 경우에 가장 많이 쓰이는 방법은 포함되지 않은 경로 중에서 모형의 적합도를 가장 좋게 할 수 있는 경로를 포함하는 것이다.

여섯째, 최종적으로 모형을 선정하는 과정이다. 단일모형 평가방법과 경쟁모형 평가방법을 통해 모형을 선정할 수 있다. 단일모형 평가방법은 연구자가 하나의 모형만을 제시해서 그 모형의 적합도가 좋으면 그 모형을 최종모형으로 받아들이고, 적합도가 좋지 않으면 수정지수를 이용하여 적합도가 좋아질 때까지 모형을 수정한 후 최종모형으로 선택하는 방법을 말한다. 또한 경쟁모형 평가방법은 연구자가 모든 가능한 모형을 제시하고 여러 모형을 비교해서 해석하기 용이하고 적합도도 좋은 모형을 최종모형으로 선택하는 방법이다.

2. 개념모형 개발

청소년 생활역량모델의 개념모형은 전체 생활역량, 자기조절역량, 자기개발역량, 학습역량, 대인관계역량, 민주시민역량, 문제상황 대처역량으로 설정하였다. 개념모형은 직접적으로 관찰되거나 측정되지는 않지만 측정변인을 통해 이론적으로 구성되는 7개의 잠재변인과 직접 측정되는 19개의 측정변인으로 구성되어 있다.

경로 A는 청소년의 감정조절기술을 비롯하여 신체관리기술, 시간활용기술, 용돈관리기술을 통해 함양되는 자기조절역량이 생활역량의 중요한 요인이 된다는 사전연구에 따라 설정하였다.

경로 B는 자기개발역량이 청소년의 생활역량에 포함됨을 의미한다. 이는 창의성개발기술, 목표설정기술, 진로탐색기술, 의사결정기술이 청소년 개인의 개발과 관련된 중요한 주제라는 연구를 토대로 구성하였다.

경로 C는 학습역량이 청소년의 생활역량에 영향을 미친다는 것을 의미한다. 청소년들의 과제해결기술, 정보활용기술, 학습태도기술은 학습역량을 함양할 뿐 아니라, 청소년들의 전반적인 생활역량에도 긍정적인 영향을 미친다는 연구에 따라 본 경로를 구성하였다.

경로 D는 청소년의 대인관계역량이 생활역량에 미치는 영향을 의미한다. 청소년들의 적절한 의사소통기술, 인간관계기술, 갈등조절기술 및 리더십기술은 청소년의 생활역량 향상에 필수적인 요소로 자리잡고 있다.

경로 E는 청소년의 생활예절기술과 공동체참여기술을 통해 함양되는 민주시민역량이 생활역량의 중요한 요인이 된다는 연구에 따라 본 경로를 설정하였다.

경로 F는 문제상황대처역량이 청소년의 생활역량에 포함됨을 의미한다. 이는 매체중독대처기술과 유해환경대처기술이 문제상황에 대한 청소년의 대처능력과 관련된 중요한 주제라는 연구를 토대로 구성하였다.

위에서 제시된 연구결과들을 토대로 이론적 모형인 개념모형을 구성하여 제시하면 〈그림 7-2〉와 같다. 지금까지의 연구들이 청소년 생활역량의 하위 역량이나 이를 함양하는 데 요구되는 실제적인 생활기술의 유형에 대한 연구가 진행되지 않아, 청소년 생활역량이 6개의 하위 역량으로 구성되어 있다는 단순한 가설을 토대로 구성하였기 때문에 나온 고차적 확인적 요인분석모델(high order confirmatory factor analysis model) 형태이다. 고차적 확인적 요인분석모델에서는 1차 요

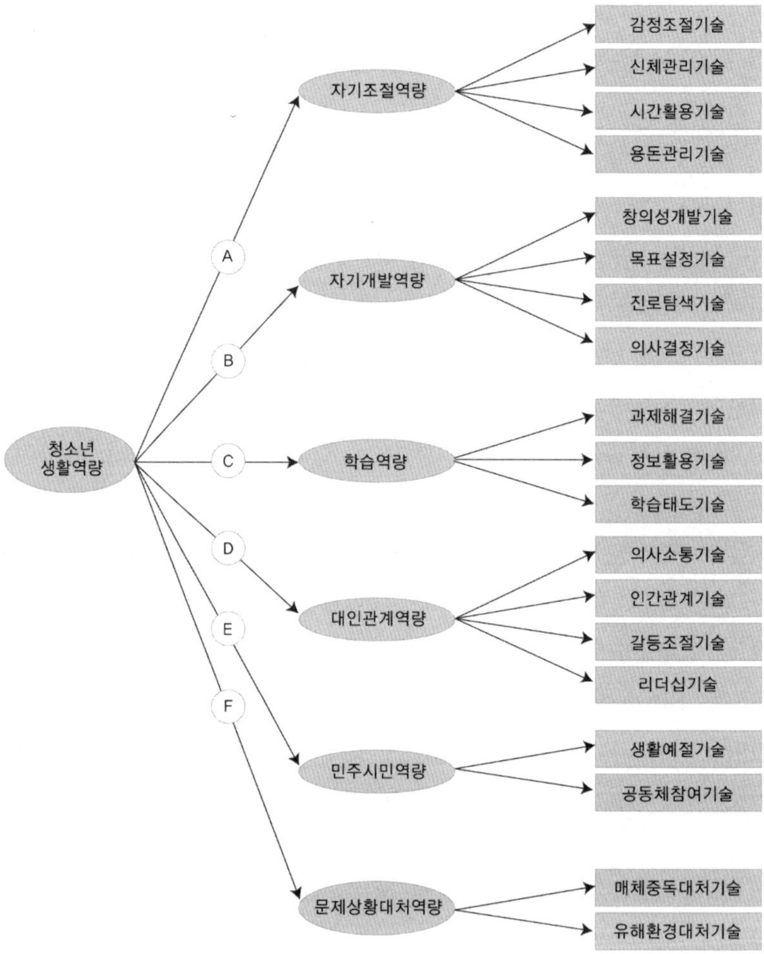

〈그림 7-2〉 청소년 생활역량의 개념모형

인(first order factors)과 2차 요인(second order factors)이 존재하며, 1차 요인들(자기조절역량 외 5개 생활역량) 간의 상관은 2차 요인(청소년 생활역량) 때문에 생긴 것으로 설정된 모델이다. 즉, 청소년 생활역량은 자기조절역량, 자기개발역량, 학습역량, 대인관계역량, 민주시민역량, 문제상황대처역량에 의해 설명될 수 있다.

3. 측정모형의 검증

개발된 모형을 검증할 때 측정모형의 검증이 이루어지지 않은 상태에서 구조모형을 논의할 수 없다는 지적에 따라(강경숙, 2006), 본 단락에서는 측정모형에 대한 검증을 먼저 거친 후 잠재변인 간의 관계, 즉 구조모형을 검증하였다.

먼저, 측정모형의 구조를 알아보기 위해 비표준화계수, 표준화계수, 표준오차, *t*값을 산출하여 〈표 7-1〉에 제시하였다. 모든 분석 과정에 포함된 경로 중 감정조절기술, 창의력개발기술, 과제해결기술, 의사소통기술, 공동체참여기술, 매체중독대처기술의 비표준화 계수는 공통적으로 1.00으로 고정하였다. 이는 잠재요인을 개념들 간에 상대적으로 비교할 수 있도록 표준화하기 위해 잠재요인에 적재되어 있는 하나의 변수에 임의적인 수치를 고정시켜 준다는 것에 의한 것이다(김계수, 2004).

측정모형을 검증한 결과는 다음과 같다.

첫째, 자기조절역량의 4개 측정변인은 0.001 수준에서 유의한 것으로 나타나, 모두 자기조절역량의 측정변인에 해당하는 것을 알 수 있다. 각 측정변인 중 시간활용기술이 가장 높은 표준화계수 값을 보인다. 따라서 감정조절기술, 신체관리기술, 용돈관리기술보다 시간활용기술이 자기조절역량에 더 영향을 많이 미치는 변인임을 알 수 있다.

〈표 7-1〉 측정모형의 검증

잠재변인	측정변인	비표준화 계수	표준화 계수	표준오차	t
자기조절역량	감정조절기술	1.00	0.45		
	신체관리기술	1.41	0.55	0.10	14.77***
	시간활용기술	2.06	0.74	0.12	16.83***
	용돈관리기술	1.90	0.65	0.12	15.96***
자기개발역량	창의성개발기술	1.00	0.78		
	목표설정기술	1.16	0.75	0.04	31.97***
	진로탐색기술	0.90	0.61	0.04	25.17***
	의사결정기술	1.01	0.79	0.03	33.66***
학습역량	과제해결기술	1.00	0.84		
	정보활용기술	0.90	0.76	0.03	35.36***
	학습태도기술	0.89	0.75	0.03	34.85***
대인관계역량	의사소통기술	1.00	0.82		
	인간관계기술	1.04	0.85	0.03	40.23***
	갈등조절기술	1.01	0.82	0.03	38.15***
	리더십기술	1.08	0.80	0.03	36.84***
민주시민역량	공동체참여기술	1.00	0.77		
	생활예절기술	1.00	0.76	0.03	31.77***
문제상황대처역량	유해환경대처기술	1.00	0.61		
	매체중독대처기술	0.82	0.74	0.04	21.81***

***$p<0.001$

둘째, 자기개발역량의 경우도 네 개의 측정변인 모두 0.001 수준에서 의미 있는 변인으로 도출되었다. 그러나 표준화계수를 비교하면 진로탐색기술이 상대적으로 약간 낮고, 나머지 변인들은 유사하게 높다. 따라서 자기개발역량을 설명할 때 진로탐색기술보다 창의력개발기술, 목표설정기술, 의사결정기술이 더 영향력 있는 측정변인임을 알 수 있다.

셋째, 학습역량의 과제해결기술, 정보활용기술, 학습태도기술은 모두 0.001 수준에서 유의한 것으로 나타나, 세 가지 하위 요인이 모두 학습역량에 포함되는 측정변인임을 보여준다. 특히 과제해결기술은 다른 두 측정변인에 비해 높은 표준화계수 값을 보이므로 청소년의 학습역량을 설명하는 데 더 큰 영향력이 있음을 알 수 있다.

넷째, 대인관계역량에 속해 있는 의사소통기술, 인간관계기술, 갈등조절기술, 리더십기술도 모두 0.001 유의수준에서 중요한 영향을 미치는 변인임이 확인되었다. 네 변인은 모두 표준화계수 값이 0.80 이상으로 높은 설명력을 보여주며, 대인관계역량에 고르게 영향을 주고 있음을 알 수 있다.

다섯째, 민주시민역량의 공동체참여기술과 생활예절기술도 0.001 수준에서 통계적으로 유의하게 나타났다. 약간의 차이가 있지만 두 변인 모두 민주시민역량을 설명하는 데 유사하게 중요한 영향력을 미치고 있음을 볼 수 있다.

여섯째, 문제상황대처역량의 유해환경대처기술과 매체중독대처기술이 모두 0.001 수준에서 유의하게 나타나, 두 가지 하위 요인이 모두 문제상황대처역량에 포함되는 측정변인임을 알 수 있다. 특히 매체중독대처기술이 더 높은 표준화계수 값을 보이므로 청소년의 문제상황대처역량을 설명하는 데 유해환경대처기술보다 더 큰 영향력이 있음을 알 수 있다.

이상에서 살펴본 바와 같이, 개발된 모형에 포함된 측정모형은 모두 양호함을 알 수 있다.

4. 구조모형의 검증

청소년 생활역량모형의 잠재변인 간 상호관계를 알아본 결과 6개의 생활역량과 청소년 생활역량의 직접경로는 모두 0.001 수준에서 유의하므로 모든 경로가 채택되었다. 이는 모든 하위 생활역량이 청소년 생활역량의 변인으로 타당성이 있음을 나타내는 것이다.

잠재변인 간의 직접적인 경로에 대해 구체적으로 살펴보면, 자기조절역량이 생활역량에 미치는 영향은 0.75로 나타났다. 이는 생활역량이 1만큼 변할 때 자기조절역량은 0.75만큼 변한다는 것을 의미하므로, 자기조절역량이 생활역량에 미치는 영향력이 큼을 의미한다. 이와 동일하게 자기개발역량이 생활역량에 미치는 영향력은 0.82, 학습역량은 0.87, 대인관계역량과 민주시민역량은 0.82, 문제상황대처역량은 0.65로 나타났다. 이 중 학습역량이 생활역량에 미치는 영향력이 가장 크고 문제상황대처역량의 영향력이 상대적으로 적게 나타나, 청소년 생활역량에 대한 학습역량의 설명력이 매우 높음을 알 수 있다. 반면 문제상황대처역량은 다른 역량에 비해 상대적으로 영향력이 적다고 볼 수 있다(〈표 7-2〉 참조).

〈표 7-2〉 구조모형의 검증

경 로	비표준화계수	표준화계수	표준오차	t
자기조절역량 → 생활역량	1.00	0.75	0.04	31.56***
자기개발역량 → 생활역량	1.32	0.82	0.04	33.66***
학습역량 → 생활역량	1.48	0.87	0.04	35.96***
대인관계역량 → 생활역량	1.25	0.82	0.04	33.67***
민주시민역량 → 생활역량	1.34	0.82	0.04	33.59***
문제상황대처역량 → 생활역량	1.20	0.65	0.05	26.06***

***$p < 0.001$

5. 적합도지수 검증

최종적으로 확정된 청소년 생활역량모형의 적합도를 알아보기 위해 적합도지수를 확인해 보았다. 일반적으로 많이 사용하는 χ^2의 경우, 값이 작고 유의수준이 0.05 이상일수록 적합함을 의미하는데, 이는 영가설의 내용이 너무 엄격하거나 데이터 크기에 민감하여 쉽게 기각되는 경향이 있으므로(노형진, 2003; 한상린, 1998), 다른 적합도지수를 중심으로 살펴보았다. 구조방정식모형 중 90% 이상이 이러한 현상을 보이기 때문에 보편적인 방법으로 간주할 수 있을 것이다(홍세희, 2006).

먼저, GFI는 1.0일 때 완벽한 부합도를 나타내고, 0.90 이상이면 양호한 부합도를, 0에 가까우면 최악의 부합도를 나타내는데, 본 모형의 경우 0.88로 나와 비교적 적절함을 알 수 있다. 또한 RMSEA는 0.08로 괜찮은 적합도를 보여주고 있으며, CFI의 경우 0.91로 나타났고, PNFI는 0.72로 나타나 이상적인 수치를 넘어서고 있다. 따라서 본 연구를 통해 개발된 청소년 생활역량모형은 다양한 적합도지수를 통해 판단한 결과 양호한 모형임을 확인하였다(〈표 7-3〉 참조).

〈표 7-3〉 모형의 적합도지수

유 형	적합도지수	판단기준
GFI	0.88	-0.9 이상
RMSEA	0.08	-0.05 이하: 좋은 적합도 -0.08 이하: 괜찮은 적합도 -0.10 이하: 보통의 적합도 -0.10 이상: 나쁜 적합도
CFI	0.91	-0.9 이상
PNFI	0.64	-0.6 이상

이상에서 설명한 것처럼 본 연구의 과정을 통해 최종적으로 도출한 청소년 생활역량모형은 〈그림 7-3〉과 같다.

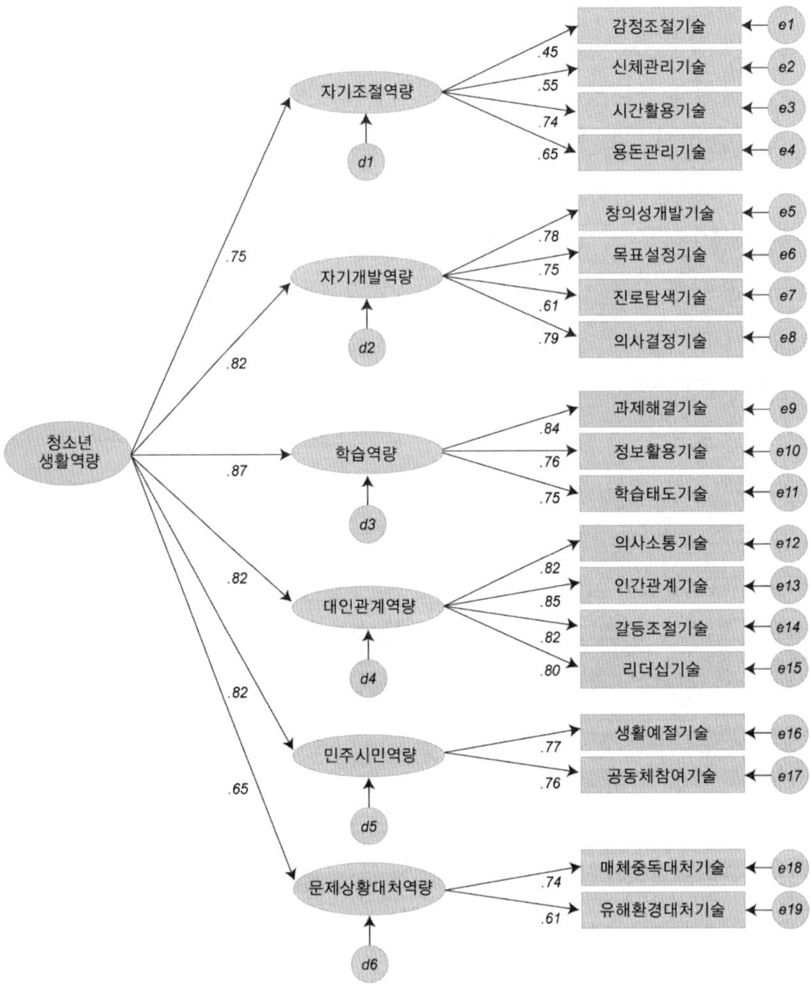

〈그림 7-3〉 청소년 생활역량모형

제8장 요약 및 논의

1. 요 약
2. 논의 및 제언

제8장 요약 및 논의

지금까지 우리나라에서 진행되어 온 청소년 관련 연구는 다양한 상황에 처해 있는 청소년을 특수한 측면에서 진단하고 지원하는 것에 많은 관심을 가져왔다. 그러나 생활 속에서 발생하는 다양한 문제를 해결하고 타인과 적절한 관계를 맺으며 사회의 구성원으로서 기능해 나가기 위해 필요한 일상생활에서의 역량을 지원하는 데는 상대적으로 소홀하였다. 이는 청소년이 자신의 삶을 적극적으로 개척해 나가는 독립적인 생활인이라는 점을 간과한 데에서 비롯된 것이다.

이에 본 연구는 청소년이 사회를 살아가는 한 명의 주도적이고 독립적인 생활인이라는 점을 중시하고, 학교, 가정, 그리고 사회에서 필수적으로 갖추어 나가야 할 생활역량의 중요성을 인식하여 이를 종합적・체계적으로 진단할 수 있는 생활역량진단검사를 개발하였다.

1. 요 약

청소년 생활역량진단검사 개발은 다음과 같은 연구 과정을 거쳐 진행되었다.

먼저, 청소년 생활역량의 개념을 명시화·구체화하기 위해 역량, 사회적 역량, 직업기초능력 및 생활기술과 같은 유사개념을 정리하였다. 이를 토대로 청소년 생활역량의 의미를 명료화하고, 이를 구성하는 6개의 하위 역량과 각 역량을 개발하기 위해 실제적으로 요구되는 19개의 생활기술을 구체화하였다.

둘째, 선행연구 탐색을 통해 이론적으로 수립한 청소년 생활역량모델을 토대로 395개의 초기 문항을 개발하였다. 393명의 청소년을 대상으로 예비검사를 실시한 후 검사 문항 및 도구의 양호도를 검증하였다.

셋째, 예비검사에 대한 양적 분석(통계분석)과 질적 분석(전문가의 판단) 결과를 토대로 문항을 수정·보완·삭제하여 288개의 본검사용 문항을 확정하였다. 본검사에는 1,641명의 청소년이 참여하였으며, 수집된 자료는 예비검사와 동일한 과정으로 문항 및 검사도구의 양호도를 검증하였다. 이를 통해 6개의 하위 역량, 19개의 생활기술 및 각 기술별 12개의 문항으로 구성된 최종 검사도구를 확정하였다.

넷째, 예비검사와 본검사를 거쳐 확정된 청소년 생활역량진단검사를 토대로 청소년의 생활역량 수준을 진단하였다. 특히, 성별·학교급별로 비교하여 집단 간의 차이를 분석하였다.

다섯째, 청소년용 생활역량진단검사의 개발을 위해 초기에 수립하였던 청소년 생활역량에 대한 개념모델이 적합하였는지를 검증하여 최종 모형을 확정하였다.

이러한 연구과정을 통해 도출된 결과는 다음과 같다.

먼저, 청소년 생활역량의 하위 역량으로 자기조절역량, 자기개발역량, 학습역량, 대인관계역량, 민주시민역량, 문제상황대처역량의 6개 하위 역량이 확정되었다. 스스로를 조절할 수 있는 능력을 의미하는 자기조절역량에는 감정조절기술, 신체관리기술, 시간활용기술, 용돈관리기술이 포함되며, 경쟁력 있는 청소년이 될 수 있도록 자신의 잠재력을 개발하는 능력인 자기개발역량에는 창의성개발기술, 목표설정기술, 진로탐색기술, 의사결정기술이 추출되었다. 또한, 청소년기 발달과업의 하나인 학습을 적절히 수행해 나가는 능력인 학습역량에는 과제해결기술, 정보활용기술, 학습태도기술이 포함되며, 타인과 적절한 관계를 유지해 나갈 수 있는 능력인 대인관계역량에는 의사소통기술, 인간관계기술, 갈등조절기술, 리더십기술이 있다. 더불어 자신이 속한 사회의 발전에 긍정적으로 영향을 미치며 다른 구성원들과도 조화롭게 살아갈 수 있는 민주시민역량에는 생활예절기술과 공동체참여기술이 포함되며, 청소년들이 접할 수 있는 문제상황에 지혜롭게 대처할 수 있는 역량인 문제상황대처역량에는 매체중독대처기술과 유해환경대처기술이 있다.

둘째, 청소년의 생활역량을 진단할 수 있는 6개의 생활역량과 19개의 생활기술로 구성된 청소년 생활역량진단검사의 문항을 개발하였다. 각 생활기술별로 12개의 문항으로 구성되어 있어 총 228개의 문항으로 이루어져 있으나, 필요에 따라 일부 생활역량이나 생활기술에 대한 부분만 추출하여 사용할 수도 있게 개발하였다.

전체 검사도구의 신뢰도인 α 계수는 0.98로 매우 높았으며, 자기조절역량 0.90, 자기개발역량 0.95, 학습역량 0.93, 대인관계역량 0.96, 민주시민역량 0.91, 문제상황대처역량 0.90으로 나타나 전반적으로 높은 신뢰도를 보이고 있다. 또한 연구자 및 전문가의 논의와 협의 과정을 지속적으로 거쳐 내용타당도를 확보하였고, 예비검사와 본검사를 수행하는 동안 문항양호도 검증을 실시하여 부적절한 문항을 삭제하거나 보완하는 과정을 통해 구인타당도를 확보하였다.

셋째, 개발된 생활역량진단검사를 이용하여 청소년들의 생활역량 실태를 알아보았다. 그 결과 청소년들의 6개 생활역량 중 문제상황대처역량의 평균이 가장 높게 나타나 매체중독이나 유해환경에 대처하는 역량이 다른 하위 생활역량보다 잘 갖춰져 있음을 알 수 있었다. 반면, 자기조절역량의 평균이 가장 낮게 나타나 감정조절, 신체관리, 시간활용, 용돈관리와 같은 자기조절이 잘 이루어지지 못하고 있음을 확인하였다. 19개 생활기술 중에서는 유해환경대처기술의 평균이 가장 높고 용돈관리기술이 가장 낮게 나타났다. 특히 청소년들은 유해환경에 대한 대처기술이나 인간관계기술은 어느 정도 갖추고 있지만, 민주시민으로서의 기본소양인 공동체참여기술이나 목표설정기술, 특히 자기조절과 관련된 분야에서 생활기술이 부족하다는 것을 알 수 있었다.

이러한 생활역량이 성별 · 학교급별로 차이가 있는지를 살펴보았다. 성별에 따른 집단 간 차이분석 결과 자기조절역량과 대인관계역량에서 의미 있는 차이가 있었다. 자기조절역량에서는 남학생이 여학생보다 의미 있게 높았으며, 대인관계역량에서는 여학생이 남학생보다 높게 나타났다. 학교급에 따른 결과를 보면, 전체 생활역량을 비롯한 자기조절역량, 학습역량, 민주시민역량 및 문제상황대처역량에서 중학생이 고등학생보다 유의미하게 높았다. 즉 청소년의 생활역량은 학교급에 따라 유의한 차이가 있었으며, 특히 중학생의 모든 생활역량이 고등학생보다 유의하게 높게 나타났는데, 이는 추후 연구를 통해 확인해 보아야 할 것이다. 즉 고등학생의 생활역량이 실제로 중학생보다 낮은 것인지, 아니면 단지 주관적인 인식의 차이로 인해 고등학생들이 낮게 평가하는 경향이 있기 때문인지에 대한 추후 연구가 필요하다. 만약 실제로 고등학생의 생활역량이 중학생보다 낮다면 이는 우리나라 교육에 문제가 있음을 확인하는 것이므로, 정규 또는 비정규 교육과정 및 훈련을 통해 생활역량을 향상시키기 위한 노력이 적극적으로 이루어져야 할 것이다.

넷째, 청소년 생활역량 모형의 측정모형과 구조모형의 구조를 알아보기 위해 비표준화계수, 표준화계수, 표준오차, t값을 산출한 결과, 모두 0.001 수준에서 유의하게 나타났다. 이는 청소년 생활역량을 구성하고 있는 6개의 하위 역량과 19개의 생활기술이 모두 타당함을 의미하는 것이다. 경로값을 통해 확인할 수 있는 설명력을 살펴보면, 청소년 생활역량에 대한 학습역량의 경로값이 가장 높게 나타나 6개 역량 중 가장 설명력이 높은 반면, 문제상황대처역량은 다른 역량에 비해 상대적으로 영향력이 적었다. 또한 자기조절역량의 시간활용기술, 자기개발역량의 진로탐색기술, 학습역량의 과제해결기술, 문제상황대처역량의 매체중독대처기술이 동일한 하위 역량 내의 다른 생활기술보다 상대적으로 설명력이 더 높은 것으로 나타났다. 이처럼 청소년 생활역량진단검사는 다양한 적합도지수 검증에 의해 설명력이 높은 양호한 모형에 기반하여 개발된 것임이 확인되었다.

2. 논의 및 제언

개발된 청소년용 생활역량진단검사와 관련하여 몇 가지 논의를 해보면 다음과 같다.

첫째, 본 연구에서 제시된 청소년 생활역량모델은 청소년 생활역량에 포함되는 하위 생활역량을 비롯하여 각 생활역량을 함양하는데 요구되는 생활기술을 포괄적으로 제시하고 있다. 특수한 상황이나 독특한 특성과 연관된 개별 생활역량 또는 생활기술에 초점을 맞추어 논의하고 있는 다른 연구와는 달리, 일상적인 삶 속에서 능력 있는 생활인이 되기 위해 요구되는 생활역량과 생활기술을 포괄적으로 도출한 것이다. 따라서 청소년기에 갖추어 나가야 할 실제적인 역량 및 기술의 목록으로 활용할 수 있다.

둘째, 연구를 통해 도출된 6가지 생활역량과 19개의 생활기술은 청소년이 추구해야 할 과제임과 동시에 청소년의 바람직한 성장을 위해 지원되어야 할 교육의 주제가 될 수 있다. 실제로 학교에서는 청소년의 인지적 함양뿐 아니라 정의적 함양을 위해서도 많은 노력을 기울이고 있으며, 이를 위해 수업과 별도인 다양한 교육 프로그램을 운영하고 있다. 청소년의 바람직한 성장을 기대하며 예방적 차원에서 시행하는 이러한 교육 프로그램을 기획할 때, 청소년 생활역량의 하위 변인들이 교육의 목표가 됨과 동시에 주제가 될 수 있다. 특히 일회적인 특강 식의 운영을 지양하고 체계적 · 실제적인 교육 운영을 통해 궁극적으로는 청소년들의 삶에 영향력 있는 교육자원이 될 수 있을 것이다.

셋째, 청소년들은 이 진단검사를 통해 자신의 생활역량을 진단해 볼 수 있다. 즉, 자신의 전반적인 생활역량이 어느 정도인지, 다양한 생활역량 중 어느 부분이 강하고 부족한지, 자신의 장점이 될 수 있는 생활기술은 무엇이며 좀 더 관심을 가지고 갖추어 나가야 할 생활기술이 무엇인지에 대한 정보를 제공받을 수 있다. 따라서 자신의 생활역량을 전체적으로 진단해 보고 스스로 부족한 부분을 찾아내어 발전의 계기로 삼는 데 활용할 수 있다.

넷째, 구조방정식모형을 통해 도출된 청소년 생활역량모형에서 전체 생활역량에 가장 큰 영향을 주는 변인은 학습역량인 것으로 나타났다. 이로써 청소년의 주요 발달과업 중 하나인 학업에 대한 성취 정도가 이들의 생활역량에도 큰 영향을 미치며, 청소년 개인에게도 많은 영향을 주는 변인임을 확인할 수 있다. 따라서 청소년이 학습에서 성취감을 느끼고 실제로 성공하여 학습역량을 갖춰나갈 수 있도록 실제적인 기술과 정보를 제공하는 것이 필요하다.

이상의 논의를 토대로 후속연구를 위한 제언을 하고자 한다.

먼저, 본 연구에서 도출된 모형은 청소년기에 필요한 생활역량과 생활기술의 목록을 잘 나타내고 있다. 도출된 생활역량과 생활기술이 타당한 변인임이 확인되었으므로, 후속연구에서는 이들이 어떻게 상호 연관되어 있고 어떤 영향을 주고받는지에 대한 세밀한 연구가 필요하다. 개별 생활역량이나 생활기술을 갖춰나가는 것도 중요하지만 각 변인들 간에 보이지 않는 역동을 이해할 수 있다면, 좀 더 효율적으로 이들을 활용할 수 있을 것이다.

둘째, 본 연구에서는 중학생과 고등학생을 대상으로 생활역량 실태를 조사하였다. 이들 집단 간의 차이를 분석한 결과를 보면, 중학생이 고등학생보다 생활역량의 평균이 높게 나타나고 있다. 선행연구 중, 이명희(2009)의 연구에서도 중학생의 생활역량이 더 높게 나온 선례가 있다. 물론, 완전하게 동일한 측정도구가 아니기 때문에 이를 동일한 연구결과로 해석하기에는 무리가 있으나, 이러한 결과가 도출된 원인이 무엇인지 밝히기 위한 연구가 이루어져야 할 것이다.

셋째, 청소년 생활역량진단의 표준화검사가 개발되어야 할 것이다.

현재의 진단검사만으로도 충분히 청소년의 생활역량을 진단하고 강점과 약점을 논할 수 있기는 하지만, 개인의 생활역량 내에서만 비교가 가능하고 주관적인 해석이 이루어질 수 있다는 한계가 있다. 표준화된 측정도구를 개발하여 규준을 제공할 수 있다면, 청소년은 자신의 상대적인 위치가 어느 정도인지를 상호 비교할 수 있어 더욱 실제적인 정보를 제공받을 수 있을 것이다. 더불어 표준화된 도구를 활용한 종단연구를 통해 청소년의 생활역량이 시대 흐름에 따라 어떻게 변화해 가는지에 대한 연구까지 확대될 수 있을 것이다.

이번 연구를 통해 개발한 청소년 생활역량진단검사가 청소년의 교육 및 지원에 활용되기를 바라며, 궁극적으로 청소년이 자신의 삶을 주체적으로 계획하고 살아가는 데 도움이 되길 기대한다.

강경숙(2006). “장애학생의 일반초등학교 통합을 위한 관련변인 간 관계 모형개발 및 검증”. 이화여자대학교 박사학위논문.

강대근(1994). “청소년 유해환경과 청소년 정책”. 청소년교육환경 개선을 위한 시민운동 심포지움.

강선영(2000). “실업계 여고생의 예절의식 · 수행에 관한 연구”. 숙명여자대학교 석사학위논문.

강영호(2002). “중학생이 지각한 담임교사의 의사소통 유형과 집단응집력 및 학교생활 적응의 관계”. 서강대학교 석사학위논문.

강운선(1997). “정보화 사회에서 매체 활용의 기능대안성과 교육적 과제”. 『교육사회학연구』, 7(2), 1-22.

강정임(2005). “학교적응 교육프로그램이 여중생의 자아개념과 인간관계 향상에 미치는 효과”. 영남대학교 석사학위논문.

고혜영(2005). “창의성 신장을 위한 미술교육”. 숙명여자대학교 석사학위 청구논문.

교육개혁위원회(1996). “세계화 · 정보화 시대를 주도하는 신교육체제 수립을 위한 교육개혁 방안(II)”. 교육개혁위원회.

교육과학기술부 · 보건복지부 · 질병관리본부(2011). 청소년건강행태온라인조사 신뢰도 및 타당도 조사.

구순주(1998). “어머니 관련변인과 아동의 사회적 역량과의 관계”. 『대한가정학회지』, 36(1), 23-34.

권석만(1995). 『현대 이상심리학』. 서울: 학지사.

권재환 · 이은희(2006). “남녀 청소년의 충동성, 부모의 양육태도, 개인의 통제력, 부모-자녀 의사소통이 문제행동에 미치는 영향”. 『한국청소년연구』, 17(1), 325-351.

권지영 · 권보섭 · 송희헌(2004). “정보활용의 실천력을 향상시키는 ICT활용 교수-학습 모형”. 『컴퓨터교육학회논문지』, 7(3), 101-110.

길태오 · 구광수 · 이강헌(2004). “규칙적인 신체활동이 청소년의 생활스트레스에 미치는 영향”. 『경남체육연구』, 9(1), 15-24.

김경희(1998). “안토니오 그람씨의 지식인론에 관한 연구”. 동국대학교 석사학위논문.

김계수(2004). 『AMOS 구조방정식 모형분석』. 서울: SPSS 아카데미.

김기태 외(1996). “학교부적응 문제를 가진 청소년을 위한 문제해결 프로그램 연구”. 『사회복지연구』, 6, 199-266.

김남성(1993). “창의성 개발을 위한 교육 프로그램”. 성균관대학교 인문과학연구소.

김남옥(1982). “교과서 읽기기술 훈련이 학습습관 및 학업성적에 미치는 효과”. 경북대학교 석사학위논문.

김남희(2007). “보호관찰청소년의 사회적 기술 향상 프로그램 개발과 적용”. 경성대학교 석사학위논문.

김도훈 · 이미숙 · 홍영교 · 최현아(2006). “청소년의 시스템 사고 교육을 통한 창의성의 기반이 되는 사고의 확장 효과 분석”. 『한국시스템다이내믹스 연구』, 7(1). 51-65.

김동일(2008). “청소년 인터넷 자가진단 척도 고도화 연구”. 서울: 한국정보문화진흥원.

김명숙(2001). “통합적 창의성 모형의 구성”. 『교육심리연구』, 15(3), 5-27.

김명신(2003). “집중적 · 분산적으로 실시한 의사소통훈련 프로그램이 초등학생의 대인관계 향상에 미치는 영향: Thoma Gordon의 효율성 훈련을 중심으로”. 한국교원대학교 석사학위논문.

김미윤(2004). “비판적 다문화교육의 관점에서 본 청소년 참여의 과제”. 『청소년문화포럼 10권』.

김복기(2002). “자기노출 훈련이 고등학생의 부적 정서 경험과 인간관계 개선에 미치는 효과”. 충남대학교 석사학위논문.

김봉환(1997). “대학생의 진로결정수준과 진로준비행동의 발달 및 이차원적 유형화”, 서울대학교 박사학위청구논문.
김상범(1998). “중학생의 예절 교육에 관한 연구”. 명지대학교 석사학위논문.
김선희(2009). “부모-자녀 의사소통이 우울감에 미치는 영향: 정서인식의 명확성과 정서조절양식을 매개로”. 이화여자대학교 석사학위논문.
김성규(2000). “합리적인 의사결정능력 신장을 위한 교수전략에 관한 연구”. 연세대학교 석사학위논문.
김성아(2006). “폭력성 온라인게임 이용과 청소년의 학교폭력에 관한 연구: 사회적 문제해결능력과 부모-자녀간 의사소통을 중심으로”. 연세대학교 석사학위논문.
김성일 · 최종봉(2000). “초기 청소년을 위한 창의성 증진 프로그램의 효과”. 『청소년학연구』, 7(1), 1-29.
김성희 · 장윤옥(2007). “실천적 문제중심 가정과수업에서 청소년들의 비판적 사고력 수준에 따른 의사결정능력의 차이”. 『한국가정과교육학회지』, 19(1), 133-148.
김세아(2008). “정보활용교육의 루브릭 평가가 이용자의 정보활용 행태에 미치는 영향”. 성균관대학교 석사학위논문.
김세광(2007). “창의적 독서 활동 단기프로그램이 청소년의 창의력 향상에 미치는 효과 연구”. 명지대학교 석사학위논문.
김신정(2008). “해결중심 집단상담에서 목표설정훈련이 자아존중감과 대인관계에 미치는 영향: 상담수강명령을 받은 보호관찰 청소년을 대상으로”. 서울여자대학교 석사학위청구논문.
김안나(2003). 『국가수준의 생애능력 표준 설정 및 학습체제 질 관리 방안 연구 2』. 서울: 한국교육개발원.
김양섭(1999). “인성교육을 통한 바른 생활습관 형성에 관한 연구”. 원광대학교 석사학위논문.
김여옥 외(1992). “인간관계 프로그램의 성격과 운영”. 서울: 한국청소년연구원.

김영채(1990). 『학습의욕 및 학습습관의 진단, 심리검사의 활용』. 한양대학교 학생생활연구소 편. 성남: 한국가이던스.

김영채(1998). 『사고력 이론, 개발과 학습』. 파주: 교육과학사.

김영채(1999). 『창의적 문제해결: 창의력의 이론, 개발과 수업』. 파주: 교육과학사.

김외숙 · 조희금 · 두경자(2000). 『시간의 사용과 관리』. 파주: 교문사.

김정기(1998). "청소년 시청자의 텔레비전 시청형태와 효과 연구". 『한국언론학보』, 43(1), 76-114.

김정순(2003). "중학생의 창의적 재량활동을 위한 프로그램 개발". 숙명여자대학교 석사학위논문.

김정아(1990). "아동의 사회적 능력과 관련된 제 변인에 관한 연구". 이화여자대학교 석사학위논문.

김정진(2000). "정신장애여성의 양육관련변인과 자녀의 사회적 역량에 관한 연구". 이화여자대학교 박사학위논문.

김진호(2007). 『적극적인 관점의 청소년 개발』. 서울: 인간과 복지.

김창걸(1994). 『교육행정학신론』. 서울: 형설출판사.

김현경(2000). "의사결정 수업모형에 관한 연구". 연세대학교 석사학위논문.

김현정 · 최선영 · 강호감(2003). "초등 과학 교과서에서 창의적 문제해결력 분석틀 개발과 적용". 『초등과학교육』, 22(2), 163-172.

김홍규(2000). 『청소년학 개론』. 파주: 교육과학사.

김희수 · 홍성훈 · 윤은종(2007). "청소년이 지각한 부모-자녀간의 의사소통과 자기효능감 및 진로결정과의 관계". 『한국청소년연구』, 16(2), 37-65.

나승일 외(2003). "선진국의 직업교육법제 동향과 시사점". 『직업교육연구』, 22(3), 177-200.

노현미(1999). "소그룹 지도를 통한 자폐성 아동의 문장 이해력 관련 시간지연법의 효과". 대구대학교 석사학위논문.

도종수 외(1990). 『청소년 유해환경의 실태와 대책에 관한 연구』. 서울: 한국청소년개발원.

두경자(2002). 『생활시간 어떻게 관리할 것인가』. 서울: 신광출판사.

두진영(2008). "의사소통훈련 프로그램이 정서행동문제 청소년의 자기표현 및 공감능력에 미치는 효과". 『지역사회정신보건』, 14, 1-29.

류승하(1995). "부부의 갈등해결양식 변화에 미치는 의사소통 기술훈련과 신념변화 훈련의 효과". 계명대학교 박사학위논문.

류진아(2003). "청소년의 인터넷 중독에 영향을 미치는 생태체계 변인". 숙명여자대학교 박사학위논문.

류춘렬(2007). "청소년의 인간관계와 커뮤니케이션 미디어". 『스피치와 커뮤니케이션』, 7, 179-215.

문수백(2009). 『구조방정식모델링의 이해와 적용』. 서울: 학지사.

문연심(2001). "유아의 자기조절력에 관한 연구". 『인문과학논집 제10집』. 강남대학교.

문호영(2005). "학생 청소년이 지각한 교사와의 의사소통과 학교생활적응과의 관계". 중앙대학교 석사학위논문.

문화체육관광부(2010). 2010년도 국민 생활 체육 활동 참여 실태 조사 결과.

박가나(2007). "청소년 참여활동에 대한 인식조사 연구". 『시민교육연구』, 39(2), 63-92.

박금옥(1998). "청소년들의 자기조정학습방략정도와 학업성취 및 사회적 능력 연구". 동아대학교 석사학위논문.

박선경(2002). "청소년의 생활 기술로서의 리더십 분석 연구". 아주대학교 석사학위논문.

박선희(2005). "어머니의 심리적 자세와 유아의 자기조절력 및 생활능력의 관계". 영남대학교 석사학위논문.

박세윤(2009). "청소년의 체력과 학업성취, 자기주도적 학습능력 및 인지능력의 관계". 충남대학교 박사학위논문.

박연호(1984). 『교사와 인간관계론』. 파주: 법문사.

박영신 · 김의철(2008). "한국 청소년의 삶의 질과 인간관계". 『교육심리연구』, 22(4), 801-836.

박영신 · 김의철 · 탁수연(2002). “IMF시대 이후 한국 학생과 성인의 성공에 대한 의식: 토착심리학적 분석”. 『한국심리학회지: 사회문제』, 8(1), 103-118.
박우성(2002). 『역량중심의 인적자원관리』. 서울: 한국노동연구원.
박주리(1999). “인간관계훈련 프로그램이 중학교 특수학교 학생의 사회적 능력에 미치는 효과”. 공주대학교 석사학위논문.
박지영(2005). “초등학생의 용돈관리 실태 분석-초등학교 5, 6학년을 중심으로”. 군산대학교 석사학위논문.
박지현(2007). “청소년의 신체이미지 연구”. 『한국놀이치료학회지』, 10(3), 75-85.
박한숙(2000). “학습기술 훈련이 초등학교 아동의 학습태도, 성취동기 및 학업성취에 미치는 영향”. 부산대학교 박사학위논문.
박현정(2003). “Asian approach to life skill development”. 한국교육개발원.
박현철(2002). “시간에 대한 이해와 시간관리에 대한 고찰”. 영남신학대학교 석사학위논문.
박혜경(2000). “집단상담의 효과 연구”. 대전대학교 석사학위논문.
박혜영(2006). “항공사 객실승무원의 역량요인에 관한 실증적 분석”. 『한국산업경영학회』, 21(3), 29-56.
방은령(2002). “가정에서의 예절교육”. 『제2회 한일 가정교육포럼 자료집』.
배은영(2003). “직업기초능력 향상을 위한 상업계 고등학교 전문교과 구성 방안”. 『직업능력개발연구』, 6(1), 27-53.
변영계(1993). “중, 고교 학생들의 학습기술 훈련에 관한 연구”. 『교육학연구』, 31(3), 21-36.
서우석(2000). “초 · 중등학교에서의 직업기초능력 개발. 인적자원개발을 위한 교육기능 활성화”, 4차 KRIVET HRD 정책포럼 발표자료.
서정숙(2005). “또래상담훈련이 인문계 여고생의 사회적 효능감에 미치는 효과”. 울산대학교 석사학위논문.
서진환(1998). “정신분열병 환자이 사회적응력 향상을 위한 문제해결기술

훈련의 적용에 대한 연구". 『연세 사회복지 연구』, 5, 97-124.
서창호(1997). "초등교원의 시간관리와 생활만족도의 관계분석". 동아대학교 석사학위논문.
서화숙 · 송정아(2004). "여대생의 신체적 특성에 따른 신체만족도 및 의복만족도, 외모관리행동에 관한 연구". 『한국의류산업학회지』, 6(3), 329-335.
서희정(2010). "소그룹 평생학습조직 활성도 측정도구 개발 및 성장요인과의 구조분석". 동의대학교 박사학위논문.
성화선 · 김정숙(2000). "제주도 중 · 고등학생의 용돈관리에 관한 연구". 『한국가정과 교육학회지』, 12(1), 89-108.
소경희(1999). 『21세기 정보 사회 대비 제7차 교육과정에서의 정보기술 활용 방안 연구』. 서울: 한국교육과정평가원.
소경희(2007). "학교교육의 맥락에서 본 '역량(competency)'의 의미와 교육과정적 함의". 『교육과정연구』, 25(3), 1-21.
손경미(1999). "패턴블럭활동에서의 또래협력이 유아의 사회적 효능감에 미치는 효과". 건국대학교 석사학위논문.
손민호(2006). "실천적 지식의 일상적 속성에 비추어 본 역량(competence)의 의미: 지식기반사회? 사회기반지식!". 『교육과정연구』, 24(4), 1-25.
손연실(2002). "교우관계 증진훈련 프로그램이 잠재적 비행경향 중학생의 의사소통과 학교생활적응에 미치는 효과". 경성대학교 석사학위논문.
송기상 · 홍지영 · 한병래(2001). "실업계 고교 컴퓨터 교육에서 직업기초능력 계발의 필요성과 과제". 『컴퓨터교육학회논문지』, 4(1), 109-118.
송기호(2008). "창의적 문제해결능력 신장을 위한 학교도서관 활용수업 모형". 『독시문화연구』, 7, 69-113.
송병국(2000). "학교교육에서의 직업기초능력 함양 방안". 『인문과학논집』, 9, 45-72. 순천향대학교 인문과학연구소.
송영수(2000). "21세기 지식경영시대와 핵심역량의 접근방안". 『산업교육』, 2월호, 76-79.
송인섭(1989). 『인간 심리와 자아개념』. 서울: 양서각.

송인섭 · 김혜숙(1999). “창의성 개념정립을 위한 탐색적 연구-암시적 창의성 이론을 중심으로”. 『교육심리연구』, 13(3), 93-117.
신효식 · 김근화(2004). “중학생의 부모-자녀 간 의사소통과 자아존중감”. 『한국가정과학회』, 7(2), 47-58.
심상욱(2002). “사회적 기술 훈련 프로그램이 지체부자유아의 사회적 효능감에 미치는 효과”. 부산대학교 석사학위논문.
안연선(2005). “아동의 사회적 효능감과 학습조건이 구성적 개념학습에 미치는 상호작용효과: 초등학교 과학교실을 중심으로”. 제주교육대학교 석사학위논문.
양병화(2004). 『다변량 자료분석의 이해와 활용』. 서울: 학지사.
엄완용(2007). “청소년 리더십 생활기술 향상을 위한 프로그램 개발 연구”. 명지대학교 박사학위논문.
오치선(2002). 『청소년리더십론』. 의왕: 솔과학.
우상호 외(2005). “공업계고등학교 전문교과 교사들이 인식하는 학생들의 직업기초능력 수준”. 『직업교육연구』, 24(3), 69-98.
우채영 · 임재국(2009). “청소년이 지각하는 교사, 또래와의 적대적 인간관계, 학교폭력경험, 일탈 및 대처행동간의 관계”. 『청소년학연구』, 16(4), 145-166.
원상봉(1987). “An investigation of emphasis given to teaching basic skills for entry level employment in Korean vocational high schools”. University of Illinois doctoral thesis.
원용준(1999). “슬기로운 생활에서 창의적 문제해결 모형을 적용한 창의력 계발”. 인천교육대학교 석사학위논문.
유성은(1998). 『시간관리와 자아실현』. 고양: 생활지혜사.
유안진 · 한유진 · 김진경(2002). “시설 보호 아동의 또래관계 증진을 위한 사회적 역량 프로그램의 효과”. 『아동학회지』, 24(2), 109-121.
유정희(2003). “논쟁수업이 초등학생의 자기주도적 학습태도와 비판적 사고력에 미치는 효과”. 한국교원대학교 석사학위논문.
유현숙(2002). 『국가수준의 생애능력 표준설정 및 학습체제 질관리 방안 연구 1』. 서울: 한국교육개발원.

유현숙(2004). 『국가수준의 생애능력 표준설정 및 학습체제 질관리 방안 연구 3』. 서울: 학교교육개발원.

윤명희 · 김진화(2008). “청소년의 생활역량 진단척도 개발과 프로그램 설계를 통한 효과분석”. 『한국청소년연구』, 19(2), 173-197.

윤명희 · 서희정(2008). “대학생의 자기주도적 평생진로개발 역량의 탐색”. 『문화콘텐츠연구』, 1-31.

윤미원(2002). “창의성 개발을 위한 효율적인 현내시 교육방안 연구: 부천시 중학생을 중심으로”. 가톨릭대학교 석사학위청구논문.

윤상오 · 이해경(2006). 『휴대전화 중독 원인분석』. 서울: 한국정보문화진흥원.

윤성지(2001). “일반청소년과 보육시설 청소년의 사회적 지지도에 따른 사회적 문제해결능력과의 관계 비교”. 성균관대학교 석사학위논문.

윤정일 외(2007). “인간 능력으로서의 역량에 대한 고찰: 역량의 특성과 차원”. 『교육학연구』, 45(3), 233-260.

이건남 · 정철영(2003). “실업계 고등학교 교사들이 인식하는 학생들의 직업기초능력 수준과 관련 프로그램 실태분석”. 『한국농업교육학회지』, 35(4), 47-68.

이경희(1993). “부모의 언어통제 유형과 아동의 사회적 능력과의 관계”. 고려대학교 박사학위논문.

이관춘(1996). “호주의 직업교육: 제도와 개혁. 선진국의 직업교육”, 『주성전문대학 세미나자료집』, 3-22.

이기춘 외(1995). 『소비자학의 이해』. 파주: 학현사.

이기춘(1989). 『소비자교육학』. 서울: 교문사.

이돈희(1999). “지식기반사회의 도래와 교육의 새로운 위상”. 이돈희 외(편). 『지식기반사회와 교육』. 교육부정책보고서.

이동렬 · 박성희(2000). 『새내기 상담자를 위한 상담과 심리치료』. 파주: 교육과학사.

이동임 · 김현수 · 김덕기(2000). 『직업능력인증제 운영방안』. 서울: 한국직업능력개발원.
이만수 · 홍정선(2003). “또래 협력 중심 신체활동이 유아의 사회적 능력에 미치는 영향”. 『유아교육연구』, 25(3), 31-49.
이명희(2003). “청소년의 외모관련행동과 라이프스타일에 관한 연구”. 『한국의류학회지』, 27(9), 1101-1111.
이명희(2009). “청소년 생활역량 향상 프로그램의 효과분석”. 동의대학교 석사학위논문.
이무근 외(1997). “직업능력인증제 도입을 위한 정책 연구”. 『직업교육연구』, 16(2), 109-129.
이무근(1990). 『직업 · 기술교육에서의 교육과정』. 서울: 배영사.
이병림(1987). “아동의 생활능력에 대한 부모와 교사의 지각”. 이화여자대학교 박사학위논문.
이병찬 · 배은영(2004). “상업계 고등학교에서의 직업기초능력 향상을 위한 교육과정 개편방향”. 『경영교육논총』, 33, 311-341.
이상희 · 노성덕 · 이지은(2002). 『단계별 또래상담 프로그램 개발연구』. 서울: 한국청소년상담원.
이숙진(2007). “청소년의 인터넷 중독에 영향을 미치는 요인에 관한 연구”. 경기대학교 박사학위논문.
이은경(2004). “Effects of Personality Types on Korean Middle School Students’ EFL Proficiency”. 연세대학교 박사학위논문.
이인선(2005). “사회적 기술 부족과 충동성으로 인해 또래갈등이 심한 분교 아동의 상담사례”. 진주교육대학교 석사학위논문.
이재창(1995). 『자기성장과 인간관계』. 성남: 한국가이던스.
이정우 외 공저(1997). 『최신 가정경영학』. 서울: 수학사.
이종성 · 정향진(2002). “실업계 고등학교 학생들의 직업기초능력에 대한 교사들의 인식”. 『직업교육연구』, 21(2), 343-364.
이종성 · 정향진(2003). 『실업계 고등학교의 직업기초능력 신장 프로그램 개발 및 적용 방안』. 서울: 한국직업능력개발원.
이중강(2004). “어머니 및 유아의 놀이성과 유아의 생활능력 간의 관계”.

경희대학교 석사학위논문.
이지연(2001). 『고등교육단계에서의 효율적인 진로지도 방안 연구』. 서울: 한국직업능력개발원.
이지연(2004). "의사결정능력 향상을 위한 초등 사회과 경제교육 시뮬레이션 학습 프로그램 개발". 이화여자대학교 석사학위논문.
이지연 · 윤형한 · 김나라(2005). 『진로전환기 청소년의 진로개발』. 한국직업능력개발원.
이지은(2007). "핵심역량에 대한 기업 내 인적자원개발 담당자의 인식 연구". 이화여자대학교 석사학위논문.
이체식 · 박은식(2006). "지역사회 청소년의 리더십기술". 『한국농촌지도학회지』, 13(1), 135-147.
이형득(1992). 『상담의 성격과 의미』. 파주: 교육과학사.
이홍영(2000). "청소년 유해환경 정책에 관한 연구: 유해사회환경을 중심으로". 중앙대학교 석사학위논문.
이희승(2008). 『국어대사전』. 파주: 민중서림.
인대진(1999). "초등학교 아동의 소비행태와 그 영향 요인에 관한 연구: 서울특별시를 중심으로". 서울대학교 석사학위논문.
임규혁 · 임웅(2007). 『교육심리학』. 서울: 학지사.
임언(2004). 『직업기초능력 형성 요인 및 경제적 효과. 한국인의 직업기초능력, 진단과 과제: OECD ALL 조사 국내 데이터 분석 결과』. 서울: 한국직업능력개발원.
임웅(2008). "미디어매체와 생활습관이 청소년의 미디어매체중독과 비만에 미치는 영향". 세종대학교 박사학위논문.
장언효 · 이성흠(2002). "정보사회에 대비한 교사교육과정 개발을 위한 탐색적 연구". 『교육과정연구』, 20(1), 123-154.
전경선(2008). "중학교 음악수업에서의 창의성 계발에 관한 연구: 중학교 1학년 활동영역을 중심으로". 계명대학교 석사학위청구논문.
전경자 · 박경란 · 전예화(1998). "아동의 사회적 역량 관련변인에 관한 연구". 『유아교육학회』, 8, 205-227.

전미선 · 박형준(2007). "가정 용돈관리 교육이 청소년의 용돈관리 및 소비 행동에 미치는 효과". 『교육연구』, 42, 1-17.

전정재(1998). 『힘든 십대 어떻게 잘 넘길까?』. 서울: 시공사.

정문성 · 김동일(1998). 『열린교육을 위한 협동학습의 이론과 실제』. 서울: 형설출판사.

정원철(2003). 『정신보건 사회사업론-이론과 실제(개정증보판)』. 서울: 학문사.

정철영 외(1998). 『직업기초능력에 관한 국민공통 기본교육과정 분석』. 서울: 한국직업능력개발원.

정철영 · 정진철(1999). "고등학교 교사들의 직업기초능력에 대한 인식". 『직업교육연구』, 18(1), 39-57.

정호권(2003). "의사소통훈련 프로그램이 고등학생의 인간관계 및 사회성 증진에 미치는 영향". 한국교원대학교 석사학위논문.

조인수(2007). "발달지체학생의 자율성 강화를 위한 사회적 문제해결과 의사결정 기술 지도전략 탐색". 『중복 · 지체불자유아교육』, 49, 205-224.

조현철(2003). 『구조방정식모델 SIMPLIS & AMOS』. 서울: 석정.

조혜연(2005). "청소년의 자원봉사활동 참여수준과 리더십생활기술과의 관계 연구". 경기대학교 석사학위논문.

지효숙(2007). "아버지-자녀간 의사소통과 청소년 자녀의 친밀도 및 사회성과의 관계 연구". 동아대학교 석사학위논문.

진미석(2000). "초 · 중등학교에서의 직업기초능력 개발". 『인적자원개발을 위한 교육기능 활성화』, 4차 KRIVET HRD 정책포럼 토론자료.

차경수(1997). 『사회과 교육과정과 지도법』. 서울: 학문사.

채화영 · 이기영(2005). "직장인의 시간관리행동 유형화 연구". 『대한가정학회지』, 43(11), 211-224.

천정웅 · 김영지 · 임지연(1997). "(지방 청소년정책 사업 강화를 위한) 청소년참여 증대 방안 연구". 서울: 한국청소년개발원.

청소년보호법 시행령(2012).

최동선(2003). “대학생의 진로탐색행동과 동기요인 및 애착의 관계 분석”. 서울대학교 박사학위청구논문.

최웅용 · 박외자 · 김효현(2009). “진로탐색 프로그램이 지체장애 대학생의 진로탐색행동, 진로자기효능감, 진로의사결정에 미치는 효과”. 『한국교육논단』, 8(1), 145-169.

최유진(2007). “청소년이 지각한 부모-자녀간 의사소통과 자아존중감, 친구간 갈등해결전략이 교우만족도에 미치는 영향”. 경희대학교 석사학위논문.

최이숙(2003). “청소년의 사회적 문제해결능력과 자아개념, 심리사회적 성숙도와 관계”. 전주대학교 석사학위논문.

최창욱(2001). “청소년의 리더십 생활기술과 관련변인에 관한 연구”. 서울대학교 박사학위논문.

최창욱 · 김진호(2006). “청소년 갈등해결프로그램 효과분석”. 『한국청소년연구』, 17(1), 61-78.

통계청(2010). 2010 한국의 사회지표.

한경미(1992). “시간관리척도 개발에 관한 연구”. 『가정과학연구』, 2, 43-55.

한국청소년단체협의회(2003). 왜, 청소년 참여인가?

한국형사정책원구원(1996). 『학교주변 유해환경의 실태 및 비행과의 관계』. 서울: 한국형사정책연구원.

함은숙(2005). “유아의 지적, 사회적 능력과 그에 대한 어머니, 교사의 지각에 관한 연구”. 원광대학교 박사학위논문.

행정안전부(2008). Competency 출현배경과 기본모델. 행정안전부 고위공무원 포털.

허경철(2000). “지식기반사회에서의 학교 교육과정 구성을 위한 기초 연구 I: 지식기반사회에서의 학교 교육과정 구성을 위한 기초 연구”. 서울: 한국교육과정평가원.

허규(1999). “충동성과 사회적 문제해결 능력이 청소년 비행에 미치는 영향”. 한양대학교 석사학위논문.

허준 · 최인규(2000). 『AMOS를 이용한 구조방정식모형과 경로분석』. 서

울: SPSS 아카데미.
홍세희(2006). 『구조방정식모형의 이론과 응용: 2006년도 4차 교육심리 연구방법론 워크숍 교재』. 서울: 한국교육심리학회.
홍세희(2008). 『구조방정식모형의 이론과 응용: 홍세희 교수의 고급연구 방법론 워크샵 시리즈 3 자료집』. 연세대학교 사회복지학과.
홍정림(1998). "고등학생의 의사결정력 향상을 위한 생물 교수전략 개발". 서울대학교 석사학위논문.
황덕순(1985). "소비자교육으로서 금전관리교육". 『전남대학교 논문집: 가정학편』, 30.
황매향(2007). 『진로탐색과 생애설계』. 서울: 학지사.
황미숙(2007). "또래상담활동이 또래상담자의 의사소통 능력과 학교생활 관련 태도에 미치는 영향". 전남대학교 석사학위논문.
Berg, I. K. (1995). 『해결중심적 단기가족치료』. 서울: 하나의학사.

Alexander, K. L. (2000). "Prosocial behavior of adolescence in work and family life: empathy and conflict resolution strategies with parents and peers". Doctoral Dissertation(Ph. D). Ohio State University.
Amablie, T. M. (1983). *The social psychology of creativity*. New York: Springer-Verlag.
Amabile, T. M. (1989). *Growing up creative*. Buffalo, NY: CEF Press.
Anderson, J., & Gerbing, D. W. (1988). "Structural equation modeling in practice: A review and recommended two-step approach". *Psychological Bulletin*, 103(3), 411-423.
Ansell, D., Morse, J., & Nollan, K. A. (2001). *Life skills guidebook*. Casey Family Programs.
Athey, T. R., & Orth, M. S. (1999). "Emerging competency methods for the future". *Human Resource Management*, 38(3), 215-226.
Austin, A. W. (1984). "Student involvement: A developmental theory for higher education". *Journal of College Student Personnel*, 24(5), 207-308.
Bandura, A. (1986). *Social foundations of thought and action: A social*

cognitive theory. Englewood Cliffs, NJ: Prentice-Hall.

Baron, R. A., & Markman, G. D. (2003). “Beyond social capital: The role of entrepreneurs's social competence in their final success”. *Journal of Business Venturing*, 18, 41-60.

Barrett, Karen. C., & Joseph J. Campos. (1987). “Perspectives on Emotional Development: A Functionalist Approach to Emotions”. In Osofsky, Joy D. (Ed.), *Handbook of Infant Development*. New York Wiley, 555-578.

Barron, F. (1988). “Putting creativity to work”. In Sternberg, R. J. (Ed.). *The nature of Creativity: Contemporary psychological perspectives*. New York: Cambridge University Press.

Barron, F. (1969). *Creative person and creative process*. New York: Holt Riehart and Winston.

Beck, C., & Jennings, M. K. (1982). “Pathways to participation”. *American Political Science Review*, 76, 94-108.

Bentler, P. M., & Chou, C. (1987). “Practical issues in structural modeling”. *Sociological Methods and Research*, 16, 78-117.

Blake, R. R., & Mouton, J. S. (1964). *The managerial grid. Houston*, Texas: Gulf Publishing.

Bowman, J. E. (1981). “Prediction of achievement behaviors from self-evaluations in four academic skills areas among more and less traditional black students”. The University of Michigan, DA 8125074.

Boyatzis, A. R. (1982). *The competent manager: A model for effective performance*. New York: J. Wiley.

Boyd, B. L. (1991). “Analysis of 4-H participation and leadership life skill development in texas 4-H Club Members”. Doctoral Dissertation(Ph. D), Texas A&M University.

Bridges, D. (1996). “Competence-based education and training: Progress or villainy?”. In Scott, D. (Ed.), *Curriculum studies: Major themes in education. Vol. I*, 355-372. London: Routledge Falmer.

Burgoyne, J. (1989). “Creating the managerial portfolio: Building on competency approaches to management development”. *MEAD*, 12(1), 56-61.

Carnevale, A. P., Gainer, L. J., & Meltzer, A. S. (1990). *Workplace basics: The essential skills employers want*. San Francisco: Jossey-Bass Publishers.

Chorton, W. (1994). *GNVQ: is it for you?*. Hobsons Publishing PLC.

Collins, W. A., Lauresn, B., & Mcrtensen, N. (1997). "Conflict processes and transitions in parent and peer relationship: Implications for autonomy and regulation". *Journal of Adolescent Research*, 12(2), 178-198.

Corbin, J. (1993). "Competencies for electronic information services". *The Public Access Computer System Review*, 4(6), 5-22.

Corcoran, O. K., & Mallinckrodt, B. (2000). "Adult attachment, self-efficacy, perspective taking, and conflict resolution". *Journal of Counseling and Development*, 78(3), 473-483.

Cormijer, R. (1983). "Time Management". *Canadian home Economics Journal*, 33, 120-23.

Council of Europe. (2003). "Revised europe charter on the participation of young people in local and regional life". Council of Europe Publishing.

Csikszentmihalyi, M. (1988). "Society, culture, and person: A systems view of creativity". In Sternberg, R. J. (Ed.), *The nature of creativity*. Cambridge University Press.

Custer, R. L., & Claiborne, D. M. (1992). "Critical skill clusters for vocational education". *Journal of Vocational Education Research*, 17(4), 15-40.

Dewey, J. (1910). *How we think*. Boston, MA: Health.

Driskell, J. L., & Kelly, E. L. (1980). "A guided notetaking and study skills system for use with university freshman predicted to fail". *Journal of Reading*, 327-331.

Dweck, C. S., & Leggett, E. L. (1988). "A social-cognitive approach to motivation and personality". *Psychological Review*, 95. 256-273.

Edersheim, M. A. (1988). "The contribution of practical reasoning instruction and other factors to the decision making level of teach grade Home Economics Student". Unpublished masters thesis. The Ohio State University, Columbus.

Egan, G.(1994). *The skilled helper: a problem-management approach to helping*. Pacific Grove, Calif.: Brooks/Cole Pub. Co.

Ekman, P., & Wallace, F. (1975). *Unmasking the face*, Englewood Cliffs, N. J.: Prentice-hall.

Elkind, D. (1998). *All grown up and place to go: Teenagers in crisis(2nd ed.)*. Cambridge: Perseus Books.

Ellis, J. L. (1990) *Leadership strengths indicator: A self-report leadership analysis instrument for adolescents*. Monroe, NY: Trillium Press.

Feldhusen, J. F., & Treffinger, D. J. (1983). *Creative thinking and problem solving in gifted education(3rd ed.)*. 박정옥 · 전경원 역(1993). 『창의적인 문제해결력』. 서울: 도서출판 서원.

Fertman, C. I., & van Linden, J. (1999). "Character Education: An essential ingredient for youth leadership, National Association of Secondary Principals". *NASSP Bulletin*, Oct, 9-15.

Fitzsimmous, C., & Flora, W. (1973). *The Family Economic Nature and Management of Resources*. Edwards Brothers.

Flanagan, J. C. (1954), "The critical incident technique". *Psychological Bulletin*, 51(4), 327-358.

Ford, M. E. (1982). "Social cognition and social competence in adolescence". *Developmental Psychology*, 19, 323-340.

Fox, Nathan A. (1994), "The Development of Emotion Regulation: Biological and Behavioral Considerations". *Monographs of the society for research in Child Development*, 59, 2-3.

Frey, R. (1989). "A philosophical framework for understanding technology". *Journal of industrial teacher education*, 27(1), 23-35.

Gagne, R. M. (1974). *Essentials of learning for Instruction*. Hilsdale: Dryden Press

Gagne. R. M. (1985). *The condition of learning and theory of instruction(4th ed.)*. New York: Holt, Rinehart and Winston.

Gardner, H. (1993). *Creating minds*. New York: Basic.

Ginzberg, E. (1952). "Toward a theory of occupational choice". *Personnel & Guidance Journal*, 30, 491-494.

Gresham, F. M., & Elliott, S. N. (1987). "The relationship between adaptive behavior and social skills: Issues in definition and assessment". *The Journal of Special Education*, 21(1), 167-181.

Gross, Imma H., Elizabeth W. Crandall, & Marjorie M. Knoll.

(1980). *Management for Modern Families(4th ed.)*. Prentice-Hall, Inc., Englewood Cliffs, N. J.

Gross, J. J. (1998). "Antecedent-and response-focused emotion regulation: Divergent consequences for experiences for experience, expression, and psychology". *Journal of Personality and Social Psychology*, 74, 224-237.

Guilford, J. P. (1950). "Creativity". *American Psychologist*, 5, 444-454.

Harren, V. A. (1979). "A model of career decision making for college students". *Journal of Vocational Behavior*, 14, 119-133.

Hart, R. A. (1997). *Children's participation: The theory and practice of involving young citizen in community development and environment care*. New York: UNICEF.

Haworth, D., & Browne, G. (1992). *Key competencies(end ed.)*. St. Leonards, Australia: New South Wales TAFE Commission. (ERIC Document Reproduction Service No. ED 351 443).

Heaton, J. A. (1998). *Building basic therapeutic skills: a practical guide for current mental health practice*. San Francisco, Calif: Jossey-Bass.

Hennessey, B. A., & Amabile, T. M. (1988). "The role of the environment in creativity". In Sternberg, R. J. (Ed.), *The nature of Creativity: Contemporary psychological perspectives*. New York: Cambridge University Press.

Hill, C. E., & O'Brien, K. M. (1999). *Helping skills : facilitating exploration, insight, and action*. Washington, DC: APA Books.

Himsl, R. (1973). "Life Skills: A course in applied problem solving, in Readings in life skills". In Mullen, V. W. (Ed.), *Training and Research and Development Station*. Saskatoon, Saskatchwan, Canada: 4-H Department.

Hoffman, T. (1999). "The meanings of competency". *Journal of European Industrial Training*, 23(6), 275-285.

Horn M. J. (1975). *The Second Skin(2rd ed.)*. Boston: Houghton Mifflm Co.

Horn, M. J., & Gurel, L. M. (1981). *The second skin(3rd ed.)*. Boston: Houghton Mifflm Co.

Hu, L. T., & Bentler, P. (1995). "Evaluation model fit". In Hoyle,

R. H. (ED.), *Structural Equation Modeling. Concepts, Issues, and Application*. California: Sage, Newbury Park.

Hyson, M. C.(1998). *The emotional development of young children: building an emotion-cent*. 정미라 · 박경자 · 배소연(2002). 『유아를 위한 정서교육-정서중심교육과정의 구성』. 이화여자대학교 출판부.

ILO. (2003). *Learning and training for work in the knowledge society*. Geneva: ILO.

International Board of Standards for Training and Performance Instruction (IBSTPI)(2005). Competencies. Retrieved May 1, 2007, form http://www.ibstpi.org/competencies.htm

Jensen-Campbel, L. A., Granziano, W. G., & Hair, E. C. (1996). "Personality and relationships as moderators of interpersonal conflict in adolescence". *Merill-Palmer Quarterly*, 42, 148-164.

Jerri, D. W., & Marti, D. S. (1981). *Social competence*. NY: The Guilford Press.

Jordaan, J. P. (1963). "Exploratory behavior: The formation of self and occupational self". In Super, D. E. et. al. (Eds.). *Handbook of Counseling Psychology*. New York: John Wiley & Sons.

Joreskog, K. G., & Sorbom, D. (1989). *LISREL 7: A guide to the program and applications*. Chicago: SPSS Publications.

Klemp, G. O. (1980). "The assessment of occupational competence". Washington, D.C.: Report to the National Institute of education.

Kopp, C. B. (1989), "Regulation of Distress and Negative Emotions: A Developmental Review". *Developmental Psychology*, 25, 343-354.

Linkage, Inc. (1997), *Introduction to Competency Modeling*. Lexington, MA: Linkage.

Lubart, T. I. (1994). "Creativity". In Sternberg, R. J. (Ed.), *Thinking and problem solving*. New York: Academic Press.

Macdonald, R. P. (1985). *Factor analysis and related methods*. London: Lawrence Erlbaum Associates.

Maehr, M. (1989). "Thoughts about motivation". In Ames, C. & Ames, R. (Eds.), *Research on Motivation in Education*, 3, 299-315. New York: Academic Press.

Mager, R. F. (1962). *Preparing instructional objectives*. Pal Alto, CA.:

Feardon Publishers.

Malloy, H. L., & McMuray, P. (1996). "Conflict strategies and resolution: Peer conflict in integrated early childhood classroom". *Early Childhood Research Quarterly*, 11, 185-206.

Mayer, E. (1992). "Key Competencies", Report of the committee to advice the Australian Education Council and Ministers of Vocational Education. Employment and Training on employment-related Key Competencies for post-compulsory education and training.

McClelland, D. C. (1973). "Testing for competence rather for 'intelligence'". *American Psychologist*, 28(1), 1-14.

McClelland, D. C. (1993). "Introduction". In Spencer, L. M. & Spencer, S. M. (Eds.). (1993), *competence at work*. New York: John Wiley & Sons, Inc.

McKay, M., Davis, M., & Fanning, P. (1995). "Self-disclosure". *How to communicate: The ultimate guide to improving your personal and professional relationships*. New York, NY: Barnes and Nobles Books.

McLagan, P. A. (1989). *Model for HRD practice*. Alexandria, VA: *American society for Training and Development Journal*, 49-59.

Miley, K. K., O'Melia, M., & Dubois, B. L. (1995). *Generalist social work practice: An empowering approach*. Boston: Allyn & Bacon.

Miller, J. P. (1991). "4-H and non 4-H participant' development of competency, coping, and contributory life skills". Doctoral dissertation(Ph. D), Iowa State University.

Miller, R. A. (1976). "Leader/agent's guide: Leadership and life skills". Stillwater. Oklahoma State University.

Mirabile, R. J. (1997). "Everything you wanted to know about competency modeling". *Training and Development*, 51(8), 73-77.

Morris, William N. & Nora P. Reilly(1987). "Toward the Self-Regulation of Mood: Theory and Research". *Motivation and Emotion*, 11, 215-249.

Mullen, D. (1981). "A conceptual framework for the life skills program, Prepared for Employment Support Services Branch". Canada Employment and Immigration Commission. Toronto: Guidance Centre, Canada EO #218438.

Mumford, M. D., & Gustafson, S. B. (1988). "Creativity syndrome: Integration, application, and innovation". *Psychological Bulletin*, 103, 27-43.

National Center for Education Statistics(NCES). (2002). "Defining and assessing learning: Exploring competency-based initiatives(NCES 2002-159)". Retrieved May 1, 2007, from http://nces.ed.gov/pubs2002/2002159.pdf.

Ogbu, J. U. (1981). "Origins of Human Competence: A Cultural Ecological Perspective". *Child Development*, 52, 413-429.

O'Mally, J. M. (1977). "Research perspective on social competence". *Merrill-Palmerly*, 23(1), 29-44.

O'Neil, H. F., Jr., Allred, K., & Baker, F. L. (1992). "Measurement of workforce readiness: Review of theoretical frameworks"[CSE Technical Report 343]. Los Angeles, CA: National Center for Research on Evaluation, Standards, and Student Testing. (ERIC Document Reproduction Service No. ED 353 328).

OECD. (2000). "Literacy in the information age". Paris: OECD.

OECD. (2001). "DeSeCo Country Contribution Process(CCP)". Paris: OECD.

Osipow, S. H., & Fitzgerald, L. F. (1996). *Theories of career development (4th ed.)*. Boston: Allyn and Bacon.

Paul Zukowski. (1974). *The Information Service Environment Relationship and Priorities*. Washington, D. C: NCLI, pp.6.

Parry, S. B. (1996). "the quest for competencies: Competency studies can help you make HR decision, but the results are only as good as the study" *Training*, 33(7), 48 56.

Peale, N. V. (1972). "You Can Stop Being a Procrastinator". *Reader's Digest*, January.

Pigg, K. E., & Meyers, J. M. (1980). "Social and economic consequences of the 4-H program: Findings and implications of the final evaluation report". Washington, DC: Extension service-USDA.

Pittman, K. J. (1991) "Promoting youth development". *Youth and Families*. Sep., 30.

Plowman, P. D. (1981). "Training extraordinary leaders". *Roeper Review*, 3, 13-16.

Rahim(1986). "Relationships of leader power to compliance and satisfaction with supervisor: Evidence from a national samples of managers". *Journal of Management*, 15, 212-232.

Remy, R. C. (1989). "Civic decision making in and information age". In Laughlin, M. A., Hartoonian, H. M. and Sanders, N. M. (eds.), *From information to decision making: New challenges for effective citizenship*. NCSS.

Renzulli, J. S. (1977). *The enrichment triad model*. Mansfield Center, CT: Creative Learning Press.

Renzulli, J. S., Smith, F. H., & White, A. J. (1997). *Scales for rating the behavioral characteristics of superior students*. Mansfield Center, CT: Creative Learning Press.

Rice, A. S., & Suzanne, M. T. (1986). *Family Life Management(6th ed.)*. Macmillan Pub. Company, New York.

Rimm, S., & Davis, G. A. (1982). "Group Inventory for Finding Interests(GIFI) I&II: Instruments for identifying creative potential in the junior and senior high school". *Journal of Creative Behavior*, 16, 50-57.

Rogers, C. R. (1962). "Toward a theory of creativity". In Parnes, S. J., & Harding, H. F. (Eds.), *A source book for creative thinking*. New York: Scribners.

Rychen, D. S., & Salganik, L. H. (2003). "A holistic model of competence". In Rychen, D. S. and Salganik, L. H. (Eds.), *Key competencies for a successful life and a well-functioning society*. 41-62. Cambridge, MA: Hogrefe & Huber Publisher.

SCANS (1991). "What work requires of schools". Washington, DC.: U. S. Department of Labor.

Schuncke, G. M. (1988). *Elementary social studies: Knowing, doing, caring*. Macmillan.

Seiwert, L. J. (1989). *Time is money: save it*. 박기안 역(1993). 『시간관리학』. 서울: 미래사.

Shapiro, J., & S. K. Hughes. (1996). "Information literacy as a liberal art". *Education review*, 31(2).

Sisk, D. A. (1993). "Leadership education for the gifted". In Heller, K. A., Monks, F. J. & Passow, A. H. (Eds.), *International handbook of research and development of gifted and talent*. Oxford: Pergamon Press Ltd.

Sisk, D. A., & Rosselli, H. C. (1987). *Leadership: A special kind of giftedness*. New York: Trillium.

Spencer, L., & Spencer, S. (1993). *Competence at work: Models for superior performance*. New York: John Wiley & Sons, Inc.

Sternberg, R. J., & Lubart, T. I. (1995). *Defying the crowd: Cultivating creativity in a culture of conformity*. New York: Free Press.

Sternberg, R. J. (1985). "Implicit theory of intelligence, creativity, and wisdom". *Journal of Personality and Social Psychology*, 49(3), 607-627.

Sternberg, R. J. (1988). "A three-fact model of creativity". *The nature of creativity*. In Sternberg, R. J. (Ed.), Cambridge University Press.

Sternberg, R. J., & Soriano, L. J. (1984). "Styles of conflict resolution". *Journal of Personality and Social Psychology*, 47(1), 115-126.

Stoof, A., Martens, R. L., Merrienboer, J. G., & Mastiaens, T. J. (2002). "The boundary approach of competence: A constructivist aid for understanding and using the concept of competence". *Human Resource Development Review*, 1(3), 345-365.

Strauss, L. C., & Volkwein, J. F. (2002). "Comparing student performance and growth in 2-and 4-year institutions". *Research in Higher Education*, 43(2), 133-161.

Stumpf, S. A., Colarelli, S. M., & Hartman, K. (1983). "Development of the Career Exploration Survey(CES)". *Journal of Vocational Behavior*, 22, 191-226.

Summers, L. (2004). "Do competencies matter? Making sure your competency model is properly tuned". Workinfo.com.

Super, D. E. (1969). "Vocational development theory: persons, positions, and process". *The Counseling Psychologist*, 1, 2-9.

Thomas, K. W., & Kilmann, R. H. (1974). *Thomas-Kilmann Conflict Mode Instrument*. New York: XICOM, Tuxedo.

Thompson, R. A. (1994). "Emotion Regulation: A Theme in Search of Definition". In Nathan, A. F. (Ed.), The Development of

Emotion Regulation. Biological and Behavioral Consideration. Monographs of the society for research in Child Development, 58, 25-52.

Tiedeman, D. V., & O'Hara, R. P. (1963). *Career development: Choice and adjustment*. Princeton, NJ: College Entrance Examination Board.

Tyler, R. (1950). *Basic principles of curriculum and instruction*. Chicago: University of Chicago Press.

Unger, J. B., et al. (1998). "Stress, coping and social support among homeless youth". *Journal of Adolescent Research*, 13(2), 134-157.

Walberg, H. J. (1982). "Childhood traits and environmental conditions of highly eminent adults". *Gifted Child Quarterly*, 25, 103-107.

Wallas, G. (1926). *The art of thought*. New York: Harcourt, Brace.

Walter, Y., & Sibert, A. (1981). *Student success: How to do better in college and still have time for your friends(2nd ed.)*. New York: Holt, Rinehart and Winston. 11.

Weatherford, D., & Weatherford, C. (1985). *A review of theory and research found in selected experiential education, life skills development and 4-H program impacts literature*. Raleigh: North Carolina State University.

Wegner, D. M., & Richard, M. W. (1996). "Mental Control". In Higgens, E. T. and Kruglanski, A. W. (Eds.), *Social Psychology, Handbook of basic principles*. New York: The Guilford Press, 466-492.

Weinert, F. E. (2001). "Concept of competence: A conceptual clarification". In Rychen, D. S., & Salganik, L. H. (Eds.), *Defining and selection of key competencies*, 45-65. Gottingen, Germany: Hegrefe & Huber.

Weinstien, E. A. (1969). "The development of interpersonal competence". In Goslin, D. (Ed), *Handbook of socialization theory and research*. 753-775.

Werner, M. C. (1995). *Australian key competencies in an international perspective*. Adelaide: NCVER.

Westen, D. (1994). "Toward an Integrative Model of Affect

Regulation: Applications to Social-psychological Research". *Journal of Personality*, 62(4), 641-647.

White, R. (1959). "Motivation reconsidered: The concept of competence". *Psychological Review*, 66, 279-333.

WHO. (1999). "Partners in Life Skills Education: Conclusions from a United nations Inter-Agency Meeting".

Wood, R., & Payne, T. (1998). *Competency Based Recruitment and Selection: A practical Guide*. NY: John Wiley.

Wood, R., & Power, C. (1987). "Aspects of the competence-performance distinction: Educational, psychological and measurement issues". *Journal of Curriculum Studies*, 19(5), 409-424.

Woodman, R. W., & Schoenfeldt, L. F. (1989). "Individual differences in creativity: An interactionist perspective". *Handbook of creativity*. In Glover, J. A., Ronning, R. R. and Reynolds (Eds.), New York: Plenum.

Yalom, I. D. (1985). *The theory and practice of group psychotherapy*. New York: Basic Books.

Youn, M. D. (1998). *The curriculum of the future*. London: Falmer Press.

Young, K. S. (1997). "The Relationship between depression and internet addiction". *Cyberpsychology & Behavior*, 1(10), 25-28.

www.unicef.org

부 록

1. 청소년 생활역량진단검사: 예비검사
2. 청소년 생활역량진단검사: 본검사
3. 청소년 생활역량진단검사

부록 1 청소년 생활역량진단검사: 예비검사

1. 자기조절역량

청소년의 생활역량 중 자기조절역량을 나타내는 감정조절기술, 신체관리기술, 시간활용기술, 용돈관리기술에 해당하는 문항을 기술별로 20개 내외씩 개발하여 예비검사를 실시하였다.

1) 감정조절기술

본문에 수록되어 있음.

2) 신체관리기술

이론적 고찰을 통해 신체관리기술에 대한 하위 영역을 건강, 식습관, 외모관리의 3개 영역으로 구성하였다. 〈표 1〉과 같이 각 하위 영역별로 총 21개의 문항을 최초에 개발하여 예비검사를 실시하였다.

〈표 1〉 신체관리기술의 하위 영역별 문항 구성

하위 영역	문 항	문항 수
건 강	22, 23, 24, 25, 26, 27, 28, 29	8개
식습관	30*, 31, 32*, 33, 34*, 35*, 36*, 37*, 38*, 39*	10개
외모관리	40, 41, 42*	3개
전 체		21개

*는 역문항을 의미함.

자기조절역량 중 청소년의 신체관리기술에 해당되는 개별 문항의 양호도를 검사하기 위해 각 문항별 평균, 표준편차, 요인부하량, 생활기술-문항 간 상관계수를 산출하였다. 신체관리기술의 문항 중 평균값이 3.5−4.0 미만인 문항은 5개, 3.0−3.5 미만인 문항은 12개, 3.0 미만인 문항은 4개로 나타났다.

한편, 신체관리기술의 경우 요인부하량이 -0.26−0.61 사이에, 생활기술-문항 간 상관계수가 -0.06−0.58로 낮게 나타나 다소 불안정한 형태를 보여주었다. 특히 27, 28, 32, 40, 42번의 경우 우선적으로 수정될 필요가 있는 것으로 나타났다(〈표 2〉 참조).

신체관리기술 문항 중 요인부하량이 낮은 28·42번은 우선적으로 삭제하였다. 32번과 40번의 경우도 요인부하량이 낮지만, 신체관리기술에 꼭 필요한 문항이라 판단되어 32번은 그대로, 40번은 보다 명확한 문구로 수정하여 유지하였다. 또한 문구가 명확하지 않은 29번과 35번 문항을 비롯하여 지나치게 한정적인 의미를 지니는 33번과 38번 문항도 삭제하여, 총 6개의 문항이 삭제되었다. 그리고 명확한 의미가 전달될 수 있도록 하기 위해 22, 27, 40번 문항은 일부 문구를 추가 또는 삭제하거나 수정하였다.

〈표 2〉 신체관리기술의 문항양호도

문 항	평균	SD	요인 부하량	기술-문항 상관 계수	비고
22. 나는 내 몸 상태(건강, 질병)에 대해서 잘 알고 있다.	3.46	1.02	0.38	0.37	수정
23. 나는 규칙적으로 자고 일어난다.	3.07	1.08	0.41	0.42	
24. 나는 외출해서 돌아온 후 손발을 깨끗이 씻는다.	3.81	0.89	0.40	0.38	
25. 나는 안전사고가 나지 않도록 항상 주의한다.	3.66	0.90	0.52	0.46	
26. 나는 건강관리를 위해 꾸준히 운동한다.	2.80	1.13	0.34	0.40	
27. 나는 건강과 관련된 책이나 인터넷기사를 관심 있게 읽는다.	2.80	1.06	0.25	0.31	수정
28. 나는 몸이 아플 때 적절한 방법으로 대처한다.	3.24	0.90	0.05	0.05	삭제
29. 나는 건강을 위해 적당한 휴식을 가진다.	3.36	0.94	0.56	0.53	삭제
30. 나는 밥보다 군것질을 많이 한다.	3.29	1.14	0.52	0.51	
31. 나는 아침, 점심, 저녁 세끼를 꼭 챙겨 먹는다.	3.54	1.26	0.60	0.58	
32. 나는 음식을 편식한다.	3.31	1.19	0.25	0.32	
33. 나는 아침식사를 거르지 않는다.	3.31	1.45	0.44	0.44	삭제
34. 나는 식사시간이 일정하지 않고 불규칙하다.	3.47	1.21	0.61	0.58	
35. 나는 다른 사람들보다 음식을 급하게 먹는 편이다.	3.28	1.14	0.36	0.38	삭제
36. 나는 안 먹다가 한꺼번에 몰아서 먹는다.	3.04	1.17	0.58	0.53	
37. 나는 잠자기 전에 간식을 먹는 경우가 자주 있다.	2.96	1.18	0.38	0.39	
38. 나는 스트레스가 쌓이면 기분을 풀기 위해 많이 먹는다.	3.65	1.16	0.36	0.35	삭제
39. 나는 탄산음료, 패스트푸드, 인스턴트식품을 자주 먹는다.	3.42	1.09	0.49	0.47	
40. 나는 나에게 어울리는 옷을 잘 입는다.	3.18	0.88	0.24	0.31	수정
41. 나는 남들 앞에 나가기 전에 내 모습이 단정한지 확인한다.	3.70	0.91	0.31	0.33	
42. 나의 외모와 체형과는 상관없이 연예인의 복장이나 헤어스타일을 따라하는 편이다.	2.30	1.01	-0.26	-0.06	삭제

〈표 3〉 신체관리기술의 문항 수정 결과

수정 전	수정 후	수정 이유
22. 나는 내 몸 상태(건강, 질병)에 대해서 잘 알고 있다.	나는 내 몸 상태(건강, 질병 등)에 대해서 잘 알고 있다.	예시에만 한정되지 않도록 수정함
27. 나는 건강과 관련된 책이나 인터넷기사를 관심 있게 읽는다.	나는 건강과 관련된 자료나 정보를 관심 있게 읽는다.	다양한 정보를 포함할 수 있도록 수정함
28. 나는 몸이 아플 때 적절한 방법으로 대처한다.	삭제	요인부하량 및 기술-문항 간 상관계수가 너무 낮음
29. 나는 건강을 위해 적당한 휴식을 가진다.	삭제	'휴식'의 의미가 명확하지 않음
33. 나는 아침식사를 거르지 않는다.	삭제	너무 한정적인 행위로 판단됨
35. 나는 다른 사람들보다 음식을 급하게 먹는 편이다.	삭제	기준이 애매모호함
38. 나는 스트레스가 쌓이면 기분을 풀기 위해 많이 먹는다.	삭제	요인부하량 및 기술-문항 간 상관계수가 너무 낮음
40. 나는 나에게 어울리는 옷을 잘 입는다.	나는 나의 체형이나 외모에 어울리는 옷을 잘 입는다.	42번 문항을 삭제하면서 체형이라는 내용을 추가함
42. 나의 외모와 체형과는 상관없이 연예인의 복장이나 헤어스타일을 따라하는 편이다.	삭제	40번 문항과 의미가 중복됨

이러한 과정을 거쳐 신체관리기술은 최종 15개의 문항으로 재구성되었다(〈표 3〉 참조).

3) 시간활용기술

이론적 고찰을 통해 시간활용기술에 대한 하위 영역을 계획, 활용, 평가의 3개 영역으로 구성하였다. 〈표 4〉와 같이 각 하위 영역별로 총 20개의 문항을 최초에 개발하여 예비검사를 실시하였다.

〈표 4〉 시간활용기술의 하위 영역별 문항 구성

하위 영역	문 항	문항 수
계 획	43, 44, 45, 46, 47, 48, 49, 50	8개
활 용	51, 52, 53, 54, 55, 56, 57, 58, 59	9개
평 가	60, 61, 62*	3개
전 체		20개

*는 역문항을 의미함.

자기조절역량 중 청소년의 시간활용기술의 문항양호도를 검사하기 위해 각 문항별 평균, 표준편차, 요인부하량, 생활기술-문항 간 상관계수를 산출하였다. 최초 개발된 20개의 문항 중 평균값이 3.5−4.0 미만인 문항은 4개, 3.0−3.5 미만인 문항은 4개, 2.5−3.0 미만인 문항은 10개, 2.5 미만인 문항은 2개로 나타났다. 위의 다른 생활기술과 비교할 때 평균값이 낮게 나타났다.

또한 시간활용기술의 문항 중 52, 53, 62번 문항은 요인부하량이 0.30 이하로 매우 낮게 나타나 수정이 필요하였으며, 그 외 문항의 요인부하량은 0.31−0.74로 나타났다. 한편 생활기술-문항 간 상관계수는 0.20−0.67로 나타났다(〈표 5〉 참조).

시간활용기술 문항을 재검토한 결과 요인부하량이 낮은 52, 53, 62번 문항은 삭제하였다. 또한 44번과 의미가 중복되는 43번 문항을 삭제하였고, 58번 문항은 시간활용기술에 부합되지 않는 내용으로 판단되어 삭제하였다. 그리고 57번과 61번은 보다 청소년의 특성을 잘 반영할 수 있도록 문구를 일부 수정하였다.

따라서 시간활용기술은 20개의 문항 중 5개의 문항이 삭제되고, 2개의 문항이 수정되어 최종 15개의 문항으로 재구성되었다. 문항이 삭제되거나 수정된 사항을 〈표 6〉에 제시하였다.

〈표 5〉 시간활용기술의 문항양호도

문 항	평균	SD	요인 부하량	기술-문항 상관 계수	비고
43. 나는 일을 하기 전 해야 할 일에 대한 목록을 작성한다.	2.63	1.05	0.70	0.65	
44. 나는 하루 일과에 대한 계획을 세운다.	2.44	1.05	0.74	0.67	삭제
47. 나는 계획세우는 시간을 따로 마련한다.	2.33	1.00	0.68	0.64	
48. 나는 급하거나 중요한 일을 우선으로 하여 시간계획을 세운다.	3.13	1.07	0.61	0.61	순서
45. 나는 계획을 세울 때 일이 걸리는 시간을 고려한다.	2.95	1.09	0.69	0.66	순서
49. 나는 시간계획을 세울 때 이전에 계획했던 것을 참고한다.	2.86	1.07	0.59	0.57	순서
46. 나는 시간관리를 위해 다이어리나 수첩 등을 사용한다.	2.50	1.13	0.65	0.60	순서
50. 나는 해야겠다고 마음먹은 일이 생각났을 때 즉시 메모한다.	2.82	1.06	0.60	0.59	순서
56. 나는 내가 세운 계획대로 시간을 보낸다.	2.60	0.92	0.51	0.50	순서
51. 나는 같이 할 수 있는 일은 모아서 한다.	3.35	0.99	0.39	0.42	
52. 나는 계획이 잡혀있는 중요한 날은 꼭 지킨다.	3.60	0.99	0.30	0.40	삭제
53. 나는 필요 없는 일이나 활동은 하지 않는다.	3.15	0.98	0.22	0.30	삭제
54. 나는 시간이 너무 지체될 것 같으면, 짧은 시간에 할 수 있는 일부터 처리한다.	3.60	0.97	0.31	0.38	
55. 나는 오늘 할 일을 다음으로 미루지 않는다.	2.52	0.88	0.36	0.41	
57. 나는 일을 할 때 중요도에 따라 순서를 정해 일을 시작한다.	3.11	0.98	0.64	0.65	수정
58. 나는 약속시간을 지키기 위해 미리 준비한다.	3.56	1.03	0.31	0.41	삭제
59. 나는 자투리시간을 버리지 않고 사용한다.	2.75	0.91	0.39	0.41	
60. 나는 내가 세운 시간계획대로 생활했는지 되돌아본다.	2.60	1.01	0.64	0.59	
61. 나는 일이 시간계획대로 되지 않으면 검토해서 수정한다.	2.59	0.99	0.65	0.60	수정
62. 나는 주변사람들에게 시간관념이 없다는 말을 자주 듣는다.	3.60	1.09	0.09	0.20	삭제

〈표 6〉 시간활용기술의 문항 수정 결과

수정 전	수정 후	수정 이유
43. 나는 일을 하기 전 해야 할 일에 대한 목록을 작성한다.	삭제	44번 문항과 의미가 중복됨
52. 나는 계획이 잡혀있는 중요한 날은 꼭 지킨다.	삭제	시간활용기술의 내용으로 적절하지 않음
53. 나는 필요없는 일이나 활동은 하지 않는다.	삭제	요인부하량 및 기술-문항간 상관계수가 너무 낮음
57. 나는 일을 할 때 중요도에 따라 순서를 정해 시작한다.	나는 중요도에 따라 순서를 정해 일을 한다.	일을 할 때라는 표현이 부각됨
58. 나는 약속시간을 지키기 위해 미리 준비한다.	삭제	시간활용기술의 내용으로 적절하지 않음
61. 나는 일이 시간계획대로 되지 않으면 검토해서 수정한다.	나는 일이나 공부할 때, 시간계획대로 되지 않으면 검토해서 수정한다.	청소년에게 중요한 공부를 포함함
62. 나는 주변사람들에게 시간관념이 없다는 말을 자주 듣는다.	삭제	요인부하량 및 기술-문항간 상관계수가 너무 낮음

4) 용돈관리기술

이론적 탐구를 통해 용돈관리기술에 대한 하위 영역을 계획, 실행, 검토, 기록, 평가의 5개로 구성하였다. 〈표 7〉과 같이 각 하위 영역에 해당되는 문항을 구성하여 총 20개 문항을 최초에 개발하여 예비

〈표 7〉 용돈관리기술의 하위 영역별 문항 구성

하위 영역	문 항	문항 수
계 획	63, 64, 65, 66, 67	2개
실 행	68, 69, 70, 71*, 72, 73, 74, 75	8개
검 토	76, 77, 79	3개
기 록	78	1개
평 가	80, 81, 82	3개
전 체		20개

*는 역문항을 의미함.

검사를 실시하였다.

자기조절역량 중 청소년의 용돈관리기술의 문항양호도를 검사하기 위해 각 문항별 평균, 표준편차, 요인부하량, 생활기술-문항 간 상관계수를 산출하였다. 최초 개발된 20개의 문항 중 평균값이 3.5－4.0 미만인 문항은 1개, 3.0－3.5 미만인 문항은 6개, 2.5－3.0 미만인

〈표 8〉 용돈관리기술의 문항양호도

문 항	평균	SD	요인부하량	기술-문항 상관계수	비고
63. 나는 용돈을 사용하기 전 반드시 계획을 세운다.	2.49	1.08	0.67	0.65	
64. 나는 용돈 사용계획에 대해 부모님이나 친구들과 의논한다.	2.22	1.07	0.55	0.50	
65. 나는 예상하지 않았던 용돈이 생겨도 계획을 세워 사용한다.	2.40	1.07	0.71	0.67	
66. 나는 좋은 상품을 싸게 구입하기 위해 여러 곳에서 정보를 수집한다.	3.06	1.22	0.41	0.44	
67. 나는 갖고 싶은 물건을 사기 위해 용돈을 저축한다.	3.30	1.18	0.44	0.49	삭제
68. 나는 용돈을 아껴 저축한다.	2.94	1.18	0.63	0.66	
69. 나는 갖고 싶은 물건이 있어도 꼭 필요한 것만 구입한다.	3.06	1.09	0.51	0.55	
70. 나는 용돈의 범위 내에서 돈을 쓴다.	3.37	1.15	0.31	0.39	
71. 나는 친구들과 어울릴 때 용돈을 지나치게 많이 쓴다.	2.97	1.13	0.20	0.27	삭제
72. 나는 물건을 살 때 가격과 거스름돈을 확인한다.	3.72	1.05	0.27	0.35	삭제
73. 나는 물건을 살 때 몇 번 사용하지 않을 물건은 구입하지 않는다.	3.24	0.94	0.38	0.42	삭제
74. 나는 계획 세운대로 용돈을 사용한다.	2.70	1.03	0.72	0.70	
75. 나는 용돈을 알뜰하게 사용하는 친구의 방법을 본받아 따른다.	2.34	1.02	0.54	0.50	수정
76. 나는 용돈을 사용할 때 꼭 필요한 것인지 먼저 생각한다.	3.18	1.06	0.49	0.52	삭제
77. 나는 다음 용돈을 받을 때까지 용돈을 다 쓰는 일이 없도록 한다.	2.96	1.23	0.52	0.57	
78. 나는 용돈사용을 기록한다.	2.05	1.02	0.62	0.56	
79. 나는 용돈을 잘 사용했는지 잘못 사용했는지 검토한다.	2.27	1.06	0.68	0.63	
80. 나는 용돈을 잘못 사용했을 때 그에 대해 반성한다.	2.78	1.17	0.56	0.54	삭제
81. 나는 매주 또는 매월 용돈사용 결과를 확인한다.	2.36	1.08	0.73	0.68	수정
82. 나는 용돈 쓴 것을 검토한 후 다음 용돈 계획에 반영한다.	2.33	1.11	0.69	0.63	

문항은 6개, 2.5 미만인 문항은 8개로 나타나 용돈관리기술이 다른 기술보다 다소 낮게 나타났음을 알 수 있다.

또한 요인분석을 실시한 결과, 요인부하량은 0.20−0.73 사이에, 생활기술-문항 간 상관계수는 0.27−0.70으로 나타났다. 요인부하량이 낮은 71번과 72번을 제외한 나머지 문항은 모두 통계적으로 양호한 것으로 판단된다(〈표 8〉 참조).

용돈관리기술의 문항들은 전반적으로 양호하였으나, 문항을 재검토하여 요인부하량과 생활기술-문항 간 상관계수가 낮은 71번과 72번 문항을 삭제하였다. 그리고 68번 문항과 유사한 67번 문항, 69번 문항과 유사한 73번 및 76번 문항, 79번 문항과 유사한 80번 문항도 삭제하였다. 또한 75번과 81번의 문항은 저학년 학생도 이해할 수

〈표 9〉 용돈관리기술의 문항 수정 결과

수정 전	수정 후	수정 이유
67. 나는 갖고 싶은 물건을 사기 위해 용돈을 저축한다.	삭제	68번 문항과 의미가 중복됨
71. 나는 친구들과 어울릴 때 용돈을 지나치게 많이 쓴다.	삭제	요인부하량 및 기술-문항 간 상관계수가 너무 낮음
72. 나는 물건을 살 때 가격과 거스름돈을 확인한다.	삭제	요인부하량 및 기술-문항 간 상관계수가 너무 낮음
73. 나는 물건을 살 때 몇 번 사용하지 않을 물건은 구입하지 않는다.	삭제	69번 문항과 의미가 중복됨
75. 나는 용돈을 알뜰하게 사용하는 친구의 방법을 본받아 따른다.	나는 용돈을 알뜰하게 사용하는 친구의 방법을 참고하여 따른다.	쉬운 단어로 수정함
76. 나는 용돈을 사용할 때 꼭 필요한 것인지 먼저 생각한다.	삭제	69번 문항과 의미가 중복됨
80. 나는 용돈을 잘못 사용했을 때 그에 대해 반성한다.	삭제	79번 문항과 의미가 중복됨
81. 나는 매주 또는 매월 용돈사용 결과를 확인한다.	나는 매주 또는 매월 용돈 사용금액을 확인한다.	쉬운 단어로 수정함

있는 쉬운 단어로 문항을 일부 수정하였다.

이러한 과정을 통해 용돈관리기술은 최초 20개의 문항 중 6개의 문항이 삭제되고 2개의 문항이 수정되어 최종 14개의 문항으로 재구성되었다. 문항이 삭제되거나 수정된 사항을 〈표 9〉에 제시하였다.

2. 자기개발역량

청소년의 생활역량 중 자기개발역량을 나타내는 창의성개발기술, 목표설정기술, 진로탐색기술, 의사결정기술에 해당되는 문항을 개발하여 예비검사를 실시하였다. 자료를 토대로 문항양호도를 검증하여 본검사를 위한 최종 문항을 선정하였다.

1) 창의성개발기술

이론적 탐구를 통해 창의성개발기술에 대한 하위 영역을 유창성, 독창성, 유연성, 정교성, 재조직의 5개로 구성하였다. 〈표 10〉과 같

〈표 10〉 창의성개발기술의 하위 영역별 문항 구성

하위 영역	문 항	문항 수
유창성	83, 84, 85	3개
독창성	86, 87, 88, 89, 90, 91	6개
유연성	92, 93, 94, 95	4개
정교성	96, 97, 98, 99	4개
재조직	100, 101, 102	3개
전 체		20개

이 각 하위 영역별로 문항을 구성하여 총 20개의 문항을 최초에 개발하여 예비검사를 실시하였다.

〈표 11〉 창의성개발기술의 문항양호도

문 항	평균	SD	요인 부하량	기술-문항 상관 계수	비고
83. 나는 주어진 문제를 해결하고도 이보다 더 좋은 방법은 없을까라고 다시 생각해 본다.	3.11	0.97	0.55	0.56	
84. 나는 문제를 해결할 수 있는 방법을 다양하게 생각해 본다.	3.28	0.98	0.55	0.56	
85. 나는 친구들과 게임이나 놀이를 할 때 다양한 방법을 제안한다.	3.36	0.95	0.52	0.52	
86. 나는 남이 하는 것을 따라하기보다 내가 생각해 낸 독창적인 방법을 사용한다.	3.22	0.92	0.62	0.61	
87. 나는 창의적으로 생각하고 행동한다.	3.13	0.96	0.68	0.67	삭제
88. 나는 생일파티나 발표회 등의 행사를 멋있게 계획할 수 있다.	3.01	1.07	0.65	0.65	
89. 나는 친구들과는 색다른 내용이나 형태의 과제를 제출하는 편이다.	2.79	0.96	0.69	0.68	
90. 나는 다른 사람들보다 색다른 의견을 자주 낸다.	2.85	0.98	0.70	0.69	삭제
91. 나는 문제를 해결할 때 새로운 방법으로 한다.	2.83	0.94	0.73	0.71	삭제
92. 나는 친구 생각의 좋은 부분을 받아들여 나의 생각에 참고한다.	3.34	0.90	0.55	0.56	
93. 나는 더 좋은 아이디어를 내기 위해 친구들과 토론하기를 좋아한다.	2.95	1.11	0.61	0.62	
94. 나는 문제를 해결하기 위해 여러 가지 방법을 시도한다.	3.19	0.99	0.62	0.62	삭제
95. 나는 새로운 정보나 방법을 빨리 받아들인다.	3.33	0.98	0.54	0.55	
96. 나는 내가 생각한 것을 잘 표현하여 계획을 세울 수 있다.	3.04	0.92	0.61	0.61	
97. 나는 어떤 일을 시작하기 전에 구체적으로 방법을 세운 후 일을 시작한다.	2.99	0.96	0.61	0.62	
98. 나는 어떤 아이디어가 실천가능한지 아닌지 판단할 수 있다.	3.24	0.96	0.61	0.61	이동
99. 나는 나의 생각을 그림이나 도표로 표현할 수 있다.	2.92	1.03	0.47	0.48	
100. 나는 학교에서 배웠거나 알고 있었던 것을 생활 속에 적용해 본다.	3.26	0.96	0.62	0.62	
101. 나는 다른 사람의 아이디어를 더 나은 것으로 발전시킬 수 있다.	3.08	0.95	0.71	0.70	
102. 나는 친구들과 토론한 아이디어를 모아 최선의 것으로 만들 수 있다.	3.05	0.99	0.72	0.71	

창의성개발기술을 구성하고 있는 문항의 양호도를 알아보기 위해 각 문항별 평균, 표준편차, 요인부하량, 생활기술-문항 간의 상관계수를 분석하였다. 그 결과 20개의 문항 중 평균값이 3.0–3.5 미만에 존재하는 문항은 14개, 3.0 미만인 문항이 6개로 나타나 예비검사에 참여한 청소년들은 보통 정도의 창의성개발기술을 갖고 있음을 추측할 수 있었다. 또한 요인분석을 실시한 결과 모든 문항이 0.40 이상으로 나타났으며, 생활기술-문항 간 상관계수가 0.48–0.71로 비교적 높게 나타났다(〈표 11〉 참조).

전반적으로 창의성개발기술의 문항은 양호하였으나, 문항을 재검토한 결과 지나치게 포괄적이라 판단된 87번 문항이 삭제되었고, 86번 문항과 중복된 내용을 포함하고 있는 것으로 판단된 90번과 91번, 84번과 중복된 의미를 포함하고 있는 94번의 문항이 삭제되었다. 또한 98번의 문항은 창의성개발기술보다는 의사결정기술에 더 적절한 문항이라 판단되어 의사결정기술로 이동되었다. 이러한 수정과정을 통해 창의성개발기술은 최종 15개의 문항으로 구성되었다(〈표 12〉 참조).

〈표 12〉 창의성개발기술의 문항 수정 결과

수정 전	수정 후	수정 이유
87. 나는 창의적으로 생각하고 행동한다.	삭제	지나치게 포괄적임
90. 나는 다른 사람들보다 색다른 의견을 자주 낸다.	삭제	86번 문항과 의미가 중복됨
91. 나는 문제를 해결할 때 새로운 방법으로 한다.	삭제	86번 문항과 의미가 중복됨
94. 나는 문제를 해결하기 위해 여러 가지 방법을 시도한다.	삭제	84번 문항과 의미가 중복됨
98. 나는 어떤 아이디어가 실천 가능한지 아닌지 판단할 수 있다.	의사결정 기술로 이동	의사결정기술에 적합한 문항임

2) 목표설정기술

선행연구들을 토대로 목표설정기술에 대한 하위 영역을 동기형성, 목표설정, 목표진술, 실천행동, 평가의 5개로 구성하였고, 〈표 13〉과 같이 각 하위 영역별로 나누어 총 25개의 문항을 개발하여 예비검사를 실시하였다.

목표설정기술을 구성하는 문항의 양호도를 알아보기 위해 각 문항별 평균, 표준편차, 요인부하량, 생활기술-문항 간의 상관계수를 분석하였다. 그 결과 25개의 문항 중 평균값이 3.0−3.5 미만에 존재하는 문항은 14개, 2.5−3.0 미만인 문항이 11개로 나타났다. 또한 요인분석과 상관계수를 산출한 결과 113번과 123번 문항의 요인부하량이 0.40 미만으로 나타났으며, 생활기술-문항의 상관계수도 0.03과 0.38로 나타나 수정이 필요하였다. 그 외 23개의 문항은 요인부하량이 0.40 이상으로 나타났으며, 생활기술-문항 간 상관계수는 0.51−0.72로 비교적 높게 나타났다(〈표 14〉 참조).

목표설정기술의 문항양호도 검토를 통해 요인부하량과 생활기술-문항 간 상관계수가 현저히 낮게 나온 113번과 123번은 삭제하기로

〈표 13〉 목표설정기술의 하위 영역별 문항 구성

하위 영역	문 항	문항 수
동기형성	103, 104, 105, 106, 107	5개
목표설정	108, 109, 110, 111, 112, 113, 114, 115, 116, 117, 118	11개
목표진술	119, 120, 121	3개
실천행동	122, 123*, 124, 125	4개
평 가	126, 127	2개
전 체		25개

*는 역문항을 의미함.

〈표 14〉 목표설정기술의 문항양호도

문 항	평균	SD	요인 부하량	기술-문항 상관계수	비고
103. 나는 누가 시키지 않아도 알아서 행동한다.	3.15	0.91	0.53	0.54	
104. 나는 무슨 일이든지 잘 해낼 수 있다.	3.14	0.89	0.54	0.55	삭제
105. 나는 일단 시작한 일은 끝까지 해낸다.	3.24	0.96	0.53	0.54	
106. 나는 내 꿈을 이루기 위해 열심히 생활한다.	3.33	0.93	0.61	0.62	삭제
107. 나는 내가 존경하는 사람처럼 되기 위해 노력한다.	3.21	0.98	0.61	0.62	
108. 나는 실천하기 전 목표를 세운다.	2.99	1.10	0.72	0.72	수정
109. 나는 나의 미래의 꿈을 실현하기 위한 계획이 세워져 있다.	3.04	1.12	0.68	0.70	
110. 나는 학기 초에 목표를 세운다.	2.85	1.09	0.71	0.71	
111. 나는 매주 해야 할 계획을 세운다.	2.59	1.01	0.66	0.65	
112. 나는 나의 적성을 살리기 위한 계획이 있다.	2.74	1.04	0.70	0.70	삭제
113. 나의 목표는 수시로 바뀐다.	3.07	1.13	-0.07	0.03	삭제
114. 나는 목표를 세울 때 다양한 자료를 검색한다.	3.05	1.08	0.52	0.51	
115. 나는 할 일을 스스로 계획한다.	3.25	1.00	0.65	0.64	삭제
116. 나는 어떤 일을 할 때 분명한 목적을 가지고 한다.	3.25	1.02	0.68	0.66	삭제
117. 나는 목표설정 시 실천할 행동도 같이 계획한다.	3.05	0.96	0.66	0.61	
118. 나는 설정한 목표를 실천하기 위한 기한(마감일)을 설정한다.	2.74	1.03	0.66	0.65	
119. 내가 계획한 목표와 실천방법을 글로 써서 잘 보이는 곳에 둔다.	2.79	1.38	0.59	0.58	수정
120. 나는 구체적으로 목표를 세운다.	2.84	1.03	0.70	0.69	순서
121. 나의 목표를 다른 사람에게 분명하게 말할 수 있다.	3.05	1.06	0.63	0.62	
122. 나는 목표달성을 위해 우선순위를 세워 실천한다.	3.00	1.03	0.69	0.64	
123. 나는 목표를 세운 후 잘 잊어버린다.	3.02	1.07	0.32	0.38	삭제
124. 나는 목표달성을 위해 세운 계획은 곧바로 실천한다.	2.87	0.94	0.65	0.64	
125. 나는 목표를 세우면 꼭 실천한다.	2.82	0.95	0.65	0.64	삭제
126. 내가 세운 목표가 달성되었는지 스스로 평가해 본다.	2.72	0.99	0.67	0.66	
127. 나는 목표달성을 위해 세운 계획을 잘 실천하고 있는지 수시로 확인한다.	2.87	1.05	0.68	0.67	

결정하였다. 그 외 대부분의 문항이 양호하였으나, 문항을 재검토하여 의미가 중복되는 문항, 해당기술의 내용을 벗어나는 문항, 지나치게 포괄적인 문항, 애매하거나 불명확한 용어로 인해 혼돈되는 문항 등은 수정하였다. 그 결과 104, 106, 112, 115, 116, 125번 문항은 삭제되었고, 108번과 119번은 수정되었으며, 120번은 하위 영역이 이동되었다.

이 과정을 구체적으로 살펴보면 다음과 같다. 먼저, 지나치게 포괄적이라 판단된 104번과 106번 문항을 삭제하였고, 112번은 109번과 유사한 내용을 포함하고 있는 것으로 판단되어 삭제하였다. 또한

〈표 15〉 목표설정기술의 문항 수정 결과

수정 전	수정 후	수정 이유
104. 나는 무슨 일이든지 잘 해낼 수 있다.	삭제	지나치게 포괄적임
106. 나는 내 꿈을 이루기 위해 열심히 생활한다.	삭제	지나치게 포괄적임
108. 나는 실천하기 전 목표를 세운다.	나는 어떤 일을 실천하기 전 목표를 세운다.	좀 더 명확한 진술이 필요함
112. 나는 나의 적성을 살리기 위한 계획이 있다.	삭제	109번과 유사한 내용을 포함하고 있음
113. 나의 목표는 수시로 바뀐다.	삭제	요인부하량 및 기술-문항 간 상관계수가 너무 낮음
115. 나는 할 일을 스스로 계획한다.	삭제	목표설정 하위 영역에 부적합함
116. 나는 어떤 일을 할 때 분명한 목적을 가지고 한다.	삭제	목표설정 하위 영역에 부적합함
119. 내가 계획한 목표와 실천방법을 글로 써서 잘 보이는 곳에 둔다.	내가 계획한 목표와 실천방법을 적어둔다.	정확한 의미전달을 위해 용어 수정이 필요함
120. 나는 구체적으로 목표를 세운다.	하위 영역 변경 108번 뒤로 이동하여 문항번호 변경	목표진술보다는 목표설정 하위 영역에 적합함
123. 나는 목표를 세운 후 잘 잊어버린다.	삭제	요인부하량 및 기술-문항 간 상관계수가 너무 낮음
125. 나는 목표를 세우면 꼭 실천한다.	삭제	지나치게 단정적인 진술임

115번과 116번의 문항은 목표설정이라는 하위 영역에서 벗어나는 문항이라 판단되어 삭제하였고, 125번 문항은 지나치게 단정적인 진술이어서 생활기술을 측정하는 데 무리가 있다고 판단되어 삭제하기로 결정하였다. 120번의 경우, 목표진술 하위 영역보다는 목표설정 하위영역에 더 적합한 문항으로 판단되어 하위 영역을 이동하였다.

약간의 문항 수정이 이루어진 108번은 좀 더 명확한 문장으로 구성하기 위해 구체적인 문구를 삽입하였고, 119번은 의미가 보다 잘 전달되도록 기존의 용어를 다른 용어로 수정하였다. 이러한 수정 과정을 통해 목표설정기술은 최종 17개의 문항으로 구성되었다(〈표 15〉 참조).

3) 진로탐색기술

진로탐색에 대한 선행연구를 토대로 자신에 대한 탐색, 진로에 대한 탐색을 진로탐색기술의 하위 영역으로 설정하였고, 각 하위 영역별로 총 20개의 문항을 최초에 개발하여 예비검사를 실시하였다(〈표 16〉 참조).

진로탐색기술을 구성하고 있는 문항의 양호도를 알아보기 위해 각 문항별 평균, 표준편차, 요인부하량, 생활기술 대 문항 간의 상관계수를 분석하였다. 그 결과 20개의 문항 중 평균값이 3.5–4.0 미만에 존

〈표 16〉 진로탐색기술의 하위 영역별 문항 구성

하위 영역	문 항	문항 수
자신에 대한 탐색	128, 129, 130, 131, 132, 133, 134, 135	8개
진로에 대한 탐색	136, 137, 138, 139, 140, 141, 142, 143, 144, 145, 146, 147	12개
전 체		20개

〈표 17〉 진로탐색기술의 문항양호도

문 항	평균	SD	요인 부하량	기술-문항 상관 계수	비고
128. 나는 내가 어떤 일에 흥미가 있는지 알고 있다.	3.69	1.00	0.63	0.62	
129. 나는 내가 무엇을 잘 하는지 알고 있다.	3.46	1.00	0.62	0.61	
130. 나는 장래 대학에서 하고 싶은 전공이 있다.	3.52	1.11	0.73	0.72	
131. 나는 장래 일하고 싶은 직업 분야가 있다.	3.79	1.04	0.76	0.74	삭제
132. 나는 나의 적성과 소질에 적합한 직업이 무엇인지 안다.	3.45	1.10	0.73	0.72	
133. 나의 적성을 살리기 위해 다양한 외부활동에 참여한다.	2.88	0.99	0.54	0.55	
134. 나는 내 성격의 장단점을 잘 알고 있다.	3.48	1.01	0.47	0.49	순서
135. 나는 적성검사나 흥미검사에 적극적으로 참여한다.	3.56	1.03	0.57	0.58	
136. 나는 진학하고 싶은 고등학교나 대학교가 있다.	3.74	1.13	0.61	0.61	삭제
137. 나는 내가 원하는 직업을 위해 어떤 학과에 진학해야 하는지 알고 있다.	3.50	1.12	0.69	0.69	
138. 내가 진학하고 싶은 대학이나 학과에 대한 정보를 적극적으로 찾아본다.	3.29	1.11	0.68	0.68	수정
139. 내가 희망하는 직업에 종사하기 위해 준비해야 할 자격증이 무엇인지 알고 있다.	3.21	1.11	0.66	0.66	
140. 나는 내가 일하고 싶은 직업에서 어떤 일을 하는지 잘 알고 있다.	3.60	1.06	0.72	0.70	삭제
141. 나는 내가 원하는 직업에 대한 정보를 적극적으로 찾아본다.	3.41	1.04	0.73	0.72	순서
142. 나는 진로상담에 적극적으로 참여한다.	3.25	1.13	0.61	0.64	
143. 나는 내가 원하는 직업에 종사하고 있는 사람과 대화를 나눈다.	2.74	1.11	0.41	0.44	삭제
144. 나는 최근 유망직종에 대한 정보를 알고 있다.	2.85	1.06	0.54	0.57	
145. 나는 다양한 직업 관련 사이트를 통해 관심 있는 직업들을 검색해 본다.	3.02	1.11	0.64	0.65	삭제
146. 내가 원하는 직업을 가지는 데 있어 걸림돌이 무엇인지 알고 있다.	3.39	1.10	0.69	0.69	
147. 내가 원하는 직업에 종사하기 위해 내 성격의 단점을 고치려고 노력한다.	3.26	1.00	0.66	0.65	

재하는 문항은 7개, 3.0−3.5 미만에 존재하는 문항은 10개, 2.5−3.0 미만인 문항이 3개로 나타났다. 또한 요인분석과 상관계수를 산출한 결과 모든 문항의 요인부하량이 0.40 이상으로 나타났으며, 생활기술 대 문항 간 상관계수는 0.44−0.74로 나타났다(〈표 17〉 참조).

전반적으로 진로탐색기술을 구성하는 문항이 양호하였으나 보다 좋은 검사 도구를 고안하기 위해 문항을 재검토하였다. 그 결과 131번은 자신에 대한 탐색이라는 하위 영역에 부적합하여 삭제하였고, 136번은 137번과 의미가 중복되는 것으로 판단되어 삭제하였다. 또한 140, 143, 145번은 중・고등학생보다 대학생의 진로탐색기술에 더 적합한 것으로 판단되어 삭제하기로 결정하였다. 138번의 경우 연구 대상에게 보다 적합하도록 일부 용어를 수정하였다. 이러한 수정을 통해 진로탐색기술은 최종 15개의 문항으로 정리되었다(〈표 18〉 참조).

〈표 18〉 진로탐색기술의 문항 수정 결과

수정 전	수정 후	수정 이유
131. 나는 장래에 일하고 싶은 직업 분야가 있다.	삭제	자신에 대한 탐색 하위영역의 문항으로 부적절함
136. 나는 진학하고 싶은 고등학교나 대학교가 있다.	삭제	137번 문항과 의미가 중복됨
138. 내가 진학하고 싶은 대학이나 학과에 대한 정보를 적극적으로 찾아본다.	내가 진학하고 싶은 학교나 학과에 대한 정보를 적극적으로 찾아본다.	보다 적절한 용어로 수정함
140. 나는 내가 일하고 싶은 직업에서 어떤 일을 하는지 잘 알고 있다.	삭제	중・고등학생보다 대학생의 진로탐색기술에 적합함
143. 나는 내가 원하는 직업에 종사하고 있는 사람과 대화를 나눈다.	삭제	중・고등학생보다 대학생의 진로탐색기술에 적합함
145. 나는 다양한 직업 관련 사이트를 통해 관심 있는 직업들을 검색해 본다.	삭제	중・고등학생보다 대학생의 진로탐색기술에 적합함

4) 의사결정기술

선행연구들을 토대로 의사결정기술에 대한 하위 영역을 기본자세와 의사결정 과정으로 결정하였고, 〈표 19〉와 같이 각 하위 영역별로 총19개의 문항을 개발하여 예비검사를 실시하였다.

의사결정기술을 구성하고 있는 문항의 양호도를 알아보기 위해 각 문항별 평균, 표준편차, 요인부하량, 생활기술-문항 간의 상관계수를 분석하였다. 그 결과 19개의 문항 중 평균값이 3.5−4.0 미만에 존재하는 문항이 1개, 3.0−3.5 미만에 존재하는 문항은 12개, 2.5−3.0 미만인 문항이 6개로 나타났다. 또한 요인분석과 상관계수를 산출한 결과 159−166번 문항의 요인부하량이 0.40 미만으로 나타나 수정이 필요하였으나, 163번의 경우 청소년 의사결정기술의 문항으로 꼭 필요하다고 판단되어 긍정형의 문항으로 수정하여 본검사에 사용하기로 결정하였다(〈표 20〉 참조).

본검사에 포함될 문항을 확정하기 위해 의사결정기술의 문항을 재검토하였다. 먼저, 152번과 157번은 요인부하량이 높게 나왔지만 좀 더 간결하면서도 이해력이 높은 문항으로 구성하기 위해 문장의 서술형태를 수정하였으며, 154번은 청소년의 수준에서 이해하기 쉽도록 보다 쉬운 용어로 대체하였다. 또한 요인부하량이 지나치게 낮게 나온

〈표 19〉 의사결정기술의 하위 영역별 문항 구성

하위 영역	문 항	문항 수
기본자세	148, 149, 153, 154, 155, 156, 158, 162*, 163, 164*, 165*, 166*	12개
의사결정 과정	150, 151, 152, 157, 159*, 160*, 161*	7개
전 체		19개

*는 역문항을 의미함.

〈표 20〉 의사결정기술의 문항양호도

문 항		평균	SD	요인 부하량	기술-문항 상관계수	비고
148.	나는 의사결정을 할 때 먼저 계획을 세운다.	2.72	0.93	0.65	0.50	
149.	나는 의사결정을 할 때 한 단계 한 단계 체계적으로 한다.	2.71	0.91	0.68	0.48	
150.	나는 의사결정을 할 때 문제의 핵심이 무엇인지 먼저 정확히 파악한다.	2.99	0.94	0.75	0.56	
151.	나는 의사결정을 할 때 내가 얻을 수 있는 모든 정보를 수집한다.	2.91	1.01	0.71	0.48	
152.	내가 수집한 정보들의 장단점을 확인해 본 후 의사결정을 한다.	3.00	0.99	0.68	0.43	수정
153.	나는 의사결정을 할 때 도움이 되는 합리적인 방법을 선택한다.	3.20	0.94	0.71	0.57	
154.	나는 의사결정을 할 때 이후의 결과까지 고려한다.	3.23	0.97	0.74	0.63	수정
155.	나는 의사결정을 할 때 시간을 갖고 주의 깊게 생각한다.	3.14	0.98	0.70	0.56	
156.	나는 의사결정을 할 때 이전의 경험을 참고한다.	3.30	0.99	0.66	0.50	
157.	나는 의사결정을 내린 후 그 결과에 따라 행동한다.	3.23	0.91	0.69	0.53	수정
158.	나는 내가 내린 의사결정에 대해 책임을 진다.	3.20	0.92	0.58	0.37	
159.	나는 그때그때 즉흥적인 기분에 따라 의사결정을 내리는 편이다.	2.80	0.94	-0.22	0.11	삭제
160.	나는 의사결정을 할 때 다른 사람의 눈치를 많이 본다.	2.89	1.05	-0.21	0.26	삭제
161.	나는 다른 사람의 도움 없이는 의사결정을 하기가 힘들다.	3.24	0.94	-0.12	0.42	삭제
162.	나는 작은 일에도 의사결정을 내리지 못하고 머뭇거린다.	3.20	1.06	-0.14	0.39	삭제
163.	나는 의사결정을 할 때 남의 의견을 고려하지 않는다.	3.57	0.96	0.08	0.34	수정
164.	나는 의사결정을 할 때 내 의사와는 관계없이 남의 의견을 따른다.	3.48	1.01	0.10	0.53	삭제
165.	나는 의사결정을 할 때 남이 대신 결정해주길 바란다.	3.44	1.03	0.18	0.58	삭제
166.	나는 의사결정을 해야 할 상황이 되면 회피한다.	3.40	1.05	0.12	0.53	삭제
추가1	나는 의사결정을 할 때 어떤 정보가 실천가능한지 아닌지 판단할 수 있다.					이동
추가2	나는 의사결정을 하기 위해 수집한 정보들을 바탕으로 의사결정을 한다.					개발
추가3	나는 처음 내린 의사결정이 나쁠 경우 두 번째 방법을 제시할 수 있다.					개발
추가4	나는 내가 내린 의사결정이 올바른 것이었는지 평가해 본다.					개발

〈표 21〉 의사결정기술의 문항 수정 결과

수정 전	수정 후	수정 이유
152. 나는 수집한 정보들의 장단점을 확인해 본 후 의사결정을 한다.	나는 의사결정을 하기 위해 수집한 정보들의 장단점을 확인한다.	간결하면서 좀 더 이해하기 쉬운 문장 형태로 수정함
154. 나는 의사결정을 할 때 이후의 결과까지 고려한다.	나는 의사결정을 할 때 이후의 결과까지 생각한다.	청소년이 대상이므로 이해하기 쉬운 용어로 대체함
157. 나는 의사결정을 내린 후 그 결과에 따라 행동한다.	나는 의사결정 결과에 따라 행동한다.	간결하면서 좀 더 이해하기 쉬운 문장 형태로 수정함
159. 나는 그때그때 즉홍적인 기분에 따라 의사결정을 내리는 편이다.	삭제	요인부하량 및 기술-문항 간 상관계수가 너무 낮음
160. 나는 의사결정을 할 때 다른 사람의 눈치를 많이 본다.	삭제	요인부하량 및 기술-문항 간 상관계수가 너무 낮음
161. 나는 다른 사람의 도움 없이는 의사결정을 하기가 힘들다.	삭제	요인부하량 및 기술-문항 간 상관계수가 너무 낮음
162. 나는 사소한 일에도 의사결정을 내리지 못하고 머뭇거린다.	삭제	요인부하량 및 기술-문항 간 상관계수가 너무 낮음
163. 나는 의사결정을 할 때 남의 의견을 고려하지 않는다.	나는 의사결정을 할 때 다른 사람의 의견을 참고한다.	좀 더 명확한 의미전달을 위해 긍정형의 문항으로 변경함
164. 나는 의사결정을 할 때 내 의사와는 관계없이 남의 의견을 따른다.	삭제	요인부하량 및 기술-문항 간 상관계수가 너무 낮음
165. 나는 의사결정을 할 때 남이 대신 결정해주길 바란다.	삭제	요인부하량 및 기술-문항 간 상관계수가 너무 낮음
166. 나는 의사결정을 해야 할 상황이 되면 회피한다.	삭제	요인부하량 및 기술-문항 간 상관계수가 너무 낮음
	나는 의사결정을 할 때 어떤 정보가 실천가능한지 아닌지 판단할 수 있다.	창의성개발 기술의 문항을 이동하여 의사결정 기술의 문항에 적합하도록 개발함
	나는 의사결정을 하기 위해 수집한 정보들을 바탕으로 의사결정을 한다.	추가 개발함
	나는 처음 내린 의사결정이 나쁠 경우 두 번째 방법을 제시할 수 있다.	추가 개발함
	나는 내가 내린 의사결정이 올바른 것이었는지 평가해 본다.	추가 개발함

159−166번의 문항 중 163번을 제외한 나머지 7문항은 모두 삭제하였고, 163번은 피검사자의 혼동을 줄일 수 있도록 긍정형의 문항으로 수정하였다.

의사결정기술의 예비조사 결과가 다른 생활기술에 비해 양호하지 못하여 상대적으로 많은 문항이 삭제되었으므로, 선행연구의 재탐색과 연구자 간의 협의를 통해 문항을 일부 추가하였다. 그중 첫 번째로 추가된 문항은 창의성개발기술에서 이동되어 온 문항이며, 나머지 세 개는 의사결정기술의 하위 영역 중 의사결정 과정에 적합하도록 새로이 추가 개발된 문항이다. 이러한 수정 과정을 거쳐 의사결정기술은 최종 16개의 문항으로 구성되었다(〈표 21〉 참조).

3. 학습역량

청소년의 생활역량 중 학습역량을 나타내는 과제해결기술, 정보활용기술, 학습태도기술의 문항을 개발하여 예비검사를 실시하였다. 조사된 자료를 토대로 문항양호도를 검증하여 본검사를 위한 최종 문항을 설정하였다.

1) 과제해결기술

이론적 연구를 통해 과제해결기술에 해당되는 하위 영역으로 학습, 과제의 2개 영역을 설정하였다. 〈표 22〉와 같이 각 하위 영역별로 문항을 구성하여 총 20개의 문항으로 이루어진 예비검사를 실시하였다.

〈표 22〉 과제해결기술의 하위 영역별 문항 구성

하위 영역	문 항	문항 수
학 습	167, 168, 169, 170, 171, 172, 173, 174, 175	9개
과 제	176, 177, 178, 179, 180, 181, 182, 183, 184, 185, 186	11개
전 체		20개

과제해결기술을 구성하고 있는 문항의 양호도를 검사하기 위해 각 문항별 평균, 표준편차, 요인부하량, 생활기술-문항 간 상관계수를 산출하였다. 최초 개발된 20개의 문항 중 평균값이 3.5−4.0 미만인 문항은 2개, 3.0−3.5 미만인 문항은 12개, 3.0 미만인 문항은 6개로 나타났다.

또한 과제해결기술의 경우 요인부하량은 0.45−0.74로, 생활기술-문항 간 상관계수는 0.47−0.73으로 나타났다(〈표 23〉 참조).

전반적으로 과제해결기술의 문항들은 양호하였으나, 문항을 재검토하여 5개의 문항을 삭제하였다. 먼저, 171번과 180번 문항은 평균이 다른 문항에 비해 높아 변별력이 떨어진다고 판단되어 삭제하였고, 174번 문항은 지나치게 한정적인 상황이라 판단되어 삭제하였다. 또한 184번 문항은 176번 문항과, 186번 문항은 179번 문항과 의미가 중복되어 삭제하였다.

따라서 과제해결기술의 경우 최초 20개의 문항에서 5개의 문항이 삭제되어 최종 15개의 문항으로 재구성되었다. 문항이 삭제된 사항을 〈표 24〉에 제시하였다.

〈표 23〉 과제해결기술의 문항양호도

문 항	평균	SD	요인 부하량	기술-문항 상관계수	비고
167. 나는 새로운 내용을 공부하기 전에 목차나 내용의 흐름을 미리 훑어본다.	2.95	1.02	0.54	0.55	
168. 나는 글을 읽을 때 어려운 낱말이나 내용의 뜻풀이를 찾아본다.	2.97	1.02	0.63	0.63	
169. 나는 글을 읽으면서 중요하다고 생각되는 것에 밑줄을 긋거나 표시를 해둔다.	3.37	1.06	0.62	0.63	
170. 나는 읽은 내용에 대해 스스로 질문해 보고 제대로 이해했는지 확인한다.	3.00	1.04	0.62	0.62	
171. 나는 글을 읽다가 이해가 안 되면 앞의 내용을 다시 읽어본다.	3.53	0.98	0.67	0.67	삭제
172. 나는 한번 외운 내용을 잊어버리지 않도록 틈틈이 되풀이해서 외운다.	2.91	1.03	0.59	0.59	
173. 나는 외우기 힘든 내용들은 첫 글자만 이어서 외우는 등 나만의 암기방법을 사용한다.	3.16	1.13	0.63	0.64	
174. 나는 공부할 때 외운 것은 눈을 감고 다시 떠올려 본다.	3.16	1.04	0.68	0.69	삭제
175. 나는 글을 읽은 후 내용을 요약・정리한다.	3.03	1.06	0.58	0.59	
176. 나는 해야 할 과제의 중요한 순서를 정해 놓고 그 순서에 따라 진행한다.	3.04	1.07	0.74	0.73	
177. 나는 과제의 핵심이 무엇인지 정확히 파악한 후 과제를 시작한다.	2.99	0.97	0.69	0.66	
178. 나는 과제를 하기 전에 어떤 방법으로 해결할 것인지 먼저 생각한다.	3.06	1.01	0.71	0.65	
185. 나는 과제 마감날짜를 잊지 않도록 보이는 곳에 적어둔다.	2.92	1.08	0.60	0.60	순서
179. 나는 과제를 해결하기 위해 친구들과 토론이나 협동학습을 한다.	2.81	0.96	0.52	0.52	
180. 나는 과제를 할 때 도움을 줄 수 있는 참고서나 문제집, 사전, 컴퓨터 등을 참고한다.	3.52	1.01	0.58	0.59	삭제
181. 나는 과제를 할 때 모르는 내용은 선생님이나 친구 혹은 부모님과 의논한다.	3.19	1.11	0.63	0.64	
182. 나는 과제를 하는 동안 제대로 하고 있는지 중간에 확인해 본다.	3.08	1.00	0.66	0.65	
183. 나는 과제를 끝낸 후에 다시 검토해본다.	3.25	1.04	0.67	0.67	
184. 나는 과제가 많을 때 쉬운 과제부터 해결한 후 어려운 과제를 해결한다.	3.33	1.05	0.45	0.47	삭제
186. 나는 조별과제가 있을 때 적극적으로 참여한다.	3.18	1.02	0.65	0.65	삭제

〈표 24〉 과제해결기술의 문항 수정 결과

수정 전	수정 후	수정 이유
171. 나는 글을 읽다가 이해가 안 되면 앞의 내용을 다시 읽어본다.	삭제	평균이 높아 변별력이 떨어짐
174. 나는 공부할 때 외운 것은 눈을 감고 다시 떠올려 본다.	삭제	한정적인 상황을 묘사하고 있음
180. 나는 과제를 할 때 도움을 줄 수 있는 참고서나 문제집, 사전, 컴퓨터 등을 참고한다.	삭제	평균이 높아 변별력이 떨어짐
184. 나는 과제가 많을 때 쉬운 과제부터 해결한 후 어려운 과제를 해결한다.	삭제	176번 문항과 의미가 중복됨
186. 나는 조별과제가 있을 때 적극적으로 참여한다.	삭제	179번 문항과 의미가 중복됨

2) 정보활용기술

선행연구를 통해 정보활용기술에 대한 하위 영역을 탐색, 분석, 적용의 3개로 구성하였다. 〈표 25〉와 같이 각 하위 영역별로 문항을 구성하여 총 18개의 문항을 개발하여 예비검사를 실시하였다.

학습역량 중 청소년의 정보활용기술 문항의 양호도를 검사하기 위해 각 문항별 평균, 표준편차, 요인부하량, 생활기술-문항 간 상관계수를 산출하였다. 최초 개발된 18개의 문항 중 평균값이 3.5−4.0 미만인 문항은 4개, 3.0−3.5 미만인 문항은 11개, 3.0 미만인 문항은 3개로 나타났다.

〈표 25〉 정보활용기술의 하위 영역별 문항 구성

하위 영역	문 항	문항 수
탐 색	187, 188, 189, 190, 191, 192, 193	7개
분 석	194, 195, 196, 197	4개
적 용	198, 199, 200, 201, 202, 203, 204	7개
전 체		18개

〈표 26〉 정보활용기술의 문항양호도

문 항	평균	SD	요인 부하량	기술-문항 상관 계수	비고
187. 나는 관심이 있는 분야에 대해서 꼼꼼하게 정보를 모은다.	3.22	1.07	0.57	0.57	
188. 나는 수업에서 모르는 것이 있어도 선생님께 질문을 하지 않고 그냥 넘어가는 편이다.	2.88	1.02	-0.10	0.05	삭제
189. 나는 자료를 내가 직접 수집하지 않고 친구에게 얻는 일이 많다.	3.11	0.95	0.02	0.15	삭제
190. 나는 화제가 되고 있는 책이나 잡지는 한번 읽어 보는 편이다.	3.13	1.07	0.55	0.57	
191. 나는 과제 해결을 위해 신문이나 TV뉴스 등을 활용하여 정보를 찾는다.	3.12	1.00	0.53	0.54	
192. 나는 과제 해결을 위해 교과서, 참고서, 백과사전 등을 활용하여 정보를 찾는다.	3.16	0.95	0.55	0.55	
193. 나는 과제 해결을 위해 인터넷을 활용하여 정보를 찾는다.	3.57	1.03	0.63	0.55	
194. 나는 수집한 다양한 정보들을 특징에 따라 분류하여 정리한다.	2.95	1.02	0.54	0.58	
195. 나는 수집한 글, 그림, 사진 등을 모아 알맞게 스크랩한다.	2.89	1.06	0.54	0.59	삭제
196. 나는 수집한 정보에서 중요한 내용을 찾아 요약한다.	3.05	1.00	0.61	0.65	
197. 나는 수집한 정보 중에서 어떤 것이 과제해결에 적합한 정보인지 알 수 있다.	3.16	0.93	0.67	0.67	
198. 나는 수집한 정보를 주고받기 위해 메일이나 메신저를 사용할 수 있다.	3.35	1.10	0.65	0.64	
199. 나는 수집한 정보를 활용하여 발표자료를 만들 수 있다.	3.19	1.06	0.73	0.72	
200. 나는 과제를 할 때 필요한 글, 그림, 음악 등의 파일을 다운받아 사용할 수 있다.	3.57	1.01	0.71	0.65	
201. 나는 과제를 발표하기 위해 인터넷, 파워포인트, 워드프로세서 등 다양한 프로그램을 사용할 수 있다.	3.40	1.08	0.73	0.69	수정
202. 나는 내가 필요한 정보를 적절하게 출력할 수 있다.	3.50	1.05	0.75	0.68	
203. 나는 수집한 정보를 표, 그림, 특수문자 등을 넣어 문서로 잘 표현할 수 있다	3.51	1.07	0.73	0.69	삭제
204. 나는 수집한 정보를 다시 정리(재조직)하여 새로운 내용을 만들 수 있다.	3.25	1.02	0.70	0.67	

또한 요인분석 결과, 188번과 189번은 지나치게 낮게 산출되어 본검사 도구 제작 시 수정이 요구되었고, 그 외 문항은 0.53－0.75 사이에 있었다. 한편, 생활기술-문항 간 상관계수는 0.05－0.72 사이에 있었다(〈표 26〉 참조).

정보활용기술의 문항 중 188번과 189번은 요인부하량과 생활기술-문항 간 상관계수가 너무 낮게 나와 우선적으로 삭제하였다. 또한 195번 문항은 194번 문항과 의미가 중복되어 삭제하였고, 201번 문항은 과제를 발표한다는 한정적인 의미를 없애는 문구로 수정하였다. 또한 203번 문항은 196번 문항과 의미가 중복되어 삭제되었다.

따라서 정보활용기술은 18개의 문항에서 4개의 문항이 삭제되고 1개의 문항이 수정되어 최종 14개의 문항으로 재구성되었다. 문항이 삭제되거나 수정된 사항을 〈표 27〉에 제시하였다.

〈표 27〉 정보활용기술의 문항 수정 결과

수정 전	수정 후	수정 이유
188. 나는 수업에서 모르는 것이 있어도 선생님께 질문을 하지 않고 그냥 넘어가는 편이다.	삭제	요인부하량 및 기술-문항 간 상관계수가 너무 낮음
189. 나는 자료를 내가 직접 수집하지 않고 친구에게 얻는 일이 많다.	삭제	요인부하량 및 기술-문항 간 상관계수가 너무 낮음
195. 나는 수집한 글, 그림, 사진 등을 모아 알맞게 스크랩한다.	삭제	194번 문항과 의미가 중복됨
201. 나는 과제를 발표하기 위해 인터넷, 파워포인트, 워드프로세서 등 다양한 프로그램을 사용할 수 있다.	나는 인터넷, 파워포인트, 워드프로세서 등 다양한 프로그램을 사용할 수 있다.	과제를 발표한다는 한정적인 의미를 삭제함
203. 나는 수집한 정보를 표, 그림, 특수문자 등을 넣어 문서로 잘 표현할 수 있다.	삭제	196번 문항과 의미가 중복됨

3) 학습태도기술

선행연구의 이론적 고찰을 통해 학습태도기술에 대한 하위 영역을 수업, 공부, 과제라는 3개의 하위영역으로 구성하였다. 〈표 28〉과 같이 각 하위 영역별로 문항을 구성하여 총 22개의 문항을 최초에 개발하여 예비검사를 실시하였다.

청소년의 학습역량 중 학습태도기술 문항의 양호도를 검사하기 위해 각 문항별 평균, 표준편차, 요인부하량, 생활기술-문항 간 상관계수를 산출하였다. 최초 개발된 22개의 문항 중 평균값이 3.5−4.0 미만인 문항은 1개, 3.0−3.5 미만인 문항은 10개, 2.5−3.0 미만인 문항은 11개로 나타났다.

또한 학습태도기술의 요인부하량은 0.23−0.74로, 생활기술-문항 간 상관계수는 0.30−0.72로 나타나 일부 문항이 통계적 기준으로 양호하지 않음을 알 수 있다(〈표 29〉 참조).

학습태도기술 문항의 재검토를 통해 요인부하량과 생활기술-문항 간 상관계수가 지나치게 낮은 213번과 222번 문항을 우선적으로 삭제하였다. 206번 문항은 너무 한정적인 행위로 판단되어 삭제하였고, 212번 문항은 211번 문항과 중복되어 삭제하였으며, 216번 문항은 학습태도기술보다 과제해결기술에 가까운 문항이라 판단되어 삭제하

〈표 28〉 학습태도기술의 하위 영역별 문항 구성

하위 영역	문 항	문항 수
수 업	205, 206, 207, 208, 209, 210, 211, 212, 213*, 214*, 215	11개
공 부	216, 217, 218, 219, 220, 221*, 222*	7개
과 제	223, 224, 225*, 226	4개
전 체		22개

*는 역문항을 의미함.

〈표 29〉 학습태도기술의 문항양호도

문 항	평균	SD	요인 부하량	기술-문항 상관 계수	비고
205. 나는 결석이나 지각을 하지 않는다.	3.68	1.24	0.42	0.44	
206. 나는 수업시간에 앞자리에 앉으려고 한다.	2.87	1.12	0.52	0.52	삭제
207. 나는 수업시작 전에 책과 노트를 미리 준비해 놓는다.	3.44	1.04	0.54	0.54	
208. 나는 수업시간에 바른 자세를 유지하려고 한다.	3.17	1.00	0.67	0.65	
209. 나는 수업시간에 선생님의 설명을 열심히 듣는다.	3.23	0.99	0.74	0.72	
210. 나는 수업시간에 선생님의 설명을 책이나 공책에 정리한다.	3.22	1.01	0.66	0.63	
211. 나는 수업시간에 배운 내용을 그때그때 확실히 알고 넘어간다.	2.86	0.95	0.68	0.64	
212. 나는 수업이 끝난 후 그 시간에 배운 중요한 내용을 머릿속에 정리한다.	2.79	0.94	0.62	0.59	삭제
213. 나는 수업시간에 장난을 치는 편이다.	2.94	0.97	0.23	0.30	삭제
214. 나는 수업시간에 자주 조는 편이다.	2.88	1.09	0.41	0.46	
215. 나는 발표시간에 적극적으로 참여한다.	2.72	1.05	0.55	0.53	
216. 나는 성적을 올리기 위해 목표를 세워 공부한다.	3.12	1.09	0.71	0.68	삭제
217. 나는 수업시간에 배울 내용을 미리 예습한다.	2.58	1.07	0.60	0.58	
218. 나는 수업시간에 배운 내용을 밀리지 않고 복습한다.	2.61	1.04	0.66	0.65	
219. 나는 공부할 때 열심히 공부하고 놀 때 열심히 논다.	3.06	1.10	0.64	0.63	
220. 나는 부모님께서 공부하라고 하지 않아도 스스로 공부한다.	2.79	1.05	0.60	0.61	
221. 나는 공부할 때 꾸준히 앉아있지 못한다.	2.88	1.08	0.30	0.37	
222. 나는 벼락치기로 공부한다.	2.70	1.13	0.28	0.36	삭제
223. 나는 선생님이 과제를 내주실 때 이를 받아 적는다.	3.20	1.02	0.55	0.53	
224. 나는 선생님이 정한 기간에 맞춰 숙제를 제출한다.	3.27	1.10	0.64	0.64	
225. 나는 숙제할 때 인터넷이나 친구의 숙제를 그대로 베껴낸다.	3.15	1.01	0.36	0.41	수정
226. 나는 학습준비물을 꼬박꼬박 챙겨온다.	3.26	1.01	0.64	0.63	

였다. 그리고 두 가지 질문을 담고 있는 225번 문항은 '인터넷'이라는 단어를 삭제하여 보다 명확한 문항이 되도록 수정하였다.

따라서 학습태도기술의 경우 22개의 문항 중 5개의 문항이 삭제되고, 1개의 문항이 수정되어 최종 17개의 문항으로 재구성되었다. 문항이 삭제되거나 수정된 사항을 〈표 30〉에 제시하였다.

〈표 30〉 학습태도기술의 문항 수정 결과

수정 전	수정 후	수정 이유
206. 나는 수업시간에 앞자리에 앉으려고 한다.	삭제	너무 한정적인 행위로 판단됨
212. 나는 수업이 끝난 후 그 시간에 배운 중요한 내용을 머릿속에 정리한다.	삭제	211번 문항과 중복적인 의미 포함
213. 나는 수업시간에 장난을 치는 편이다.	삭제	요인부하량 및 기술-문항 간 상관계수가 너무 낮음
216. 나는 성적을 올리기 위해 목표를 세워 공부한다.	삭제	태도보다는 과제해결 기술에 가까움
222. 나는 벼락치기로 공부한다.	삭제	요인부하량 및 기술-문항 간 상관계수가 너무 낮음
225. 나는 숙제할 때 인터넷이나 친구의 숙제를 그대로 베껴낸다.	나는 숙제할 때 친구의 숙제를 그대로 베껴낸다.	한 문항에 두 가지 질문을 담고 있음

4. 대인관계역량

청소년의 생활역량 중 대인관계역량을 나타내는 의사소통기술, 인간관계기술, 갈등조절기술, 리더십기술의 문항을 개발하여 예비검사를 실시하였다. 이를 통해 수집된 자료를 토대로 문항양호도를 검증하여 본검사를 위한 최종 문항을 선정하였다.

1) 의사소통기술

선행연구의 이론적 탐구를 통해 의사소통기술에 대한 하위 영역을 적극적 경청, 공감적 반응, 자기표현의 3개로 구성하였다. 〈표 31〉과 같이 각 하위 영역별로 문항을 구성하여 총 21개의 문항을 최초에 개발하여 예비검사를 실시하였다.

의사소통기술을 구성하고 있는 문항의 양호도를 알아보기 위해 각 문항별 평균, 표준편차, 요인부하량, 생활기술 대 문항 간 상관계수를 분석하였다. 그 결과 21개의 문항 중 평균값이 3.0－3.5 미만에 존재하는 문항은 12개, 3.5－4.0 미만인 문항이 9개로 나타났다. 또한 요인분석을 실시한 결과 모든 문항이 0.40 이상으로 나타났으며, 생활기술-문항 간 상관계수가 0.49－0.65로 나타나 비교적 양호함을 알 수 있다(〈표 32〉 참조).

전반적으로 의사소통기술의 문항이 양호하였으나, 문항을 재검토하여 의미가 중복되는 문항, 해당 기술의 내용을 벗어나는 문항, 지나치게 포괄적인 문항, 애매하거나 불명확한 용어로 인해 검사자로 하여금 오해를 하게 하는 문항 등을 수정하였다. 그 결과 지나치게 포괄적이라 판단된 227번 문항, 232번과 유사한 231번 문항이 삭제되었고, 질문의도와 다르게 이해될 소지가 있는 241번과 245번 문항이

〈표 31〉 의사소통기술의 하위 영역별 문항 구성

하위 영역	문 항	문항 수
적극적 경청	227, 228, 229, 230, 231, 232, 233	7개
공감적 반응	234, 235	2개
자기표현	236, 237, 238, 239, 240, 241, 242, 243, 244, 245, 246, 247	12개
전 체		21개

〈표 32〉 의사소통기술의 문항양호도

문 항	평균	SD	요인 부하량	기술-문항 상관 계수	비고
227. 나는 다른 사람이 말할 때 집중하여 듣는다.	3.72	0.75	0.65	0.63	삭제
228. 나는 대화 중에 사소한 내용도 무시하지 않는다.	3.37	0.82	0.63	0.61	
229. 나는 상대방이 말할 때 끼어들지 않는다.	3.29	0.87	0.48	0.49	
230. 나는 대화 중에 상대방이 말하고자 하는 것을 제대로 이해한다.	3.51	0.83	0.62	0.61	
231. 나는 다른 사람이 말할 때 바른 태도로 듣는다.	3.50	0.82	0.66	0.65	삭제
232. 나는 상대방이 말할 때 시선을 맞추며 이야기를 듣는다.	3.61	0.92	0.62	0.61	
233. 나는 친구들로부터 자기의 말을 잘 들어주는 친구라는 소리를 자주 듣는다.	3.21	0.95	0.61	0.61	
234. 나는 대화할 때 상대방의 입장에서 이야기를 듣고 대답한다.	3.46	0.88	0.64	0.63	
235. 나는 대화할 때 내가 상대의 말을 잘 알아듣고 있음을 말이나 고갯짓으로 알린다.	3.80	0.95	0.56	0.57	
236. 나는 하고 싶은 말을 쉽고 분명하게 표현한다.	3.48	0.91	0.54	0.54	
237. 나는 상황에 맞게 목소리를 조절하여 말한다.	3.53	0.90	0.53	0.54	
238. 나는 대화할 때 상대방과 시선을 맞추며 말한다.	3.64	0.88	0.64	0.64	
239. 나는 대화할 때 정확하게 발음한다.	3.36	0.90	0.63	0.63	
240. 나는 대화할 때 표정과 몸짓을 적절하게 사용한다.	3.55	0.95	0.51	0.52	
241. 나는 즉흥적으로 말하기보다는 한 번 더 생각하고 말한다.	3.20	1.00	0.57	0.58	삭제
242. 나는 상대방이 화났을 때 화를 가라앉히기 위해 부드러운 목소리로 말할 수 있다.	3.24	1.00	0.55	0.56	수정
243. 나는 상대(어른, 친구)에 따라 적절한 존칭어를 사용한다.	3.95	0.91	0.57	0.57	삭제
244. 나는 들었던 이야기를 다른 사람에게 정확히 전달할 수 있다.	3.57	0.91	0.64	0.63	수정
245. 나는 내가 원하지 않는 것을 친구가 같이 하자고 할 때 분명하게 거절한다.	3.36	0.94	0.49	0.50	삭제
246. 나는 감정에 치우치거나 당황하지 않고 나의 의견을 말한다.	3.24	0.85	0.54	0.55	
247. 나는 상대방의 기분을 상하지 않게 하면서 반대의견을 말할 수 있다.	3.33	0.96	0.61	0.61	수정

삭제되었다. 또한 242, 244, 247번은 문항의 중립성을 높이기 위해 서술어를 수정하였으며, 243번은 다른 문항에 비해 평균값이 지나치게 높고 표준편차가 작아 변별력이 떨어질 우려가 있는 것으로 판단되어 삭제하였다. 이러한 수정 과정을 거쳐 의사소통기술은 최종 16개의 문항으로 구성되었다(〈표 33〉 참조).

〈표 33〉 의사소통기술의 문항 수정 결과

수정 전	수정 후	수정 이유
227. 나는 다른 사람이 말할 때 집중하여 듣는다.	삭제	지나치게 포괄적임
231. 나는 다른 사람이 말할 때 바른 태도로 듣는다.	삭제	232번의 문항과 유사함
241. 나는 즉흥적으로 말하기보다는 한 번 더 생각하고 말한다.	삭제	신중함을 고려한 문항인데, 즉흥성이 강조될 우려가 있음
242. 나는 상대방이 화났을 때 화를 가라앉히기 위해 부드러운 목소리로 말할 수 있다.	나는 상대방이 화났을 때 화를 가라앉히기 위해 부드러운 목소리로 말한다.	중립적인 용어로 서술하기 위해 '말할 수 있다'를 '말한다'로 수정
243. 나는 상대(어른, 친구)에 따라 적절한 존칭어를 사용한다.	삭제	평균이 다른 문항에 비해 지나치게 높아 변별력이 낮음
244. 나는 들었던 이야기를 다른 사람에게 정확히 전달할 수 있다.	나는 들었던 이야기를 다른 사람에게 정확히 전달한다.	중립적인 용어로 서술하기 위해 '말할 수 있다'를 '말한다'로 수정
245. 나는 내가 원하지 않는 것을 친구가 같이 하자고 할 때 분명하게 거절한다.	삭제	맺고 끊음이 확실하다는 것으로 오해할 소지가 있음
247. 나는 상대방의 기분을 상하지 않게 하면서 반대의견을 말할 수 있다.	나는 상대방의 기분을 상하지 않게 하면서 반대의견을 말한다.	중립적인 용어로 서술하기 위해 '말할 수 있다'를 '말한다'로 수정

2) 인간관계기술

선행연구들을 토대로 인간관계기술에 대한 하위 영역을 만족감, 신뢰감, 친근감, 민감성, 개방성, 이해성의 6개 영역으로 구성하였고,

〈표 34〉와 같이 각 하위 영역별로 총 21개의 문항을 개발하여 예비검사를 실시하였다.

인간관계기술을 구성하고 있는 문항의 양호도를 알아보기 위해 각 문항별 평균, 표준편차, 요인부하량, 생활기술-문항 간의 상관계수를 분석하였다. 그 결과 21개의 문항 중 평균값이 3.5−4.0 미만에 존재하는 문항은 9문항, 3.0−3.5 미만에 존재하는 문항은 11개, 2.5−3.0 미만인 문항이 1개로 나타났다. 또한 요인분석과 상관계수를 산출한 결과 251번과 254번 문항의 요인부하량이 0.40 미만으로 나타났으며, 생활기술-문항의 상관계수도 0.39와 0.36으로 나타나 검토가 필요하였다. 그 외 19개의 문항은 요인부하량이 0.40 이상으로 나타났으며, 생활기술-문항 간 상관계수는 0.50−0.67로 나타났다(〈표 35〉 참조).

인간관계기술의 문항양호도 확인을 통해 요인부하량과 생활기술-문항 간 상관계수가 다른 문항에 비해 상대적으로 낮게 나온 251번과 254번에 대한 검토를 우선적으로 실시하였다. 그 결과 비록 수치상으로는 문항양호도가 미흡하였지만, 청소년의 생활기술에 꼭 필요한 문항이라 판단되어 본검사 문항으로 선정하였다. 그 외 모든 문항들

〈표 34〉 인간관계기술의 하위 영역별 문항 구성

하위 영역	문 항	문항 수
만족감	248, 249	2개
신뢰감	250, 251, 252, 253, 254	5개
친근감	255, 256, 257, 258, 259	5개
민감성	260, 261	2개
개방성	262, 263, 264, 265, 266, 267	6개
이해성	268	1개
전 체		21개

〈표 35〉 인간관계기술의 문항양호도

문 항	평균	SD	요인 부하량	기술-문항 상관계수	비고
248. 나는 내 주변 사람들과의 관계를 만족스럽게 유지한다.	3.63	0.77	0.58	0.57	삭제
249. 다른 사람들은 나를 좋은 사람이라고 말한다.	3.37	0.81	0.60	0.58	삭제
250. 나는 상대방의 단점보다는 장점을 보려고 한다.	3.43	0.86	0.57	0.57	
251. 나는 다른 사람을 험담하지 않는다.	2.89	0.98	0.35	0.39	
252. 나는 힘이 들더라도 친구의 어려운 일을 도와준다.	3.38	0.87	0.60	0.60	
253. 나는 내 주변 사람들을 신뢰한다.	3.60	0.95	0.65	0.65	삭제
254. 나는 친구와의 비밀을 남에게 이야기하지 않는다.	3.81	1.02	0.32	0.36	
255. 나는 다른 사람들에게 친절히 대한다.	3.68	0.84	0.65	0.61	
256. 나는 친구와 잘 어울린다.	3.76	0.87	0.67	0.66	
257. 나는 가족과의 관계가 친밀하다.	3.90	1.02	0.49	0.50	
258. 나는 선생님과의 관계가 원만하다.	3.40	0.99	0.54	0.55	
259. 나는 다른 사람들에 대해 관심을 가진다.	3.61	0.93	0.65	0.64	
260. 나는 다른 사람들의 생각, 바라는 것을 잘 안다.	3.38	0.83	0.63	0.62	수정
261. 나는 다른 사람들의 느낌을 빨리 알아챈다.	3.54	0.93	0.59	0.58	삭제
262. 나는 필요 시 처음 본 사람에게 적극적으로 말을 건넨다.	3.14	1.12	0.51	0.53	
263. 나는 사람들과 사귀는 것에 자신 있다.	3.16	1.03	0.55	0.56	
264. 나는 다른 사람의 장점이나 잘한 일에 대해 칭찬을 잘 한다.	3.40	0.89	0.67	0.66	
265. 나는 상대방에 대한 좋은 생각이나 느낌을 잘 표현한다.	3.39	0.86	0.68	0.67	삭제
266. 나는 다른 사람의 충고와 비판을 잘 받아들인다.	3.34	0.91	0.59	0.59	
267. 나는 나의 관심거리에 대해서 다른 사람과 이야기를 잘 나눈다.	3.69	0.89	0.51	0.52	
268. 나는 다른 사람들과 어떻게 지내야 하는지 잘 알고 있다.	3.43	0.93	0.64	0.63	삭제

이 양호한 것으로 나타났으나 양질의 본검사 문항을 추출하기 위해 재검토한 결과, 248, 249, 253, 261, 265, 268번 문항을 삭제하였고, 260번 문항의 문구를 수정하였다.

이 과정을 구체적으로 살펴보면 다음과 같다. 먼저, 248번 문항은 256−258번 문항을 전반적으로 포함하고 있는 것으로 판단되어 삭제하였고, 지나치게 포괄적이라 판단된 249, 253, 268번 문항을 삭제하였으며, 261번 문항은 260번과, 265번 문항은 264번 문항과 유사하여 삭제하였다. 그리고 260번 문항은 묻고자 하는 바를 좀 더 구체적이고 명확하게 나타내기 위해 문구를 수정하였다. 이러한 수정을 통해 인간관계기술은 최종 15개의 문항으로 구성되었다(〈표 36〉 참조).

〈표 36〉 인간관계기술의 문항 수정 결과

수정 전	수정 후	수정 이유
248. 나는 내 주변 사람들과의 관계를 만족스럽게 유지한다.	삭제	256－258번 문항을 포괄적으로 담고 있음
249. 다른 사람들은 나를 좋은 사람이라고 말한다.	삭제	명확하지 못함
253. 나는 내 주변 사람들을 신뢰한다.	삭제	명확하지 못하고 포괄적임
260. 나는 다른 사람들의 생각이나 바라는 것을 잘 안다.	나는 다른 사람들의 느낌, 생각, 바라는 것을 잘 알아챈다.	문항이 묻고자하는 바를 좀 더 명확하게 표현해야 함
261. 나는 다른 사람들의 느낌을 빨리 알아챈다.	삭제	260번 문항에 포함되는 내용임
265. 나는 상대방에 대한 좋은 생각이나 느낌을 잘 표현한다.	삭제	264번 문항과 유사함
268. 나는 다른 사람들과 어떻게 지내야 하는지 잘 알고 있다.	삭제	명확하지 못함

3) 갈등조절기술

청소년의 갈등조절에 대한 문헌을 토대로 기본자세와 절충 및 협력을 갈등조절기술의 하위 영역으로 설정하였고, 각 하위 영역별로 총 19개의 문항을 최초에 개발하여 예비검사를 실시하였다(〈표 37〉 참조).

갈등조절기술을 구성하고 있는 문항의 양호도를 알아보기 위해 각

〈표 37〉 갈등조절기술의 하위 영역별 문항 구성

하위 영역	문 항	문항 수
기본자세	269, 270, 271, 272, 273, 274	6개
절충 및 협력	275, 276, 277, 278, 279, 280, 281, 282, 283, 284, 285, 286, 287	13개
전 체		19개

문항별 평균, 표준편차, 요인부하량, 생활기술-문항 간의 상관계수를 분석하였다. 그 결과 19개의 문항 중 평균값이 3.5−4.0 미만에 존재하는 문항은 8개, 3.0−3.5 미만에 존재하는 문항은 10개, 2.5−3.0 미만인 문항이 1개로 나타났다. 또한 요인분석과 상관계수를 산출한 결과 281, 282, 284, 287번 문항의 요인부하량이 0.40 미만으로 나타났으며, 생활기술-문항 간 상관계수도 낮게 나타나 검토가 필요하였다. 그 외 15문항은 모두 요인부하량이 0.40 이상이었으며, 생활기술-문항 간 상관계수도 0.40−0.68로 나타났다(〈표 38〉 참조).

갈등조절기술의 문항양호도 확인을 통해 요인부하량과 생활기술 대 문항 간 상관계수가 매우 낮게 나온 281, 282, 284, 287번 문항은 최종 검토를 통해 우선적으로 삭제되었다. 그 외 모든 문항은 통계적으로 양호하였지만, 지나치게 포괄적이라 판단된 269번 문항을 삭제하였으며, 275번 문항은 276번과 유사한 내용을 포함하고 있는 것으로 판단되어 삭제하였다. 또한, 283번 문항은 의미를 좀 더 명확히 하기 위해 문구를 일부 수정하였다. 이러한 수정을 통해 갈등조절기술은 19개 문항에서 최종 13문항으로 구성되었다(〈표 39〉 참조).

〈표 38〉 갈등조절기술의 문항양호도

문 항	평균	SD	요인 부하량	기술-문항 상관 계수	비고
269. 나는 친구와 갈등이 생기지 않도록 항상 노력한다.	3.79	0.86	0.56	0.58	삭제
270. 나는 다른 사람과 다툴 때 약점을 건드리지 않는다.	3.35	1.02	0.53	0.53	
271. 나는 갈등해결 시 아무리 화가 나도 욕설이나 폭력을 사용하지 않는다.	2.77	1.15	0.42	0.40	
272. 나는 제3자 간의 갈등이 생겼을 때 이를 해결하도록 도와준다.	3.48	0.90	0.61	0.60	
273. 나는 다른 사람과 갈등이 생겼을 때 내가 먼저 해결하려고 한다.	3.33	0.96	0.65	0.60	
274. 나는 친구와 나 사이에 기분 나쁜 일이 생기지 않도록 조심한다.	3.76	0.83	0.56	0.56	
275. 나는 친구와 의견이 다를 때 서로가 만족할 수 있는 해결책을 적극적으로 찾는다.	3.52	0.86	0.70	0.67	삭제
276. 나는 친구와 서로 다르게 생각하는 것을 해결하기 위해 같이 의논한다.	3.46	0.91	0.75	0.68	
277. 나는 갈등을 해결하기 위해 나의 생각을 솔직하게 말한다.	3.62	0.89	0.64	0.60	
278. 나는 갈등이 생겼을 때 상대방의 입장에서 생각해 본다.	3.47	0.88	0.65	0.60	
279. 나는 친구와 갈등이 있을 때 다른 사람의 의견을 참고한다.	3.58	0.92	0.66	0.62	
280. 나는 갈등이 생겼을 때 원인을 찾으려고 한다.	3.59	0.92	0.68	0.67	
281. 나는 친구와 갈등이 생겼을 때 적극적으로 해결하지 않고 회피한다.	3.22	1.06	0.09	0.32	삭제
282. 나는 친구와 생각이 다를 때 못들은 척 한다.	3.54	1.10	0.08	0.32	삭제
283. 나는 친구와 바라는 것이 다를 때 조금씩 양보한다.	3.51	0.79	0.54	0.48	수정
284. 나는 친구와 의견이 다를 때 무조건 친구의 의견에 맞춘다.	3.34	1.04	-0.19	0.06	삭제
285. 나는 친구와 생각이 다를 때 나를 잘 이해하도록 설명할 수 있다.	3.28	0.84	0.62	0.54	
286. 나는 친구가 내 의견의 좋은 점을 이해하도록 설명할 수 있다.	3.42	0.82	0.58	0.50	
287. 나는 친구와 생각이 다를 때 나의 주장을 절대 굽히지 않는다.	3.09	0.98	-0.11	0.13	삭제

〈표 39〉 갈등조절기술의 문항 수정 결과

수정 전	수정 후	수정 이유
269. 나는 친구와 갈등이 생기지 않도록 항상 노력한다.	삭제	지나치게 포괄적임
275. 나는 친구와 의견이 다를 때 서로가 만족할 수 있는 해결책을 적극적으로 찾는다.	삭제	276번 문항과 유사함
281. 나는 친구와 갈등이 생겼을 때 적극적으로 해결하지 않고 회피한다.	삭제	요인부하량 및 기술-문항 간 상관계수가 너무 낮음
282. 나는 친구와 생각이 다를 때 못들은 척 한다.	삭제	요인부하량 및 기술-문항 간 상관계수가 너무 낮음
283. 나는 친구와 바라는 것이 다를 때 조금씩 양보한다.	나는 친구와 의견이 다를 때 조금씩 양보한다.	좀 더 명확한 문항으로 수정
284. 나는 친구와 의견이 다를 때 무조건 친구의 의견에 맞춘다.	삭제	요인부하량 및 기술-문항 간 상관계수가 너무 낮음
287. 나는 친구와 생각이 다를 때 나의 주장을 절대 굽히지 않는다.	삭제	요인부하량 및 기술-문항 간 상관계수가 너무 낮음

4) 리더십기술

선행연구들을 토대로 리더십기술에 대한 하위 영역을 자기이해, 학습능력, 의사소통, 의사결정, 인간관계, 조직관리로 구성하였고, 〈표 40〉

〈표 40〉 리더십기술의 하위 영역별 문항 구성

하위 영역	문 항	문항 수
자기이해	299, 300, 301, 302	4개
학습능력	294	1개
의사소통	288	1개
의사결정	289, 290, 291, 303, 304	5개
인간관계	292, 293	2개
조직관리	295, 296, 297, 298, 305, 306, 307, 308	8개
전 체		21개

과 같이 각 하위 영역별로 총 21개의 문항을 최초에 개발하여 예비검사를 실시하였다.

리더십기술을 구성하고 있는 문항의 양호도를 알아보기 위해 각 문항별 평균, 표준편차, 요인부하량, 생활기술-문항 간의 상관계수를 분석하였다. 그 결과 21개의 문항 중 평균값이 3.5−4.0 미만에 존재하는 문항이 3개, 3.0−3.5 미만에 존재하는 문항은 17개, 2.5−3.0 미만인 문항이 1개로 나타났다. 또한 요인분석과 상관분석을 실시한 결과 모든 문항의 요인부하량이 0.40 이상으로 나타났으며, 생활기술-문항 간 상관계수도 0.47−0.74 사이에 존재하고 있어 비교적 양호한 문항으로 구성되어 있음을 알 수 있다(〈표 41〉 참조).

리더십기술의 모든 문항이 통계적으로 양호하였으나, 중복적이거나 해당기술의 내용을 벗어나는 문항, 지나치게 포괄적인 문항, 애매하거나 불명확한 용어로 인해 검사자로 하여금 오해를 하게 하는 문항 등이 있는지 재검토하였다. 이러한 과정에서 297번의 문항은 리더십기술보다 창의성개발기술에 더 적합한 문항으로 판단되었으며, 299번의 문항은 지나치게 포괄적이고, 303번과 304번은 291번과 유사한 문항이었으며, 306번은 조직관리영역에 포함시키기에는 부적절하다는 것을 확인하였다. 이상에서 언급한 5문항을 삭제하여 리더십기술은 최종 16개의 문항으로 구성되었다(〈표 42〉 참조).

〈표 41〉 리더십기술의 문항양호도

문 항	평균	SD	요인 부하량	기술-문항 상관계수	비고
288. 나는 내가 속한 집단의 목표와 해야 할 일을 구성원에게 제대로 전달할 수 있다.	3.02	0.96	0.72	0.72	
289. 나는 집단(학급, 동아리 등)의 목표를 앞장서서 결정할 수 있다.	3.24	0.92	0.75	0.74	
290. 나는 집단에서 해야 할 일의 우선순위를 결정할 수 있다.	3.32	0.88	0.68	0.67	
291. 나는 집단구성원의 의견을 받아들여 집단의 의사결정을 내릴 수 있다.	3.34	0.94	0.73	0.72	
292. 나는 집단의 구성원들과 잘 화합한다.	3.41	0.85	0.71	0.70	
293. 나는 집단에서 일을 할 때 필요한 도움을 다른 사람에게 요청할 수 있다.	3.69	0.88	0.59	0.59	
294. 나는 다양한 정보를 활용하여 집단의 문제를 효과적으로 해결할 수 있다.	3.38	0.89	0.75	0.74	
295. 나는 집단의 새로운 변화를 쉽게 받아들일 수 있다.	3.35	0.89	0.48	0.49	
296. 나는 집단으로 일을 할 때 각 구성원이 해야 할 일을 적절히 나누어 줄 수 있다.	3.40	0.93	0.72	0.71	
297. 나는 집단으로 일을 할 때 구성원들의 다양한 아이디어를 모아 더 나은 것으로 만들어 낼 수 있다.	3.41	0.92	0.71	0.71	삭제
298. 나는 소외되고 있는 친구를 집단활동에 참여시킬 수 있다.	3.31	0.99	0.59	0.60	
299. 나는 나만의 꿈을 가지고 있다.	3.85	1.04	0.44	0.47	삭제
300. 나는 어떠한 일에도 책임 있는 태도를 가진다.	3.48	0.94	0.62	0.63	
301. 나는 어떤 어려운 일도 헤쳐 나갈 용기가 있다.	3.45	1.00	0.70	0.70	
302. 나는 실수를 했을 때 내가 한 실수를 잘 해결할 수 있다.	3.43	0.86	0.60	0.60	
303. 나는 일처리 과정에서 융통성을 발휘할 수 있다.	3.44	0.89	0.67	0.67	삭제
304. 나는 집단에서 일을 할 때 다른 사람의 요구를 잘 받아들인다.	3.52	0.87	0.59	0.59	삭제
305. 나는 집단으로 일을 할 때 서로의 의견이 잘 받아들여지도록 분위기를 조성한다.	3.44	0.87	0.68	0.67	
306. 나는 집단활동에 적극적으로 참여한다.	3.43	1.01	0.71	0.71	삭제
307. 나는 집단회의를 잘 진행할 수 있다.	2.99	1.02	0.71	0.71	
308. 나는 집단으로 일을 할 때 친구들을 잘 이끌어 나간다.	3.12	0.97	0.72	0.72	

〈표 42〉 리더십기술의 문항 수정 결과

수정 전	수정 후	수정 이유
297. 나는 집단으로 일을 할 때 구성원들의 다양한 아이디어를 모아 더 나은 것으로 만들어 낼 수 있다.	삭제	리더십기술보다 창의성개발기술의 문항으로 적합함
299. 나는 나만의 꿈을 가지고 있다.	삭제	지나치게 포괄적임
303. 나는 일처리 과정에서 융통성을 발휘할 수 있다.	삭제	291번과 유사함
304. 나는 집단에서 일을 할 때 다른 사람의 요구를 잘 받아들인다.	삭제	291번과 유사함
306. 나는 집단활동에 적극적으로 참여한다.	삭제	조직관리의 하위 영역의 문항으로 부적절함

5. 민주시민역량

청소년의 생활역량 중 민주시민 역량을 나타내는 생활예절기술, 공동체참여기술의 문항을 개발하여 예비검사를 실시하였다. 이를 통해 조사된 자료를 토대로 문항양호도를 분석하여 본검사를 위한 최종 문항을 완성하였다.

1) 생활예절기술

이론적 탐구를 통해 생활예절기술에 대한 하위 영역을 가정생활, 학교생활, 사회생활의 3개 영역으로 구성하였다. 〈표 43〉과 같이 각 하위 영역별로 문항을 구성하여 총 25개의 문항을 개발하여 예비검사를 실시하였다.

민주시민역량 중 청소년의 생활예절기술 문항의 양호도를 검사하기

〈표 43〉 생활예절기술의 하위 영역별 문항 구성

하위 영역	문 항	문항 수
가정생활	329, 330, 331, 332, 333, 334, 335, 336, 337, 338, 339	11개
학교생활	340, 341, 342, 343, 344	5개
사회생활	345, 346, 347, 348, 349, 350, 351, 352, 353	9개
전 체		25개

위해 각 문항별 평균, 표준편차, 요인부하량, 생활기술-문항 간 상관계수를 산출하였다(〈표 44〉 참조).

최초 개발된 25개의 문항 중 평균값이 4.0 이상인 문항은 4개, 3.5−4.0 미만인 문항은 8개, 3.0−3.5 미만인 문항은 12개, 2.5−3.0 미만인 문항은 1개로 나타났다. 또한 생활예절기술의 경우 요인부하량은 0.39−0.74로 대체로 높게 나타났으나, 생활기술 대 문항 간 상관계수는 0.12−0.46으로 일부 낮게 나타난 문항이 있었다.

생활예절기술의 문항들은 생활기술-문항 간 상관계수를 제외하고는 전반적으로 양호하였으나, 본검사를 위해 문항을 재검토하여 의미가 중복되는 문항, 해당 기술과 내용이 부합되지 않는 문항, 지나치게 포괄적인 문항, 애매하거나 불명확한 용어로 인해 검사자로 하여금 오해의 소지가 있는 문항을 삭제하거나 수정하였다.

그 결과 330번 문항은 생활기술 대 문항 간 상관계수가 0.19로 너무 낮아 삭제하였으며, 333번 문항은 현대사회의 식사 문화와는 잘 맞지 않다고 판단되어 삭제하였다. 336번과 337번 문항은 335번 문항과 의미가 중복된다고 판단하여 삭제하였으며, 339번 문항은 생활예절기술이라고 하기에는 너무나 한정적인 행위로 판단되어 삭제하였다. 342번 문항은 문제상황대처역량 중 매체중독대처기술의 문항과 유사하여 삭제하였으며, 346번 문항은 353번 문항을 "나는 공공

〈표 44〉 생활예절기술의 문항양호도

문 항	평균	SD	요인 부하량	기술-문항 상관계수	비고
329. 나는 가족 간에 정한 약속을 잘 지킨다.	3.55	0.93	0.57	0.29	
330. 나는 부모님에게 신경질적으로 대하지 않는다.	3.23	1.00	0.45	0.19	삭제
331. 나는 집안 어른에게 존댓말과 올바른 말을 사용한다.	3.40	1.15	0.56	0.25	
332. 나는 음식을 먹을 때 어른이 먼저 드신 후 먹는다.	3.15	1.16	0.57	0.44	
333. 나는 식사시간에 떠들지 않는다.	3.24	1.11	0.48	0.34	삭제
334. 나는 방이나 화장실 출입 시 노크를 한다.	3.00	1.17	0.48	0.46	
335. 나는 집안 어른이 돌아오거나 나가실 때 인사한다.	4.01	0.95	0.52	0.15	
336. 나는 등하교를 할 때 집안에 있는 가족들에게 인사한다.	4.02	1.00	0.50	0.12	삭제
337. 나는 집에 손님이 오가실 때 하던 일을 잠깐 멈추고 인사한다.	4.01	0.91	0.56	0.19	삭제
338. 나는 귀가 시간이 늦을 때는 부모님께 전화를 하여 행선지를 밝힌다.	3.76	1.03	0.51	0.21	
339. 나는 아침에 일어나면 내 이부자리는 직접 정돈한다.	2.97	1.21	0.39	0.35	삭제
340. 나는 학교나 학급의 규칙을 잘 지킨다.	3.46	0.82	0.65	0.44	
341. 나는 선생님을 만나면 먼저 인사한다.	3.53	0.98	0.56	0.42	
342. 나는 수업시간에 휴대폰이나 게임기를 사용하지 않는다.	3.42	1.21	0.58	0.26	삭제
343. 나는 쉬는 시간에 다른 친구에게 방해되지 않도록 큰소리로 이야기하지 않는다.	3.22	1.04	0.58	0.36	
344. 나는 학교 시설물을 아껴 쓴다.	3.28	0.91	0.67	0.45	
345. 나는 공공장소에서 차례를 잘 지킨다.	3.54	0.92	0.74	0.44	
346. 나는 공공장소에서 큰소리로 떠들지 않는다	3.40	0.97	0.70	0.33	삭제
347. 나는 공공기물에 낙서하거나 파손시키지 않는다	3.66	0.98	0.70	0.33	
348. 나는 길거리에 쓰레기를 버리지 않는다	3.08	1.07	0.64	0.45	
349. 나는 버스나 지하철에서 노약자를 발견하면 자리를 양보한다.	3.69	1.04	0.59	0.43	
350. 나는 전화를 걸어 용건을 말하기 전, 상대방에게 내 소개부터 한다.	3.47	1.06	0.54	0.40	삭제
351. 나는 남에게 도움을 받은 후 고맙다는 말을 한다	4.06	0.84	0.56	0.19	삭제
352. 나는 다른 사람과 부딪히면 먼저 미안하다고 말한다.	3.76	0.97	0.63	0.34	
353. 나는 휴대폰 사용 시 주위 사람에게 방해가 되지 않도록 한다.	3.76	0.93	0.63	0.29	수정

장소에서 주위 사람에게 방해가 되지 않도록 한다."로 수정하면서 비슷한 의미를 가진 문항으로 판단되어 삭제하였다. 또한 350번은 문항 개발자의 의도가 명확히 전달되지 않으며, 너무 한정적인 상황을 묻고 있어 삭제하였고, 351번 문항은 다른 문항에 비해 상대적으로 표준편차가 너무 낮아 문항의 변별력이 떨어진다고 판단되어 삭제되었다.

따라서 생활예절기술은 최초 25개의 문항에서 9개의 문항이 삭제되고 1개의 문항이 수정되어 최종 16개의 문항으로 재구성되었다. 문항이 삭제되거나 수정된 사항을 〈표 45〉에 제시하였다.

〈표 45〉 생활예절기술의 문항 수정 결과

수정 전	수정 후	수정 이유
330. 나는 부모님에게 신경질적으로 대하지 않는다.	삭제	기술-문항 간 상관계수가 0.19로 너무 낮아 삭제함
333. 나는 식사시간에 떠들지 않는다.	삭제	현대사회의 식사 문화와는 잘 맞지 않다고 판단함
336. 나는 등하교를 할 때 집안에 있는 가족들에게 인사한다.	삭제	335번 문항과 의미가 중복됨
337. 나는 집에 손님이 오가실 때 하던 일을 잠깐 멈추고 인사한다.	삭제	335번 문항과 의미가 중복됨
339. 나는 아침에 일어나면 내 이부자리는 직접 정돈한다.	삭제	너무 한정적인 행위로 판단함
342. 나는 수업시간에 휴대폰이나 게임기를 사용하지 않는다.	삭제	매체중독대처기술에 유사한 문항이 있음
346. 나는 공공장소에서 큰소리로 떠들지 않는다.	삭제	353번 문항이 수정되면서 의미가 중복되어 삭제함
350. 나는 전화를 걸어 용건을 말하기 전 상대방에게 내 소개부터 한다.	삭제	한정적인 상황이라 판단함
351. 나는 남에게 도움을 받은 후 고맙다는 말을 한다.	삭제	표준편차 수치가 낮아 문항의 변별력이 없다고 판단함
353. 나는 휴대폰 사용 시 주위사람에게 방해가 되지 않도록 한다.	나는 공공장소에서 주위사람에게 방해가 되지 않도록 한다.	매체중독대처기술에 적합함

2) 공동체참여기술

이론적 탐색을 통해 공동체참여기술에 대한 하위 영역을 시민의식, 참여활동, 봉사활동, 협력의 4개로 구성하였다. 〈표 46〉과 같이 각 하위 영역별로 문항을 구성하여 총 20개의 문항을 개발하여 예비검사를 실시하였다.

민주시민역량 중 청소년의 공동체참여기술의 문항양호도를 검사하기 위해 각 문항별 평균, 표준편차, 요인부하량, 생활기술-문항 간 상관계수를 산출하였다(〈표 47〉 참조).

최초 개발된 20개의 문항 중 평균값이 3.0−3.5 미만인 문항은 11개, 2.5−3.0 미만인 문항은 8개, 2.5 미만인 문항은 1개로 나타났다. 공동체참여기술의 요인부하량은 0.56−0.75로 나타났고, 생활기술-문항 간 상관계수는 0.57−0.74로 높게 나타났다.

전반적으로 공동체참여기술의 문항들은 양호하였으나, 문항을 재검토하여 수정하거나 삭제하는 과정을 거쳤다. 그 결과, 309번 문항은 310번의 문항과 의미가 중복되어 삭제하였으며, 314번과 315번 문항은 연구진의 협의를 통해 청소년이 실천하기에는 부적합하거나 현실적으로 어려운 문항으로 판단하여 삭제하였다. 대신 312번 문항

〈표 46〉 공동체참여기술의 하위 영역별 문항 구성

하위 영역	문 항	문항 수
시민의식	309, 310, 311, 312, 313, 314, 315, 316	8개
참여활동	317, 318, 319, 320, 321	5개
봉사활동	322, 323, 324, 325, 326	5개
협 력	327, 328	2개
전 체		20개

〈표 47〉 공동체참여기술의 문항양호도

문 항	평균	SD	요인 부하량	기술-문항 상관 계수	비고
309. 나는 내가 살고 있는 지역과 이웃에 대해 애정을 가진다.	3.11	0.96	0.56	0.57	삭제
310. 나는 평소 우리 지역이나 사회 문제에 관심을 가진다.	3.05	1.03	0.67	0.66	
311. 나는 우리 지역과 사회가 발전할 수 있는 방법이 있는지 찾아본다.	2.73	1.01	0.74	0.73	
312. 나는 우리 지역을 위해 내가 할 수 있는 일(캠페인 참여, 청소 등)을 실천한다.	2.57	1.00	0.72	0.71	수정
313. 나는 우리 지역이나 사회 문제를 알기 위해 관련된 자료를 찾아본다.	2.61	1.11	0.75	0.74	
314. 나는 우리 지역이나 사회 문제에 대한 내 의견을 인터넷에 올려본다.	2.41	1.09	0.68	0.68	삭제
315. 나는 지역사회를 위해 투표나 서명운동 등에 적극적으로 참여한다.	2.62	1.13	0.72	0.72	삭제
316. 나는 남들이 보지 않아도 정해진 규칙을 잘 지킨다.	3.13	1.01	0.62	0.62	
317. 나는 학교나 학급의 일에 적극적으로 참여한다.	3.19	0.96	0.65	0.65	삭제
318. 나는 학교나 학급행사와 관련된 결정을 할 때 나의 의견을 적극적으로 표현한다.	3.03	1.03	0.68	0.68	
319. 나는 학교나 학급활동 시 나에게 주어진 역할을 잘 수행한다.	3.41	0.89	0.63	0.63	
320. 나는 동아리나 청소년단체에 참여하여 적극적으로 활동한다.	3.06	1.03	0.64	0.64	
321. 나는 어려운 이웃을 위해 자선활동이나 성금활동을 잘 한다.	2.91	1.07	0.68	0.68	
322. 나는 내 주변에 도움이 필요한 사람을 기꺼이 돕는다.	3.24	0.96	0.62	0.62	삭제
323. 나는 봉사활동에 참여하기 전 필요한 정보를 찾아본다.	2.98	1.11	0.70	0.70	
324. 나는 자발적으로 봉사활동에 참여한다.	2.89	1.07	0.72	0.72	
325. 나는 봉사활동에 지속적으로 꾸준히 참여한다.	2.65	1.07	0.72	0.72	
326. 나는 봉사활동 참여 시 중간에 포기하지 않는다.	3.42	1.10	0.57	0.58	
327. 나는 학교나 학급 문제를 해결하기 위해 친구들과 적극적으로 협력한다.	3.18	0.98	0.70	0.70	
328. 나는 학급에서 동의된 의견이 내 의견과 다르더라도 협력한다.	3.38	0.96	0.60	0.61	

의 '내가 할 수 있는 일(캠페인 참여, 청소 등)'에서 괄호 안에 '서명운동'이라는 내용을 추가하여 문항을 수정하였다. 또한 317번 문항은 318−320번 문항을 포괄하는 문항이라 판단되어 삭제하였으며, 322번 문항은 청소년에게 너무 당연한 행위라고 판단되어 삭제하였다.

따라서 공동체참여기술의 경우 최초 20개의 문항에서 5개의 문항이 삭제되고 1개의 문항이 수정되어 최종 15개의 문항으로 재구성되었다(〈표 48〉 참조).

〈표 48〉 공동체참여기술의 문항 수정 결과

수정 전	수정 후	수정 이유
309. 나는 살고 있는 지역과 이웃에 대해 애정을 가진다.	삭제	310번 문항과 중복적인 의미를 가짐
312. 나는 우리 지역을 위해 내가 할 수 있는 일(캠페인 참여, 청소 등)을 실천한다.	나는 우리 지역을 위해 내가 할 수 있는 일(캠페인 참여, 서명운동, 청소 등)을 실천한다.	314번, 315번을 삭제하면서 서명운동이라는 내용 추가함
314. 나는 우리 지역이나 사회 문제에 대한 내 의견을 인터넷에 올려 본다.	삭제	청소년이 실천하기에 현실성이 떨어짐
315. 나는 지역사회를 위해 투표나 서명운동 등에 적극적으로 참여한다.	삭제	청소년이 실천하기에 현실성이 떨어짐
317. 나는 학교나 학습의 일에 적극적으로 참여한다.	삭제	318−320번 문항의 포괄적인 문항임
322. 나는 내 주변에 도움이 필요한 사람을 기꺼이 돕는다.	삭제	청소년에게 당연한 행위라고 판단함

6. 문제상황대처역량

청소년의 생활역량 중 문제상황대처역량을 나타내는 매체중독대처기술과 유해환경대처기술을 개발하여 예비검사를 실시하였다. 이를 통해 조사된 자료를 토대로 문항양호도를 검증하여 본검사를 위한 최종 문항을 선정하였다.

1) 매체중독대처기술

이론적 탐구를 통해 매체중독대처기술에 대한 하위 영역을 인터넷, 휴대폰, 미디어의 3개로 구성하였다. 〈표 49〉와 같이 각 하위 영역별로 문항을 구성하여 총 20개의 문항을 개발하여 예비검사를 실시하였다.

매체중독대처기술 문항의 양호도를 검사하기 위해 각 문항별 평균, 표준편차, 요인부하량, 생활기술-문항 간 상관계수를 산출하였다(〈표 50〉 참조).

최초 개발된 20개의 문항 중 평균값이 3.5−4.0 미만인 문항은 3개, 3.0−3.5 미만인 문항은 7개, 2.5−3.0 미만인 문항은 10개로 나타

〈표 49〉 매체중독대처기술의 하위 영역별 문항 구성

하위 영역	문 항	문항 수
인터넷	376, 377, 378, 379, 380, 381, 382, 383, 384, 385	10개
휴대폰	386, 387, 388, 389, 390	5개
미디어	391, 392, 393, 394, 395	5개
전 체		20개

〈표 50〉 매체중독대처기술의 문항양호도

문 항	평균	SD	요인 부하량	기술-문항 상관 계수	비고
376. 나는 인터넷 사용 시 시간을 정해 놓고 한다.	2.69	1.22	0.76	0.73	
377. 나는 과도한 인터넷 사용을 막기 위해 부모님과 사용시간을 약속한다.	2.75	1.21	0.71	0.69	삭제
378. 나는 인터넷 사용을 조절하기 위해 사용시간 제한프로그램을 사용하겠다.	2.62	1.24	0.78	0.75	삭제
379. 나는 인터넷 사용을 줄이기 위해 다른 취미활동을 한다.	3.17	1.18	0.70	0.69	
380. 나는 인터넷 사용시간을 줄이기 위해 사용시간을 기록하겠다.	2.56	1.24	0.78	0.75	삭제
381. 나는 해야 할 일을 끝낸 후에 인터넷을 사용한다.	3.18	1.16	0.67	0.66	
382. 나는 시험기간에는 인터넷을 사용하지 않는다.	2.98	1.24	0.60	0.59	
383. 나는 일주일 중 하루 정도 인터넷을 쓰지 않는 날을 정해 놓는다.	2.70	1.30	0.74	0.73	
384. 나는 모두가 볼 수 있는 거실 등에서 컴퓨터를 사용한다.	2.95	1.45	0.48	0.50	수정
385. 내가 인터넷 중독이라면 상담을 받겠다.	3.80	1.16	0.36	0.40	
386. 나는 내가 사용한 휴대폰 요금이나 사용내역을 확인해 본다.	3.77	1.18	0.37	0.42	
387. 나는 꼭 필요할 때만 휴대폰을 사용한다.	3.23	1.27	0.62	0.65	
388. 나는 공부할 때 휴대폰을 꺼놓거나 사용하지 않는다.	2.99	1.33	0.58	0.60	
389. 나는 휴대폰을 사용하지 말아야 할 곳에서는 전원을 끄거나 진동으로 바꿔놓는다.	3.86	1.12	0.29	0.35	삭제
390. 나는 휴대폰으로 게임을 하지 않는다.	2.88	1.40	0.51	0.53	수정
391. 나는 해야 할 일을 끝낸 후에 TV를 시청한다.	3.11	1.17	0.66	0.65	
392. 나는 TV시청 시 시간을 정해 놓고 본다.	2.63	1.23	0.73	0.71	
393. 나는 보고 싶은 TV프로그램을 정해 놓고 본다.	3.12	1.27	0.58	0.57	삭제
394. 나는 TV시청을 줄이기 위해 다른 취미활동을 한다.	3.00	1.20	0.67	0.66	
395. 나는 TV시청을 줄이기 위해 가족이나 친구들과 시간을 가진다.	3.14	1.16	0.59	0.59	

났다. 또한 매체중독대처기술의 요인부하량은 0.29－0.78로 나타났고, 생활기술-문항 간 상관계수는 0.35－0.75로 나타나 통계적으로 부적절한 문항이 몇 개 있었다.

매체중독대처기술의 문항을 재검토하여 일부 문항은 삭제되거나 수정되었다. 그 결과, 377번 문항은 376번과 의미가 중복되며 부모님과 사용시간을 약속한다는 한정적인 행위 때문에 삭제하도록 하였으며, 378번 문항은 사용시간 제한프로그램이라는 매우 한정된 행위로 인해 특정 청소년에게만 해당되는 사항으로 판단되어 삭제하였다. 380번 문항은 매우 낮은 평균값을 보이며 현실적으로 실천하기 힘든 사항이라 판단하여 삭제하였고, 384번은 청소년의 의지가 담긴 문항으로 문구를 수정하였다. 또한 389번 문항은 요인부하량이 낮아 삭제

〈표 51〉 매체중독대처기술의 문항 수정 결과

수정 전	수정 후	수정 이유
377. 나는 과도한 인터넷 사용을 막기 위해 부모님과 사용시간을 약속한다.	삭제	376번 문항과 의미가 중복되어 삭제함
378. 나는 인터넷 사용을 조절하기 위해 사용시간 제한프로그램을 사용하겠다.	삭제	한정된 행위로 판단하여 삭제함
380. 나는 인터넷 사용시간을 줄이기 위해 사용시간을 기록하겠다.	삭제	현실적이지 못한 행위로 판단됨
384. 나는 모두가 볼 수 있는 거실 등에서 컴퓨터를 사용한다.	나는 모두가 볼 수 있는 거실 등에서 컴퓨터를 사용하겠다.	의지의 의미를 포함할 수 있도록 문항을 수정함
389. 나는 휴대폰을 사용하지 말아야 할 곳에서는 전원을 끄거나 진동으로 바꿔놓는다.	삭제	요인부하량 및 기술-문항 간 상관계수가 너무 낮음
390. 나는 휴대폰으로 게임을 하지 않는다.	나는 휴대폰으로 게임을 많이 하지 않는다.	게임을 과도하게 하는 것이 나쁘기 때문에 이를 반영하여 수정함
393. 나는 보고 싶은 TV 프로그램을 정해 놓고 본다.	삭제	보고 싶은 TV가 명확한 기준이 없다고 판단하여 삭제함

하였고, 390번 문항은 보다 명확하게 의미가 전달될 수 있도록 문항을 일부 수정하였다. 그리고 393번 문항은 보고 싶은 TV프로그램의 기준이 사람마다 다르고 보고 싶은 TV프로그램에는 청소년에게 해로운 TV프로그램도 있기 때문에 그 기준과 의미전달이 명확하지 않다고 판단하여 삭제되었다.

따라서 매체중독대처기술의 경우 최초 20개의 문항 중 5개의 문항이 삭제되고 2개의 문항이 수정되어 최종 15개의 문항으로 재구성되었다. 문항이 삭제되거나 수정된 사항을 〈표 51〉에 제시하였다.

2) 유해환경대처기술

이론적 탐구를 통해 유해환경대처기술에 대한 하위 영역을 유해물질, 유해물건, 유해장소, 유해매체 4개로 구성하였다. 〈표 52〉와 같이 각 하위 영역별로 문항을 구성하여 총 22개의 문항을 개발하여 예비검사를 실시하였다.

유해환경대처기술 문항의 양호도를 검사하기 위해 각 문항별 평균, 표준편차, 요인부하량, 생활기술-문항 간 상관계수를 산출하였다(〈표 53〉 참조).

〈표 52〉 유해환경대처기술의 하위 영역별 문항 구성

하위 영역	문 항	문항 수
유해물질	354, 355, 356, 357, 358, 359, 360, 361, 362, 363, 364	11개
유해물건	365	1개
유해장소	366, 367, 368, 369, 370, 371, 372, 373	8개
유해매체	374, 375	2개
전 체		20개

〈표 53〉 유해환경대처기술의 문항양호도

문 항	평균	SD	요인 부하량	기술-문항 상관 계수	비고
354. 나는 흡연 · 음주 · 약물이 건강에 해롭다는 것을 알고 있다.	4.52	0.81	0.45	0.45	삭제
355. 나는 흡연 · 음주 · 약물 등의 예방교육에 적극적으로 참여한다.	3.65	1.16	0.56	0.57	
356. 나는 친구나 선배가 담배를 권하면 거절한다.	4.29	1.07	0.72	0.71	
357. 나는 친구나 선배가 술을 권하면 거절한다.	4.01	1.15	0.75	0.75	
358. 나는 친구나 선배가 본드나 각성제 등을 권하면 거절한다.	4.54	0.90	0.52	0.52	
359. 나는 담배를 피우지 않겠다.	4.41	0.98	0.72	0.70	삭제
360. 나는 술을 마시지 않겠다.	3.90	1.21	0.69	0.69	삭제
361. 나는 본드나 각성제 등을 하지 않겠다.	4.63	0.82	0.48	0.48	삭제
362. 나는 청소년에게 술이나 담배를 파는 곳을 발견하면 신고한다.	3.45	1.24	0.67	0.68	
363. 나는 친구가 흡연 · 음주 · 약물을 한다면 하지 않도록 설득할 수 있다.	3.83	1.13	0.73	0.73	
364. 나는 흡연 · 음주 · 약물을 하게 되면 끊기 위해 선생님이나 부모님과 상담하겠다.	3.82	1.20	0.72	0.72	
365. 나는 친구가 흉기를 가지고 있으면 어른에게 알려 위험을 예방하겠다.	3.92	1.08	0.77	0.77	
366. 나는 신체적 위협이나 폭력을 당했을 때 친구나 부모님에게 도움을 요청하겠다.	4.11	0.97	0.68	0.68	
367. 나는 위급한 상황이 발생했을 때 긴급히 대처할 수 있는 나만의 방법이 있다.	3.56	1.13	0.46	0.49	삭제
368. 나는 폭력이 빈번히 일어나는 장소에 가지 않는다.	4.02	1.04	0.74	0.73	삭제
369. 나는 평소에 어둡거나 외진 곳을 지나가지 않는다.	3.65	1.11	0.64	0.65	
370. 나는 내 주변에서 폭력이 발생했을 때 어른에게 알려 도움을 청한다.	3.67	1.11	0.70	0.71	
371. 나는 폭력서클에 가입한 친구가 있으면 탈퇴하도록 설득할 수 있다.	3.60	1.16	0.64	0.65	
372. 나는 청소년 출입을 금지하는 곳에는 가지 않는다.	4.00	1.06	0.76	0.74	
373. 나는 친구나 선배가 유흥업소 출입을 권하면 따라가지 않는다.	4.17	1.00	0.78	0.76	삭제
374. 나는 친구나 선배가 성인만화, 음란영상물 등을 권해도 보지 않는다.	4.03	1.09	0.67	0.67	삭제
375. 나는 청소년에게 해로운 TV프로그램을 보지 않는다.	3.81	1.13	0.63	0.63	수정

최초 개발된 22개의 문항 중 평균값이 4.5 이상인 문항은 3개, 4.0−4.5 미만인 문항은 8개, 3.5−4.0 미만인 문항은 10개, 3.0−3.5 미만인 문항은 1개로 나타나 예비검사에 참여한 청소년들은 유해환경대처기술이 대체로 높음을 알 수 있다. 또한 유해환경대처기술의 요인부하량은 0.45−0.78로, 생활기술-문항 간 상관계수는 0.45−0.77로 나타나 모든 문항이 양호하게 나타났다.

유해환경대처기술의 문항들은 전반적으로 양호하였으나, 양질의 본검사 도구를 개발하기 위해 문항을 재검토하였다. 그 결과, 354번 문항은 평균이 너무 높고 표준편차가 매우 낮아 문항의 변별력이 없다고 판단되어 삭제하였다. 359번은 356번 문항과 유사하며, 360번은

〈표 54〉 유해환경대처기술의 문항 수정 결과

수정 전	수정 후	수정 이유
354. 나는 흡연・음주・약물이 건강에 해롭다는 것을 알고 있다.	삭제	표준편차가 너무 낮아 문항의 변별력이 낮다고 판단
359. 나는 담배를 피우지 않겠다.	삭제	356번 문항과 의미가 중복됨
360. 나는 술을 마시지 않겠다.	삭제	357번 문항과 의미가 중복됨
361. 나는 본드나 각성제 등을 하지 않겠다.	삭제	358번 문항과 의미가 중복됨
367. 나는 위급한 상황이 발생했을 때 긴급히 대처할 수 있는 나만의 방법이 있다.	삭제	'위급한 상황'이 명확하지 않음
368. 나는 폭력이 빈번히 일어나는 장소에 가지 않는다.	삭제	369번 문항과 의미가 중복됨
373. 나는 친구나 선배가 유흥업소 출입을 권하면 따라가지 않는다.	삭제	372번 문항과 의미가 중복됨
374. 나는 친구가 선배가 성인만화, 음란영상물 등을 권해도 보지 않는다.	삭제	375번 문항이 수정되면서 문항의 의미가 중복됨
375. 나는 청소년에게 해로운 TV 프로그램을 보지 않는다.	나는 청소년에게 해로운 음란 영상물, 성인만화 등을 보지 않는다.	374번이 삭제되면서 내용을 보충함

357번 문항과, 361번은 358번 문항과 의미가 중복되어 삭제하였다. 그리고 368번은 369번 문항과 유사하며 373번은 372번과 유사하여 삭제하였고, 375번은 삭제하기로 결정한 374번의 내용을 포함할 수 있도록 문구를 약간 수정하였다.

이러한 과정을 통해 유해환경대처기술의 22개의 문항 중 8개의 문항이 삭제되고 1개의 문항이 수정되어 최종 14개의 문항으로 재구성되었다. 문항이 삭제되거나 수정된 사항을 〈표 54〉에 제시하였다.

1. 자기조절역량

예비검사를 통해 추출된 감정조절기술, 신체관리기술, 시간활용기술, 용돈관리기술의 문항으로 본검사를 실시한 후, 생활기술별로 문항분석을 실시하였다.

1) 감정조절기술

본문에 기술하였음.

2) 신체관리기술

본검사의 신체관리기술은 예비검사와 동일하게 건강, 식습관, 외모관리의 3개로 하위 영역으로 구성되어 있다. 〈표 55〉와 같이 건강 6개, 식습관 7개, 외모관리 2개로 총 15개의 문항으로 이루어져 있다.

〈표 55〉 신체관리기술의 하위 영역별 문항 구성

하위 영역	문 항	문항 수
건 강	16, 17, 18, 19, 20, 21	6개
식습관	22*, 23, 24*, 25*, 26*, 27*, 28*	7개
외모관리	29, 30	2개
전 체		15개

*는 역문항을 의미함.

청소년의 자기조절역량 중 신체관리기술 15개 문항 중 평균값이 3.5－4.0 미만인 문항은 7개, 3.0－3.5 미만인 문항은 5개, 3.0 미만인 문항은 3개로 나타났으며, 전체 문항의 평균값은 3.42로 나와 본 검사에 참여한 청소년들은 대체로 양호한 신체관리기술을 갖고 있음을 알 수 있었다. 한편, 신체관리기술의 경우 21, 29, 30번 문항을 제외한 모든 문항의 요인부하량이 0.40 이상으로 나타나 비교적 양호함을 알 수 있었다(〈표 56〉 참조).

요인부하량이 낮게 나온 21, 29, 30번 문항은 양질의 검사도구 개발을 위해 삭제하기로 결정하였다. 따라서 본검사에 사용된 신체관리

〈표 56〉 신체관리기술의 문항양호도

문 항	평균	SD	요인 부하량	기술-문항 상관 계수	비고
16. 나는 내 몸상태(건강, 질병 등)에 대해서 잘 알고 있다.	3.60	0.89	0.46	0.47	
17. 나는 규칙적으로 자고 일어난다.	3.14	1.08	0.58	0.56	
18. 나는 외출해서 돌아온 후 손발을 깨끗이 씻는다.	3.78	0.94	0.40	0.42	
19. 나는 안전사고가 나지 않도록 항상 주의한다.	3.67	0.93	0.53	0.53	
20. 나는 건강관리를 위해 꾸준히 운동한다.	2.89	1.06	0.46	0.48	
21. 나는 건강과 관련된 자료나 정보를 관심 있게 읽는다.	2.85	1.07	0.34	0.39	삭제
22. 나는 밥보다 군것질을 많이 한다.	3.51	1.11	0.60	0.58	
23. 나는 아침, 점심, 저녁 세끼를 꼭 챙겨 먹는다.	3.59	1.30	0.58	0.57	
24. 나는 편식한다.	3.31	1.24	0.41	0.44	
25. 나는 식사시간이 일정하지 않고 불규칙하다.	3.30	1.17	0.66	0.63	
26. 나는 안 먹다가 한꺼번에 몰아서 먹는다.	3.91	1.10	0.67	0.62	
27. 나는 저녁 늦게 간식을 먹는 경우가 자주 있다.	2.98	1.20	0.55	0.54	
28. 나는 탄산음료, 패스트푸드, 인스턴트식품을 자주 먹는다.	3.43	1.11	0.58	0.56	
29. 나는 나의 체형이나 외모에 어울리는 옷을 입는다.	3.43	0.88	0.22	0.29	삭제
30. 나는 남들 앞에 나가기 전에 내 모습이 단정한지 확인한다.	3.83	0.92	0.31	0.36	삭제

〈표 57〉 신체관리기술의 문항 수정 결과

수정 전	수정 후	수정 이유
21. 나는 건강과 관련된 자료나 정보를 관심 있게 읽는다.	삭제	요인부하량 및 기술-문항 간 상관계수가 너무 낮음
29. 나는 나의 체형이나 외모에 어울리는 옷을 입는다.	삭제	요인부하량 및 기술-문항 간 상관계수가 너무 낮음
30. 나는 남들 앞에 나가기 전에 내 모습이 단정한지 확인한다.	삭제	요인부하량 및 기술-문항 간 상관계수가 너무 낮음

기술 15개의 문항 중 세 문항이 삭제되어 12개 문항이 최종 문항으로 확정되었다(〈표 57〉 참조).

3) 시간활용기술

시간활용기술은 예비검사를 통해 선별된 15개의 문항으로 구성되었으며 세부적으로는 계획 영역 7개, 활용 영역 6개, 그리고 평가 영역의 2개 문항이다(〈표 58〉 참조).

예비검사와 동일하게 시간활용기술 문항의 양호도를 검사하기 위해 각 문항별 평균, 표준편차, 요인부하량, 생활기술-문항 간 상관계수를 산출하였다. 15개의 문항 중 평균값이 3.5−4.0 미만인 문항은 1개, 3.0−3.5 미만인 문항은 5개, 2.5−3.0 미만인 문항은 9개로 나

〈표 58〉 시간활용기술의 하위 영역별 문항 구성

하위 영역	문 항	문항 수
계 획	31, 32, 33, 34, 35, 36, 37	7개
활 용	38, 39, 40, 41, 42, 43	6개
평 가	44, 45	2개
전 체		15개

타났다. 전체 문항의 평균은 2.89로서 본검사에 참여한 청소년들의 시간활용기술이 보통보다 낮음을 알 수 있었다. 또한 시간활용기술에 속해 있는 문항의 요인부하량은 0.40－0.72 사이로 나타나 양호하다고 판단되었다(〈표 59〉 참조).

시간활용기술의 요인부하량이 기준값을 상회하였으나, 다른 생활기술 문항 수와 균형을 맞추고, 양질의 검사도구 개발을 위한 차원에서 개별 문항을 재검토하였다. 그 결과 다른 문항에 비해 상대적인 중요도가 낮다고 판단된 32번 문항을 삭제하기로 하였다. 또한 36번과

〈표 59〉 시간활용기술의 문항양호도

문 항	평균	SD	요인 부하량	기술-문항 상관 계수	비고
31. 나는 하루 일과에 대한 계획을 세운다.	2.56	1.03	0.69	0.67	
32. 나는 계획세우는 시간을 따로 마련한다.	2.40	1.04	0.67	0.66	삭제
33. 나는 급하거나 중요한 일을 우선으로 하여 시간계획을 세운다.	3.20	1.07	0.68	0.67	
34. 나는 계획을 세울 때 일이 걸리는 시간을 고려한다.	3.30	1.04	0.66	0.65	
35. 나는 시간계획을 세울 때 이전에 계획했던 것을 참고한다.	3.08	1.05	0.68	0.67	
36. 나는 시간관리를 위해 다이어리나 수첩 등을 사용한다.	2.68	1.24	0.59	0.61	
37. 나는 해야겠다고 마음먹은 일이 생각났을 때 즉시 메모한다.	2.83	1.16	0.56	0.58	삭제
38. 나는 내가 세운 계획대로 시간을 보낸다.	2.61	0.97	0.69	0.68	
39. 나는 시간을 아끼기 위해 비슷한 종류의 일은 모아서 한다.	3.07	1.03	0.54	0.56	
40. 나는 시간이 너무 지체될 것 같으면, 짧은 시간에 할 수 있는 일부터 처리한다.	3.51	1.01	0.40	0.43	
41. 나는 오늘 할 일을 다음으로 미루지 않는다.	2.64	0.92	0.45	0.46	삭제
42. 나는 중요도에 따라 순서를 정해 일을 한다.	3.32	0.97	0.56	0.57	
43. 나는 자투리시간을 버리지 않고 사용한다.	2.70	0.92	0.51	0.51	
44. 나는 내가 세운 시간계획대로 생활했는지 되돌아본다.	2.70	1.03	0.72	0.70	수정
45 나는 일이나 공부할 때 시간계획대로 되지 않으면 검토해서 수정한다.	2.70	1.06	0.69	0.68	

〈표 60〉 시간활용기술의 문항 수정 결과

수정 전	수정 후	수정 이유
32. 나는 계획세우는 시간을 따로 마련한다.	삭제	다른 문항에 비해 상대적인 중요도가 낮음
37. 나는 해야겠다고 마음먹은 일이 생각났을 때 즉시 메모한다.	삭제	36번과 유사한 의미를 포함하고 있으나 조금 더 명확하게 의미를 전달함
41. 나는 오늘 할 일을 다음으로 미루지 않는다.	삭제	다른 문항의 의미를 포괄하고 있음
44. 나는 내가 세운 시간계획대로 생활했는지 되돌아본다.	나는 내가 세운 계획대로 생활했는지 되돌아본다.	본래의 의미를 살리면서 표현상의 어색함을 줄임

유사한 의미를 포함하고 있는 37번 문항, 그리고 지나치게 포괄적이라 판단된 41번 문항도 삭제하였다. 한편, 44번 문항은 일상적으로 편하게 사용하는 용어로 표현하기 위해 문구를 조금 수정하였다.

이런 과정을 통해 시간활용기술은 3개의 문항이 삭제되고 1개의 문항이 수정되어 최종 12개의 문항으로 완성되었다. 문항이 삭제되거나 수정된 사항을 〈표 60〉에 제시하였다.

4) 용돈관리기술

예비검사에서 용돈관리기술의 하위 영역은 계획, 실행, 검토, 기록, 평가의 5개이었으나, 검토영역에 포함되어 있던 3개의 문항 중 한 문항은 문항양호도가 부적절하여 삭제되었고, 한 문항은 실행영역에 또 다른 문항은 평가영역에 더 적절한 것으로 판단되어 다른 하위 영역으로 이동되었다. 그 결과 검토영역은 자연스럽게 삭제되어 계획, 실행, 기록, 평가의 4개 하위 영역으로 구성된 14개의 문항으로 이루어졌다(〈표 61〉 참조).

〈표 61〉 용돈관리기술의 하위 영역별 문항 구성

하위 영역	문 항	문항 수
계 획	46, 47, 48, 49	4개
실 행	50, 51, 52, 53, 54, 55	6개
기 록	56	1개
평 가	57, 58, 59	3개
전 체		14개

본검사 결과, 용돈관리기술의 14개 문항 중 평균값이 3.5−4.0 미만인 문항은 1개, 3.0−3.5 미만인 문항은 4개, 2.5−3.0 미만인 문항은 4개, 2.5−2.0 미만인 문항은 4개, 2.0 이하인 문항이 1개로 나타났다. 전체 평균은 2.70으로 다른 생활기술에 비해 가장 낮게 나타났는데 이는 본검사에 참여한 청소년들의 용돈관리기술이 다른 생활기술보다 매우 낮음을 보여주는 것이다. 그러나 요인부하량은 0.41−0.75 사이에 존재하고 이는 통계적 검증 기준인 0.40보다 높아, 모두 양호한 문항으로 이루어져 있음을 알 수 있었다(〈표 62〉 참조).

그러나 보다 양질의 검사를 완성하기 위해 개별 문항을 재검토한 결과, 47번 문항과 54번 문항이 유사함을 발견하였다. 두 문항 중 보다 적절한 문항을 선택하는 과정에서, 청소년들이 부모님이나 친구들의 의견을 참고하는 것은 현실에서 가능하지만 계획할 때 의논하는 것은 현실감이 떨어진다는 판단 하에 47번을 삭제하기로 결정하였다. 또한 52번과 유사한 55번 문항도 삭제하기로 결정하였다. 용돈관리기술은 〈표 63〉과 같이 2개의 문항이 삭제되어 최종 12개 문항으로 재구성되었다.

〈표 62〉 용돈관리기술의 문항양호도

문 항	평균	SD	요인 부하량	기술-문항 상관계수	비고
46. 나는 용돈을 사용하기 전 반드시 계획을 세운다.	2.65	1.13	0.69	0.67	
47. 나는 용돈 사용계획에 대해 부모님이나 친구들과 의논한다.	2.29	1.06	0.59	0.58	삭제
48. 나는 예상하지 않았던 용돈이 생겨도 계획을 세워 사용한다.	2.52	1.10	0.72	0.70	
49. 나는 좋은 상품을 싸게 구입하기 위해 여러 곳에서 정보를 수집한다.	3.25	1.15	0.41	0.46	
50. 나는 용돈을 아껴 저축한다.	3.06	1.18	0.64	0.66	
51. 나는 갖고 싶은 물건이 있어도 꼭 필요한 것만 구입한다.	3.10	1.08	0.56	0.58	
52. 나는 용돈의 범위 내에서 돈을 쓴다.	3.52	1.06	0.43	0.47	
53. 나는 계획 세운대로 용돈을 사용한다.	2.76	1.06	0.72	0.71	
54. 나는 용돈을 알뜰하게 사용하는 친구의 방법을 참고하여 따른다.	2.28	1.01	0.57	0.56	
55. 나는 다음 용돈을 받을 때까지 용돈을 다 쓰는 일이 없도록 한다.	3.04	1.23	0.60	0.62	삭제
56. 나는 용돈사용을 기록한다.	1.99	1.05	0.59	0.58	
57. 나는 매주 또는 매월 용돈 사용금액을 확인한다.	2.50	1.23	0.65	0.64	
58. 나는 용돈을 잘 사용했는지 잘못 사용했는지 검토한다.	2.44	1.12	0.73	0.71	
59. 나는 용돈 쓴 것을 검토한 후 다음 용돈 계획에 반영한다.	2.35	1.10	0.75	0.73	

〈표 63〉 용돈관리기술의 문항 수정 결과

수정 전	수정 후	수정 이유
47 나는 용돈 사용계획에 대해 부모님이나 친구들과 의논한다.	삭제	54번과 유사하며, 부모님이나 친구들의 의견을 용돈계획 시에 반영하는 것은 현실감이 떨어짐
55. 나는 다음 용돈을 받을 때까지 용돈을 다 쓰는 일이 없도록 한다.	삭제	52번과 유사함

2. 자기개발역량

예비검사를 통해 확정된 창의성개발기술, 목표설정기술, 진로탐색기술, 의사결정기술의 문항을 토대로 본검사를 실시하였다. 본검사 문항에 대한 양호도를 검증하여 최종 검사 문항을 선정하였다.

1) 창의성개발기술

창의성개발기술에 대한 하위 영역은 예비검사와 동일하게 유창성, 독창성, 유연성, 정교성, 재조직의 5개로 구성되었다. 〈표 64〉와 같이 각 하위 영역마다 3문항씩, 총 15개의 문항으로 본검사를 실시하였다.

창의성개발기술을 구성하고 있는 문항의 양호도를 알아보기 위해 각 문항별 평균, 표준편차, 요인부하량, 생활기술-문항 간의 상관계수를 분석하였다. 그 결과 15개의 문항 중 평균값이 3.0−3.5 미만에 존재하는 문항은 14개, 3.0 미만인 문항은 1개로 나타났다. 전체 문항

〈표 64〉 창의성개발기술의 하위 영역별 문항 구성

하위 영역	문 항	문항 수
유창성	60, 61, 62	3개
독창성	63, 64, 65	3개
유연성	66, 67, 68	3개
정교성	69, 70, 71	3개
재조직	72, 73, 74	3개
전 체		15개

의 평균값은 3.24로서 본검사에 참여한 청소년들은 보통 정도의 창의성개발기술을 갖고 있음을 알 수 있었다. 요인분석을 실시한 결과 요인부하량이 0.56－0.72 사이에 존재하는 것으로 나타나, 모든 문항의 구인타당도계수가 양호함을 알 수 있었다(〈표 65〉 참조).

본검사에 사용된 창의성개발기술의 모든 문항이 양호하였으나, 다

〈표 65〉 창의성개발기술의 문항양호도

문 항	평균	SD	요인부하량	기술-문항 상관계수	비고
60. 나는 주어진 문제를 해결하고도 이보다 더 좋은 방법은 없을까라고 다시 생각해 본다.	3.24	0.97	0.56	0.56	
61. 나는 문제를 해결할 수 있는 방법을 다양하게 생각해 본다.	3.41	0.89	0.62	0.62	
62. 나는 친구들과 게임이나 놀이를 할 때 다양한 방법을 제안한다.	3.46	0.94	0.59	0.59	
63. 나는 남이 하는 것을 따라하기보다 내가 생각해낸 독창적인 방법을 사용한다.	3.29	0.97	0.63	0.63	
64. 나는 생일파티나 발표회 등의 행사를 멋있게 계획할 수 있다.	3.12	1.06	0.61	0.61	
65. 나는 친구들과는 색다른 내용이나 형태의 과제를 제출하는 편이다.	2.91	0.96	0.65	0.64	삭제
66. 나는 친구 생각의 좋은 부분을 받아들여 나의 생각에 참고한다.	3.46	0.88	0.61	0.61	
67. 나는 더 좋은 아이디어를 내기 위해 친구들과 토론하기를 좋아한다.	3.08	1.04	0.61	0.61	삭제
68. 나는 새로운 정보나 방법을 빨리 받아들인다.	3.46	0.92	0.63	0.62	
69. 나는 내가 생각한 것을 잘 표현하여 계획을 세울 수 있다.	3.20	0.95	0.70	0.70	
70. 나는 어떤 일을 시작하기 전에 구체적으로 방법을 세운 후 일을 시작한다.	3.07	0.98	0.58	0.59	삭제
71. 나는 나의 생각을 그림이나 도표로 표현할 수 있다.	3.05	1.03	0.61	0.62	
72. 나는 학교에서 배웠거나 알고 있었던 것을 생활 속에 적용해 본다.	3.36	0.97	0.62	0.62	
73. 나는 다른 사람의 아이디어를 더 나은 것으로 발전시킬 수 있다.	3.26	0.95	0.72	0.70	
74. 나는 친구들과 토론한 아이디어를 모아 최선의 것으로 만들 수 있다.	3.25	0.98	0.69	0.68	

〈표 66〉 창의성개발기술의 문항 수정 결과

수정 전	수정 후	수정 이유
65. 나는 친구들과는 색다른 내용이나 형태의 과제를 제출하는 편이다.	삭제	63번과 유사함
67. 나는 더 좋은 아이디어를 내기 위해 친구들과 토론하기를 좋아한다.	삭제	창의성개발보다 토론 자체에 초점이 맞추어져 이해될 가능성이 있음
70. 나는 어떤 일을 시작하기 전에 구체적으로 방법을 세운 후 일을 시작한다.	삭제	창의성개발기술 관련 문항보다 성실성이나 규범성에 가까움

른 생활기술과 문항 수를 동일하게 맞추고 양질의 검사도구를 확정하기 위해 문항을 재검토하였다. 그 결과 63번과 유사한 65번 문항을 삭제하였다. 또한 67번 문항은 창의성개발보다 토론 자체에 초점을 맞추어 이해하게 될 가능성이 있어서 삭제하였다. 70번 문항은 다른 문항에 비해 창의성개발기술 관련 문항으로서 관련성이 낮고, 오히려 성실성이나 규범성에 가까운 것으로 판단될 우려가 있어 삭제하기로 결정하였다. 이러한 수정을 통해 창의성개발기술을 최종 12개의 문항으로 결정하였다(〈표 66〉 참조).

2) 목표설정기술

예비검사에서는 목표설정기술이 5개의 하위 영역으로 구성되어 있었으나, 본검사에서는 목표진술 영역을 목표설정의 하위 영역에 포함시켜 동기형성, 목표설정, 실천행동, 평가의 4개 하위 영역으로 구성하였다. 이는 재검토 결과 목표진술과 목표설정의 문항을 구분하기가 애매하다는 판단 때문이었다. 목표설정기술의 문항은 동기형성, 목표설정, 실천행동, 평가의 4개 하위영역에 걸쳐 총 17개로 구성되어 있다(〈표 67〉 참조).

〈표 67〉 목표설정기술의 하위 영역별 문항 구성

하위 영역	문 항	문항 수
동기형성	75, 76, 77	3개
목표설정	78, 79, 80, 81, 82, 83, 84, 85, 86, 87	10개
실천행동	88, 89	2개
평 가	90, 91	2개
전 체		17개

목표설정기술을 구성하고 있는 문항의 양호도를 알아본 결과, 17개의 문항 중 평균값이 3.0−3.5 미만에 존재하는 문항은 8개, 2.5−3.0 미만인 문항이 9개로 나타났다. 전체 문항의 평균은 3.00으로 본 검사에 참여한 청소년들은 보통 정도의 목표설정기술을 갖고 있음을 알 수 있었다. 또한 요인부하량을 산출한 결과 모든 문항이 0.46−0.76 사이에 있는 것으로 나타나 전체적으로 양호한 문항으로 구성되어 있음을 알 수 있다(〈표 68〉 참조).

그러나 보다 양질의 검사도구를 확보하기 위해 문항을 개별적으로 재검토하였다. 그 결과, 동기형성영역은 목표설정의 개념과 비슷하면서도 구분되는 개념이므로 이를 목표설정 생활기술의 하위 영역에서 완전히 삭제하여 목표설정기술의 의도에 더욱 부합하는 문항으로만 구성되도록 하였다. 또한 79번의 내용이 80번에 포함될 수 있도록 일부 수정하여 자연스럽게 79번이 삭제되었고, 84번 문항과 유사한 86번도 삭제하였다. 그리고 91번 문항은 의미가 좀 더 잘 전달되도록 단어를 수정・보완하였다.

이러한 과정을 통해 목표설정기술은 5개의 문항이 삭제되고 2개 문항의 표현이 수정되어, 최종적으로 12개의 문항으로 구성되었다(〈표 69〉 참조).

〈표 68〉 목표설정기술의 문항양호도

문 항	평균	SD	요인부하량	기술-문항 상관계수	비고
75. 나는 누가 시키지 않아도 알아서 행동한다.	3.28	0.93	0.48	0.50	삭제
76. 나는 일단 시작한 일은 끝까지 해낸다.	3.34	0.96	0.46	0.48	삭제
77. 나는 내가 존경하는 사람처럼 되기 위해 노력한다.	3.26	1.00	0.55	0.57	삭제
78. 나는 어떤 일을 실천하기 전 목표를 세운다.	3.17	1.02	0.72	0.72	
79. 나는 구체적으로 목표를 세운다.	2.93	1.04	0.74	0.73	삭제
80. 나는 나의 미래의 꿈을 실현하기 위한 계획이 세워져 있다.	3.13	1.12	0.62	0.62	수정
81. 나는 학기 초에 목표를 세운다.	3.04	1.09	0.64	0.64	
82. 나는 매주 해야 할 계획을 세운다.	2.69	1.05	0.70	0.69	
83. 나는 목표를 세울 때 다양한 자료를 검색한다.	2.70	1.07	0.67	0.67	
84. 나는 목표설정 시 실천할 행동도 같이 계획한다.	2.90	1.02	0.76	0.75	
85. 나는 설정한 목표를 실천하기 위한 기한(마감일)을 설정한다.	2.82	1.08	0.67	0.66	
86. 내가 계획한 목표와 실천방법을 적어둔다.	2.79	1.03	0.73	0.72	삭제
87. 나의 목표를 다른 사람에게 분명하게 말할 수 있다.	3.14	1.08	0.65	0.65	
88. 나는 목표달성을 위해 우선순위를 세워 실천한다.	3.10	1.03	0.74	0.73	
89. 나는 목표달성을 위해 세운 계획은 곧바로 실천한다.	2.89	0.97	0.70	0.69	
90. 내가 세운 목표가 달성되었는지 스스로 평가해 본다.	2.95	1.04	0.71	0.70	
91. 나는 목표달성을 위해 세운 계획을 잘 실천하고 있는지 수시로 확인한다.	2.84	1.05	0.74	0.73	수정

〈표 69〉 목표설정기술의 문항 수정 결과

수정 전	수정 후	수정 이유
75. 나는 누가 시키지 않아도 알아서 행동한다.	삭제	동기형성 영역을 삭제함
76. 나는 일단 시작한 일은 끝까지 해낸다.	삭제	동기형성 영역을 삭제함
77. 나는 내가 존경하는 사람처럼 되기 위해 노력한다.	삭제	동기형성 영역을 삭제함
79. 나는 구체적으로 목표를 세운다.	삭제	80번과 유사한 내용을 포함하고 있음
80. 나는 나의 미래의 꿈을 실현하기 위한 계획이 세워져 있다.	나는 미래의 꿈을 실현하기 위한 구체적인 계획을 세워 놓았다.	79번 문항과 합침
86. 내가 계획한 목표와 실천방법을 적어둔다.	삭제	84번과 유사함
91. 나는 목표달성을 위해 세운 계획을 잘 실천하고 있는지 수시로 확인한다.	나는 목표달성을 위해 세운 계획을 잘 실천하고 있는지 중간에 확인한다.	더 쉬운 의미로 수정함

3) 진로탐색기술

진로탐색기술은 예비검사와 동일하게 자신에 대한 탐색과 진로에 대한 탐색을 하위 영역으로 하고 있다. 예비검사 결과로 도출된 총 15개의 문항을 토대로 본검사를 실시하였다(〈표 70〉 참조).

진로탐색기술을 구성하고 있는 문항의 양호도를 알아본 결과 15개의 문항 중 평균값이 3.5－4.0 미만에 존재하는 문항은 5개, 3.0－3.5 미만에 존재하는 문항은 9개, 2.5－3.0 미만인 문항이 1개로 나타났으며, 전체 평균은 3.44로 비교적 높게 나타났다. 또한 요인부하량을 산출한 결과 모든 문항이 0.56－0.75 사이에 존재하는 것으로 나와 구인타당도가 매우 높은 문항으로 구성되어 있음을 알 수 있다(〈표 71〉 참조).

그러나 보다 양호한 본검사 도구를 고안하기 위해 문항을 재검토하였다. 그 결과 93번은 96번의 문항 속에 포함되며, 99번은 95번과 유사하고, 106번은 진로탐색기술보다 성격심리적인 측면에 좀 더 가까운 내용이라 삭제하기로 결정하였다. 이러한 수정 과정을 거쳐 진로탐색기술은 최종 12개의 문항으로 구성되었다(〈표 72〉 참조).

〈표 70〉 진로탐색기술의 하위 영역별 문항 구성

하위 영역	문 항	문항 수
자신에 대한 탐색	92, 93, 94, 95, 96, 97, 98	7개
진로에 대한 탐색	99, 100, 101, 102, 103, 104, 105, 106	8개
전 체		15개

〈표 71〉 진로탐색기술의 문항양호도

문 항	평균	SD	요인 부하량	기술-문항 상관계수	비고
92. 나는 내가 어떤 일에 흥미가 있는지 알고 있다.	3.87	0.99	0.61	0.61	
93. 나는 내가 무엇을 잘 하는지 알고 있다.	3.65	1.00	0.61	0.61	삭제
94. 나는 내 성격의 장단점을 잘 알고 있다.	3.80	0.96	0.56	0.56	
95. 나는 장래 대학에서 하고 싶은 전공이 있다.	3.74	1.13	0.69	0.68	
96. 나는 나의 적성과 소질에 적합한 직업이 무엇인지 안다.	3.47	1.12	0.75	0.74	
97. 나의 적성을 살리기 위해 다양한 외부활동에 참여한다.	2.96	1.08	0.58	0.59	
98. 나는 적성검사나 흥미검사에 적극적으로 참여한다.	3.61	1.04	0.62	0.62	
99. 나는 내가 원하는 직업을 위해 어떤 학과에 진학해야 하는지 알고 있다.	3.48	1.14	0.75	0.74	삭제
100. 내가 진학하고 싶은 학교나 학과에 대한 정보를 적극적으로 찾아본다.	3.26	1.12	0.71	0.70	
101. 나는 내가 원하는 직업에 대한 정보를 적극적으로 찾아본다.	3.37	1.10	0.75	0.74	
102. 내가 희망하는 직업에 종사하기 위해 준비해야 할 자격증이 무엇인지 알고 있다.	3.22	1.13	0.70	0.70	
103. 나는 진로상담에 적극적으로 참여한다.	3.43	1.05	0.61	0.61	
104. 나는 최근 유망직종에 대한 정보를 알고 있다.	3.03	1.08	0.59	0.60	
105. 내가 원하는 직업을 가지는 데 있어 걸림돌이 무엇인지 알고 있다.	3.41	1.07	0.65	0.65	
106. 내가 원하는 직업에 종사하기 위해 내 성격의 단점을 고치려고 노력한다.	3.32	1.06	0.56	0.57	삭제

〈표 72〉 진로탐색기술의 문항 수정 결과

수정 전	수정 후	수정 이유
93. 나는 내가 무엇을 잘 하는지 알고 있다.	삭제	96번 문항에 포함됨
99. 나는 내가 원하는 직업을 위해 어떤 학과에 진학해야 하는지 알고 있다.	삭제	95번과 유사함
106. 내가 원하는 직업에 종사하기 위해 내 성격의 단점을 고치려고 노력한다.	삭제	진로탐색기술의 영역을 벗어남

4) 의사결정기술

의사결정기술의 하위 영역은 기본자세와 의사결정 과정으로 구성되어 있다. 〈표 73〉과 같이 예비검사를 통해 각 하위 영역별로 8개의 문항이 확정되었고, 이를 토대로 본검사를 실시하였다.

본검사 실시 후 의사결정기술을 구성하고 있는 문항의 양호도를 알아보았다. 먼저, 평균값이 3.5−4.0 미만에 존재하는 문항이 1개, 3.0−3.5 미만에 존재하는 문항은 13개, 2.5−3.0 미만인 문항이 2개로 나타났으며, 전체 평균은 3.26으로 본검사에 참여한 청소년들의 의사결정기술은 약간 높음을 알 수 있다. 또한 요인부하량도 0.45−0.71 사이에 존재해 모든 문항이 양호함을 알 수 있다(〈표 74〉 참조).

본검사에 사용된 의사결정기술의 개별 문항이 모두 통계적으로 양호하였으나, 최종 문항을 확정하기 위해 다시 한 번 재검토를 거쳐 4개의 문항을 삭제하기로 결정하였다. 〈표 75〉에 제시된 바와 같이, 107번 문항은 108번 문항에, 116번 문항은 119번 문항에 포함되는 것으로 판단되어 삭제하기로 결정하였다. 그리고 109번 문항의 경우 '합리적인 방법'이라는 것이 합리적인 과정에 대한 것인지 합리적인 내용에 대한 것인지가 애매하고, 110번 문항은 '다른 사람의 의견을 참고한다'는 것이 좋은 뜻인지 나쁜 뜻인지 애매하여 피검사자에게 혼동을 줄 수 있을 것이라 판단되어 삭제하기로 하였다.

〈표 73〉 진로탐색기술의 하위 영역별 문항 구성

하위 영역	문 항	문항 수
기본자세	107, 108, 109, 110, 111, 112, 113, 114	8개
의사결정 과정	115, 116, 117, 118, 119, 120, 121, 122	8개
전 체		16개

〈표 74〉 의사결정기술의 문항양호도

문 항	평균	SD	요인부하량	기술-문항상관계수	비고
107. 나는 의사결정을 할 때 먼저 계획을 세운다.	2.91	0.95	0.61	0.62	삭제
108. 나는 의사결정을 할 때 한 단계 한 단계 체계적으로 한다.	2.93	0.96	0.64	0.64	
109. 나는 의사결정을 할 때 도움이 되는 합리적인 방법을 선택한다.	3.34	0.91	0.64	0.64	삭제
110. 나는 의사결정을 할 때 다른 사람의 의견을 참고한다.	3.35	0.90	0.45	0.48	삭제
111. 나는 의사결정을 할 때 이후의 결과까지 생각한다.	3.44	1.02	0.60	0.62	
112. 나는 의사결정을 할 때 시간을 갖고 주의 깊게 생각한다.	3.36	0.96	0.65	0.66	
113. 나는 의사결정을 할 때 이전의 경험을 참고한다.	3.50	0.95	0.65	0.65	
114. 나는 내가 내린 의사결정에 대해 책임을 진다.	3.41	0.91	0.62	0.62	
115. 나는 의사결정을 할 때 문제의 핵심이 무엇인지 먼저 정확히 파악한다.	3.26	0.89	0.70	0.69	
116. 나는 의사결정을 할 때 내가 얻을 수 있는 모든 정보를 수집한다.	3.11	0.96	0.64	0.63	삭제
117. 나는 의사결정을 하기 위해 수집한 정보들의 장단점을 확인한다.	3.15	0.95	0.67	0.66	
118. 나는 의사결정을 할 때 어떤 정보가 실천가능한지 아닌지 판단할 수 있다.	3.26	0.93	0.69	0.68	
119. 나는 의사결정을 하기 위해 수집한 정보들을 바탕으로 의사결정을 한다.	3.17	0.92	0.71	0.70	
120. 나는 의사결정 결과에 따라 행동한다.	3.34	0.88	0.63	0.63	
121. 나는 처음 내린 의사결정이 나쁠 경우 다른 방법을 제시할 수 있다.	3.38	0.89	0.63	0.63	
122. 나는 내가 내린 의사결정이 올바른 것이었는지 평가해 본다.	3.24	0.93	0.61	0.62	

〈표 75〉 의사결정기술의 문항 수정 결과

수정 전	수정 후	수정 이유
107. 나는 의사결정을 할 때 먼저 계획을 세운다.	삭제	108번 문항에 의미가 내포됨
109. 나는 의사결정을 할 때 도움이 되는 합리적인 방법을 선택한다.	삭제	'합리적인 방법'이 과정에 대한 것인지 내용에 대한 것인지가 애매함
110. 나는 의사결정을 할 때 다른 사람의 의견을 참고한다.	삭제	'다른 사람의 의견을 참고한다'는 것이 좋은 뜻인지 나쁜 뜻인지 애매함
116. 나는 의사결정을 할 때 내가 얻을 수 있는 모든 정보를 수집한다.	삭제	119번 문항에 포함됨

이처럼, 본검사에 사용된 16개의 문항 중 4개의 문항을 삭제하고 최종 12개의 문항이 의사결정기술 문항으로 확정되었다.

3. 학습역량

청소년의 학습역량을 함양하는 과제해결기술, 정보활용기술, 학습태도기술에 대해 본검사를 실시하였다.

1) 과제해결기술

과제해결기술의 하위 영역은 예비검사와 동일하게 학습과 과제의 2개 영역으로 구성되어 있다. 〈표 76〉과 같이 과제해결기술은 예비검사를 통해 추출된 학습영역 7개, 과제영역 8개 문항을 토대로 본검사 도구가 구성되어 있다.

과제해결기술의 문항양호도를 살펴보았다. 15개의 문항 중 평균값이 3.5−4.0 미만인 문항은 1개, 3.0−3.5 미만인 문항은 13개, 3.0 미만인 문항은 1개로 나타났다. 전체 평균은 3.18로 본검사에 참여한 청소년들은 중간 정도의 과제해결기술을 갖고 있음을 알 수 있었

〈표 76〉 과제해결기술의 하위 영역별 문항 구성

하위 영역	문 항	문항 수
학 습	123, 124, 125, 126, 127, 128, 129	7개
과 제	130, 131, 132, 133, 134, 135, 136, 137	8개
전 체		15개

다. 또한 요인부하량이 0.54-0.71 사이에 존재해 본검사에 사용된 개별 문항이 매우 양호함을 확인하였다(〈표 77〉 참조).

과제해결기술의 모든 문항이 양호하였으나, 최종 검사도구의 확정을 위해 문항을 재검토하였고, 그 결과 3개 문항을 삭제하기로 결정하

〈표 77〉 과제해결기술의 문항양호도

문 항	평균	SD	요인 부하량	기술-문항 상관계수	비고
123. 나는 새로운 내용을 공부하기 전에 목차나 내용의 흐름을 미리 훑어본다.	3.10	1.02	0.62	0.62	
124. 나는 글을 읽을 때 어려운 낱말이나 내용의 뜻풀이를 찾아본다.	3.10	1.01	0.62	0.62	
125. 나는 글을 읽으면서 중요하다고 생각되는 것에 밑줄을 긋거나 표시를 해둔다.	3.51	1.03	0.61	0.61	
126. 나는 읽은 내용에 대해 스스로 질문해 보고 제대로 이해했는지 확인한다.	3.14	1.01	0.67	0.66	
127. 나는 한번 외운 내용을 잊어버리지 않도록 틈틈이 되풀이해서 외운다.	3.02	1.02	0.62	0.62	삭제
128. 나는 외우기 힘든 내용들은 첫 글자만 이어서 외우는 등 나만의 암기방법을 사용한다.	3.44	1.10	0.56	0.57	
129. 나는 글을 읽은 후 내용을 요약・정리한다.	3.12	1.06	0.63	0.63	삭제
130. 나는 해야 할 과제의 중요한 순서를 정해 놓고 그 순서에 따라 진행한다.	3.18	1.05	0.68	0.68	
131. 나는 과제의 핵심이 무엇인지 정확히 파악한 후 과제를 시작한다.	3.15	0.98	0.71	0.69	
132. 나는 과제를 하기 전에 어떤 방법으로 해결할 것인지 먼저 생각한다.	3.24	0.98	0.68	0.67	
133. 나는 과제 마감날짜를 잊지 않도록 보이는 곳에 적어둔다.	3.06	1.12	0.63	0.63	
134. 나는 과제를 해결하기 위해 친구들과 토론이나 협동학습을 한다.	2.88	1.01	0.54	0.55	삭제
135. 나는 과제를 할 때 모르는 내용은 선생님이나 친구 혹은 부모님과 의논한다.	3.26	1.04	0.56	0.58	
136. 나는 과제를 하는 동안 제대로 하고 있는지 중간에 확인해 본다.	3.20	0.99	0.65	0.65	
137. 나는 과제를 끝낸 후에 다시 검토해본다.	3.29	1.08	0.61	0.61	

〈표 78〉 과제해결기술의 문항 수정 결과

수정 전	수정 후	수정 이유
127. 나는 한번 외운 내용을 잊어버리지 않도록 틈틈이 되풀이해서 외운다.	삭제	128번에 포함됨
129. 나는 글을 읽은 후 내용을 요약・정리한다.	삭제	123~128번에 포괄적으로 포함됨
134. 나는 과제를 해결하기 위해 친구들과 토론이나 협동학습을 한다.	삭제	토론이나 협동학습이 과제의 내용에 따라 필요할 수도 있고 그렇지 않을 수도 있음

였다. 먼저 127번 문항은 128번 문항에, 129번 문항은 123-128번 문항에 포괄적으로 포함된다고 판단되어 삭제하기로 하였다. 또한, 134번 문항은 토론이나 협동학습이 과제의 내용에 따라 필요할 수도 있고 그렇지 않을 수도 있으므로, 피검사자가 혼동을 느낄 수도 있을 것이라 판단되어 삭제하기로 결정하였다. 과제해결기술의 문항이 삭제된 사항은 〈표 78〉에 구체적으로 제시되었다.

2) 정보활용기술

정보활용기술은 탐색, 분석, 적용이라는 3개의 하위 영역으로 구성되어 있다. 〈표 79〉와 같이 예비검사를 통해 도출된 14개의 문항을 토대로 본검사를 실시하였다.

〈표 79〉 정보활용기술의 하위 영역별 문항 구성

하위 영역	문 항	문항 수
탐 색	138, 139, 140, 141, 142	5개
분 석	143, 144, 145	3개
적 용	146, 147, 148, 149, 150, 151	6개
전 체		14개

본검사를 실시한 결과, 정보활용기술 문항의 평균값이 3.5−4.0 미만에 4개, 3.0−3.5 미만에 10개의 문항이 포함되는 것으로 나타났다. 전체 평균값은 3.42로 본검사에 참여한 청소년들은 대체로 높은 정보활용기술을 갖고 있음을 알 수 있었다. 또한 요인분석을 통해 요인부하량을 계산한 결과 0.57−0.73 사이에 존재하고 있어 모든 문항들이 매우 양호함을 확인하였다(〈표 80〉 참조).

〈표 80〉 정보활용기술의 문항양호도

문 항	평균	SD	요인부하량	기술-문항 상관계수	비고
138. 나는 관심이 있는 분야에 대해서 꼼꼼하게 정보를 모은다.	3.42	1.02	0.61	0.62	
139. 나는 화제가 되고 있는 책이나 잡지는 한번 읽어 보는 편이다.	3.39	1.02	0.56	0.58	
140. 나는 과제 해결을 위해 신문이나 TV뉴스 등을 활용하여 정보를 찾는다.	3.30	1.02	0.59	0.60	수정
141. 나는 과제 해결을 위해 교과서, 참고서, 백과사전 등을 활용하여 정보를 찾는다.	3.28	1.01	0.60	0.61	수정
142. 나는 과제 해결을 위해 인터넷을 활용하여 정보를 찾는다.	3.89	0.97	0.59	0.59	
143. 나는 수집한 다양한 정보들을 특징에 따라 분류하여 정리한다.	3.12	0.97	0.57	0.58	
144. 나는 수집한 정보에서 중요한 내용을 찾아 요약한다.	3.25	0.96	0.64	0.64	삭제
145. 나는 수집한 정보 중에서 어떤 것이 과제해결에 적합한 정보인지 알 수 있다.	3.30	0.95	0.70	0.69	
146. 나는 수집한 정보를 주고받기 위해 메일이나 메신저를 사용할 수 있다.	3.52	1.05	0.63	0.63	
147. 나는 수집한 정보를 활용하여 발표자료를 만들 수 있다.	3.34	1.05	0.70	0.69	
148. 나는 과제를 할 때 필요한 글, 그림, 음악 등의 파일을 활용할 수 있다.	3.57	1.01	0.70	0.69	
149. 나는 인터넷, 파워포인트, 워드프로세서 등 다양한 프로그램을 사용할 수 있다.	3.48	1.05	0.66	0.65	
150. 나는 내가 필요한 정보를 적절하게 출력할 수 있다.	3.60	1.00	0.73	0.71	
151. 나는 수집한 정보를 다시 정리(재조직)하여 새로운 내용을 만들 수 있다.	3.37	1.02	0.71	0.69	삭제

〈표 81〉 정보활용기술의 문항 수정 결과

수정 전	수정 후	수정 이유
140. 나는 과제 해결을 위해 신문이나 TV뉴스 등을 활용하여 정보를 찾는다.	나는 과제 해결을 위해 신문이나 TV 등을 활용하여 정보를 찾는다.	현실성을 높이기 위해 'TV 뉴스'를 'TV'로 바꿈
141. 나는 과제 해결을 위해 교과서, 참고서, 백과사전 등을 활용하여 정보를 찾는다.	나는 과제 해결을 위해 교과서, 참고서 등을 활용하여 정보를 찾는다.	현실성을 높이기 위해 백과사전을 삭제함
144. 나는 수집한 정보에서 중요한 내용을 찾아 요약한다.	삭제	143번에 포함됨
151. 나는 수집한 정보를 다시 정리(재조직)하여 새로운 내용을 만들 수 있다.	삭제	147번과 유사함

정보활용기술의 모든 문항이 통계적으로 양호한 것으로 나타났으나, 양질의 최종 검사도구를 개발하기 위해 개별 문항을 재검토하였다. 이를 통해 144번 문항이 143번 문항에 포함되는 것으로 판단되어 삭제하고, 151번 문항도 147번 문항과 유사한 것으로 나타나 삭제하기로 결정하였다. 한편, 140번 문항과 141번 문항은 좀 더 현실적인 내용을 포함하도록 문구를 약간 수정하였다. 따라서 정보활용기술의 14개 문항 가운데 2개 문항을 삭제하고, 2개 문항을 수정하여 최종 12개 문항으로 확정되었다(〈표 81〉 참조).

3) 학습태도기술

예비검사와 동일하게 학습태도기술에 대한 하위 영역은 수업, 공부, 과제의 3개로 설정하였다. 예비검사를 통해 양질의 문항이라 확인된 수업영역 8개, 공부영역 5개, 과제영역 4개의 문항으로 본검사를 실시하였다(〈표 82〉 참조).

〈표 82〉 학습태도기술의 하위 영역별 문항 구성

하위 영역	문 항	문항 수
수 업	152, 153, 154, 155, 156, 157, 158, 159	8개
공 부	160, 161, 162, 163, 164*	5개
과 제	165, 166, 167*, 168	4개
전 체		17개

*는 역문항을 의미함.

〈표 83〉 학습태도기술의 문항양호도

문 항	평균	SD	요인 부하량	기술-문항 상관계수	비고
152. 나는 결석이나 지각을 하지 않는다.	3.84	1.17	0.53	0.53	
153. 나는 수업시작 전에 책과 노트를 미리 준비해 놓는다.	3.74	1.02	0.64	0.63	
154. 나는 수업시간에 바른 자세를 유지하려고 한다.	3.51	0.99	0.72	0.70	
155. 나는 수업시간에 선생님의 설명을 열심히 듣는다.	3.47	0.99	0.78	0.75	삭제
156. 나는 수업시간에 선생님의 설명을 책이나 공책에 정리한다.	3.50	1.04	0.68	0.66	
157. 나는 수업시간에 배운 내용을 그때그때 확실히 알고 넘어간다.	3.07	1.02	0.69	0.68	
158. 나는 수업시간에 자주 조는 편이다.	3.16	1.19	0.39	0.45	삭제
159. 나는 발표시간에 적극적으로 참여한다.	2.90	1.10	0.56	0.56	
160. 나는 수업시간에 배울 내용을 미리 예습한다.	2.60	1.06	0.52	0.53	
161. 나는 수업시간에 배운 내용을 밀리지 않고 복습한다.	2.65	1.03	0.56	0.56	
162. 나는 공부할 때 열심히 공부하고 놀 때 열심히 논다.	3.34	1.08	0.61	0.61	삭제
163. 나는 부모님께서 공부하라고 하지 않아도 스스로 공부한다.	2.99	1.09	0.58	0.58	수정
164. 나는 공부할 때 꾸준히 앉아있지 못한다.	2.94	1.08	0.25	0.32	삭제
165. 나는 선생님이 과제를 내주실 때 이를 받아 적는다.	3.41	0.99	0.59	0.56	
166. 나는 선생님이 정한 기간에 맞춰 숙제를 제출한다.	3.60	0.98	0.66	0.64	
167. 나는 숙제할 때 친구의 숙제를 그대로 베껴낸다.	3.53	1.07	0.36	0.41	삭제
168. 나는 학습준비물을 꼬박꼬박 챙겨온다.	3.47	0.93	0.64	0.63	

전체 17개의 문항 중 평균값이 3.5−4.0 미만인 문항은 6개, 3.0−3.5 미만인 문항은 6개, 2.5−3.0 미만인 문항은 5개로 나타났다. 전체 평균값은 3.28로서 본검사에 참여한 청소년의 학습태도기술은 중간 정도임을 알 수 있다. 또한 요인부하량을 산출한 결과, 158, 164, 167번을 제외한 모든 문항이 0.52−0.78 사이에 존재하고 있어 양호함을 확인할 수 있었다(〈표 83〉 참조).

학습태도기술 문항의 재검토를 통해 요인부하량과 생활기술-문항 간 상관계수가 0.40 미만으로 나타난 158, 164, 167번 문항은 삭제하였다. 또한, 156번과 유사한 155번, 163번과 유사한 162번 문항도 삭제하기로 결정하였다. 한편, 163번의 문항은 의미를 명확히 하기 위해 문구를 수정하여 총 12개의 문항으로 확정하였다. 문항이 삭제되거나 수정된 사항은 〈표 84〉에 제시하였다.

〈표 84〉 학습태도기술의 문항 수정 결과

수정 전	수정 후	수정 이유
155. 나는 수업시간에 선생님의 설명을 열심히 듣는다.	삭제	156번 문항과 유사함
158. 나는 수업시간에 자주 조는 편이다.	삭제	요인부하량 및 기술-문항 간 상관계수가 너무 낮음
162. 나는 공부할 때 열심히 공부하고 놀 때 열심히 논다.	삭제	스스로 공부한다는 측면에서 163번과 유사함
163. 나는 부모님께서 공부하라고 하지 않아도 스스로 공부한다.	나는 다른 사람이 시키지 않아도 스스로 공부한다.	학습태도기술보다는 과제해결기술에 가까워 수정함
164. 나는 공부할 때 꾸준히 앉아있지 못한다.	삭제	요인부하량 및 기술-문항 간 상관계수가 너무 낮음
167. 나는 숙제할 때 친구의 숙제를 그대로 베껴낸다.	삭제	요인부하량 및 기술-문항 간 상관계수가 너무 낮음

4. 대인관계역량

청소년의 생활역량 중 대인관계역량을 나타내는 의사소통기술, 인간관계기술, 갈등조절기술, 리더십기술의 예비검사 결과를 토대로 추출된 문항을 가지고 본검사를 실시하였다.

1) 의사소통기술

의사소통기술에 대한 하위 영역은 적극적 경청, 공감적 반응, 자기표현으로 구성되어 있다. 〈표 85〉와 같이 총 16개의 문항으로 본검사를 실시하였다.

의사소통기술을 구성하고 있는 문항의 양호도를 알아보았다. 그 결과 16개의 문항 중 평균값이 3.5−4.0 미만에 존재하는 문항은 6개, 3.0−3.5 미만인 문항이 10개로 나타났다. 전체 평균값은 3.44로서 본검사에 참여한 청소년들은 높은 의사소통기술을 갖고 있음을 추측할 수 있었다. 또한 요인분석 결과 요인부하량이 0.53−0.69 사이로 나타나 모든 문항이 매우 양호함을 알 수 있다(〈표 86〉 참조).

의사소통기술의 모든 문항이 통계적으로 양호하였으나 문항을 재

〈표 85〉 의사소통기술의 하위 영역별 문항 구성

하위 영역	문 항	문항 수
적극적 경청	169, 170, 171, 172, 173	5개
공감적 반응	174, 175	2개
자기표현	176, 177, 178, 179, 180, 181, 182, 183, 184	9개
전 체		16개

〈표 86〉 학습태도기술의 문항양호도

문 항	평균	SD	요인 부하량	기술-문항 상관 계수	비고
169. 나는 대화중에 사소한 내용도 무시하지 않는다.	3.45	0.91	0.61	0.61	
170. 나는 상대방이 말할 때 끼어들지 않는다.	3.30	0.89	0.53	0.53	
171. 나는 대화 중에 상대방이 말하고자 하는 것을 제대로 이해한다.	3.55	0.84	0.69	0.68	
172. 나는 상대방이 말할 때 시선을 맞추며 이야기를 듣는다.	3.63	0.87	0.69	0.68	
173. 나는 친구들로부터 자기의 말을 잘 들어주는 친구라는 이야기를 자주 듣는다.	3.32	0.91	0.57	0.58	삭제
174. 나는 대화할 때 상대방의 입장에서 이야기를 듣고 대답한다.	3.51	0.88	0.65	0.65	
175. 나는 대화할 때 내가 상대의 말을 잘 알아듣고 있음을 말이나 고갯짓으로 알린다.	3.70	0.92	0.61	0.61	
176. 나는 하고 싶은 말을 쉽고 분명하게 표현한다.	3.48	0.93	0.62	0.62	
177. 나는 상황에 맞게 목소리를 조절하여 말한다.	3.47	0.94	0.63	0.63	
178. 나는 대화할 때 상대방과 시선을 맞추며 말한다.	3.61	0.93	0.68	0.67	삭제
179. 나는 대화할 때 정확하게 발음한다.	3.34	0.90	0.62	0.62	삭제
180. 나는 대화할 때 표정과 몸짓을 적절하게 사용한다.	3.55	0.92	0.64	0.64	
181. 나는 상대방이 화났을 때 화를 가라앉히기 위해 부드러운 목소리로 말한다.	3.29	0.98	0.55	0.56	삭제
182. 나는 들었던 이야기를 다른 사람에게 정확히 전달한다.	3.39	0.88	0.68	0.67	
183. 나는 감정에 치우치거나 당황하지 않고 나의 의견을 말한다.	3.55	0.93	0.59	0.59	
184. 나는 상대방의 기분을 상하지 않게 하면서 반대의견을 말한다.	3.29	0.92	0.54	0.56	

검토하여 의미가 중복되는 문항, 지나치게 포괄적인 문항, 애매하거나 불명확한 용어로 인해 검사자로 하여금 오해를 하게 하는 문항을 수정하였다. 그 결과 173번 문항의 경우, '자기의 말을 잘 들어주는 친구'라는 것이 오해의 소지가 있음을 발견하였다. 즉, 경청의 의미로 이해되기보다 자신의 부탁을 잘 들어준다는(거절하지 않는) 의미로 이해될 가능성이 있어 삭제하기로 결정하였다. 또한 178번은 180번과 유사하여 삭제하였고, 179, 181번은 177번과 유사한 것으로 판단되어

〈표 87〉 의사소통기술의 문항 수정 결과

수정 전	수정 후	수정 이유
173. 나는 친구들로부터 자기의 말을 잘 들어주는 친구라는 이야기를 자주 듣는다.	삭제	'자기의 말을 잘 들어주는 친구'라는 것이 오해의 소지가 있음
178. 나는 대화할 때 상대방과 시선을 맞추며 말한다.	삭제	180번과 유사함
179. 나는 대화할 때 정확하게 발음한다.	삭제	177번과 유사함
181. 나는 상대방이 화났을 때 화를 가라앉히기 위해 부드러운 목소리로 말한다.	삭제	177번과 유사함

삭제하기로 결정하였다. 이러한 수정과정을 통해 최종 12개의 의사소통기술 문항이 확정되었다(〈표 87〉 참조).

2) 인간관계기술

인간관계기술에 대한 하위 영역은 신뢰감, 친근감, 민감성, 개방성으로 이루어져 있다. 예비검사에서는 만족감, 신뢰감, 친근감, 민감성, 개방성, 이해성의 6개 하위 영역이 구성되어 있었는데, 만족감에 해당하는 두 개 문항과 이해성에 해당하는 한 개 문항, 즉 하위 영역에 본래 속해 있었던 모든 문항이 양호하지 못한 것으로 판단되어 하위 영역 자체가 제외되었다. 따라서, 인간관계기술은 예비검사에서는 6개의 하위 영역으로 구성되었으나 본검사에서는 4개의 하위 영역으로 축소되었다. 각 하위 영역별 문항 구성은 〈표 89〉와 같다.

15개의 문항 중 평균값이 3.5－4.0 미만에 존재하는 문항은 7문항, 3.0－3.5 미만에 존재하는 문항은 7개, 2.5－3.0 미만인 문항이 1개로 나타났다. 전체 평균은 3.47로서 본검사에 참여한 청소년들은

〈표 89〉 인간관계기술의 하위 영역별 문항 구성

하위 영역	문 항	문항 수
신뢰감	185, 186, 187, 188	4개
친근감	189, 190, 191, 192, 193	5개
민감성	194	1개
개방성	195, 196, 197, 198, 199	5개
전 체		15개

〈표 90〉 인간관계기술의 문항양호도

분 항	평균	SD	요인 부하량	기술-문항 상관 계수	비고
185. 나는 상대방의 단점보다는 장점을 보려고 한다.	3.35	0.93	0.57	0.58	
186. 나는 다른 사람을 험담하지 않는다.	2.96	0.93	0.42	0.46	삭제
187. 나는 힘이 들더라도 친구의 어려운 일을 도와준다.	3.44	0.83	0.59	0.59	
188. 나는 친구와의 비밀을 남에게 이야기하지 않는다.	3.73	0.97	0.51	0.53	
189. 나는 다른 사람들에게 친절히 대한다.	3.55	0.84	0.57	0.57	
190. 나는 친구와 잘 어울린다.	3.69	0.90	0.66	0.65	
191. 나는 가족과의 관계가 친밀하다.	3.75	1.01	0.58	0.58	
192. 나는 선생님과의 관계가 원만하다.	3.46	0.93	0.62	0.62	
193. 나는 다른 사람들에 대해 관심을 가진다.	3.61	0.93	0.68	0.66	삭제
194. 나는 다른 사람들의 느낌, 생각, 바라는 것을 잘 알아챈다.	3.55	0.95	0.66	0.65	
195. 나는 필요시 처음 본 사람에게 적극적으로 말을 건넨다.	3.26	1.09	0.60	0.61	
196. 나는 사람들과 사귀는 것에 자신 있다.	3.29	1.06	0.60	0.61	삭제
197. 나는 다른 사람의 장점이나 잘한 일에 대해 칭찬을 잘 한다.	3.44	0.92	0.71	0.70	
198. 나는 다른 사람의 충고와 비판을 잘 받아들인다.	3.32	0.91	0.58	0.57	
199. 나는 나의 관심거리에 대해서 다른 사람과 이야기를 잘 나눈다.	3.62	0.92	0.65	0.63	

〈표 91〉 인관관계기술의 문항 수정 결과

수정 전	수정 후	수정 이유
186. 나는 다른 사람을 험담하지 않는다.	삭제	185번과 유사함
193. 나는 다른 사람들에 대해 관심을 가진다.	삭제	189－192번 문항에 의미가 포함됨
196. 나는 사람들과 사귀는 것에 자신 있다.	삭제	개방성보다 성격적 특성(외향적 성향)에 대한 의미를 더 내포하고 있음

높은 수준의 인간관계기술을 갖고 있음을 알 수 있었다. 각 문항의 요인부하량을 살펴본 결과, 0.42－0.71 사이에 존재하는 것으로 나타나 전반적으로 양호한 문항으로 구성되어 있다(〈표 90〉 참조).

그러나 최종 검사도구의 확정을 위해 개별 문항을 한 번 더 검토하여 3개의 문항을 삭제하기로 결정하였다. 먼저 186번은 185번과 유사하여 삭제하기로 하였고, 193번도 189－192번 문항에 의미가 포함되는 것으로 판단되어 삭제하기로 하였다. 또한 196번 문항은 개방성에 대한 문항이라기보다는 성격적 특성(외향적 성향)에 대한 의미를 더 내포하고 있는 것으로 판단되어 삭제하기로 결정하였다. 이를 통해 최종 12문항으로 구성된 인간관계기술 검사도구를 확정하였다(〈표 91〉 참조).

3) 갈등조절기술

청소년의 갈등조절기술은 기본자세와 절충 및 협력의 2개 하위 영역으로 구성되어 있다. 각 하위 영역별로 구성된 초기 문항을 대상으로 예비검사를 실시하였고, 그 과정에서 양호하다고 판단된 13개의 문항을 확정하여 본검사를 실시하였다(〈표 92〉 참조).

갈등조절기술의 13개 문항에 대해 본검사를 실시한 결과, 평균값

〈표 92〉 갈등조절기술의 하위 영역별 문항 구성

하위 영역	문 항	문항 수
기본자세	200, 201, 202, 203, 204	5개
절충 및 협력	205, 206, 207, 208, 209, 210, 211, 212	8개
전 체		13개

〈표 93〉 갈등조절기술의 문항양호도

문 항	평균	SD	요인 부하량	기술-문항 상관계수	비고
200. 나는 다른 사람과 다툴 때 약점을 건드리지 않는다.	3.11	0.96	0.50	0.55	
201. 나는 갈등해결 시 아무리 화가 나도 욕설이나 폭력을 사용하지 않는다.	2.90	1.06	0.41	0.48	삭제
202. 나는 제3자 간의 갈등이 생겼을 때 이를 해결하도록 도와준다.	3.31	0.88	0.64	0.64	
203. 나는 다른 사람과 갈등이 생겼을 때 내가 먼저 해결하려고 한다.	3.33	0.91	0.65	0.64	
204. 나는 친구와 나 사이에 기분 나쁜 일이 생기지 않도록 조심한다.	3.63	0.86	0.67	0.66	
205. 나는 친구와 서로 다르게 생각하는 것을 해결하기 위해 같이 의논한다.	3.32	0.88	0.68	0.66	
206. 나는 갈등을 해결하기 위해 나의 생각을 솔직하게 말한다.	3.49	0.92	0.64	0.63	
207. 나는 갈등이 생겼을 때 상대방의 입장에서 생각해 본다.	3.42	0.91	0.66	0.66	
208. 나는 친구와 갈등이 있을 때 다른 사람의 의견을 참고한다.	3.42	0.89	0.66	0.64	
209. 나는 갈등이 생겼을 때 원인을 찾으려고 한다.	3.56	0.97	0.68	0.67	
210. 나는 친구와 의견이 다를 때 조금씩 양보한다.	3.43	0.87	0.66	0.65	
211. 나는 친구와 생각이 다를 때 나의 의견을 이해하도록 설명할 수 있다.	3.46	0.88	0.70	0.68	
212. 나는 친구가 내 의견의 좋은 점을 이해하도록 설명할 수 있다.	3.46	0.87	0.69	0.67	

〈표 94〉 갈등조절기술의 문항 수정 결과

수정 전	수정 후	수정 이유
201. 나는 갈등해결 시 아무리 화가 나도 욕설이나 폭력을 사용하지 않는다.	삭제	감정조절기술에 해당됨

이 3.5−4.0 미만에 존재하는 문항은 2개, 3.0−3.5 미만에 존재하는 문항은 10개, 2.5−3.0 미만인 문항이 1개로 나타났다. 전체 평균은 3.37로 본검사에 참여한 청소년들은 중간 이상의 갈등조절기술을 갖고 있음을 추측할 수 있었다. 또한 요인부하량은 0.41−0.70 사이에 존재하는 것으로 나타나 양호한 것으로 확인되었다(〈표 93〉 참조).

갈등조절기술의 모든 문항이 양호한 것으로 판단되었지만, 최종 검사도구의 확정을 위해 다시 한 번 개별문항을 검토하였다. 그 결과 201번 문항이 갈등조절기술보다 감정조절기술에 포함되는 것으로 판단되어 삭제하기로 결정하였다. 이를 통해 갈등조절기술의 12개 문항을 최종 확정하였다(〈표 94〉 참조).

4) 리더십기술

리더십기술에 대한 하위 영역은 자기이해, 의사결정, 인간관계, 조직관리로 구성되어 있다. 원래 예비검사의 하위 영역에는 학습능력과 의사소통 영역까지 포함되어 있었으나 하위 영역당 각각 한 개의 문항으로 구성되었고, 학습능력에 해당되는 문항이 의사결정에 포함되며 의사소통은 조직관리에 포함될 수 있다고 판단되어 하위 영역을 축소하였다. 따라서 본검사 도구에 사용된 리더십기술은 〈표 95〉와 같이 4개의 하위 영역 아래 16개의 문항으로 구성되어 있다.

리더십기술에 대한 본검사 결과, 평균값이 3.5−4.0 미만에 존재하

〈표 95〉 리더십기술의 하위 영역별 문항 구성

하위 영역	문 항	문항 수
자기이해	213, 214, 215	3개
의사결정	216, 218, 219, 220	4개
인간관계	221, 222	2개
조직관리	217, 223, 224, 225, 226, 227, 228	7개
전 체		16개

는 문항은 1개, 3.0–3.5 미만에 존재하는 문항은 15개로 나타났다. 전체 평균값은 3.29로 본검사에 참여한 청소년들은 보통 정도의 리더십기술을 갖고 있음을 알 수 있었다. 또한 요인부하량을 살펴본 결과, 0.62–0.74 사이에 존재하고 있어 다른 생활기술의 요인부하량보다도 상대적으로 높게 나타나 매우 양호함을 알 수 있다(〈표 96〉 참조).

리더십기술의 모든 문항이 양호하였으나, 최종 검사도구의 문항을 확정하기 위해 다시 한번 재검토하였다. 이러한 과정에서 218번 문항이 220번과 유사함을 확인하였고, 221번과 222번 문항은 리더로서의 기술이라기보다 구성원으로서의 덕목이라고 판단되어 삭제하기로 하였다. 또한 227번 문항은 지나치게 포괄적이어서 삭제하기로 하였다. 이상에서 언급한 4개 문항을 삭제하여 최종 12개의 문항을 확정하였다(〈표 97〉 참조).

〈표 96〉 리더십기술의 문항양호도

문 항	평균	SD	요인 부하량	기술-문항 상관계수	비고
213. 나는 어떠한 일에도 책임 있는 태도를 가진다.	3.30	0.88	0.65	0.65	
214. 나는 어떤 어려운 일도 헤쳐 나갈 용기가 있다.	3.27	0.91	0.67	0.66	
215. 나는 실수를 했을 때 내가 한 실수를 잘 해결할 수 있다.	3.36	0.87	0.70	0.70	
216. 나는 다양한 정보를 활용하여 집단의 문제를 효과적으로 해결할 수 있다.	3.25	0.89	0.72	0.71	
217. 나는 내가 속한 집단의 목표와 해야 할 일을 구성원에게 제대로 전달할 수 있다.	3.35	0.90	0.72	0.71	
218. 나는 집단(학급, 동아리 등)의 목표를 앞장서서 결정할 수 있다.	3.16	0.99	0.72	0.71	삭제
219. 나는 집단에서 해야 할 일의 우선순위를 결정할 수 있다.	3.29	0.96	0.72	0.72	
220. 나는 집단구성원의 의견을 받아들여 집단의 의사결정을 내릴 수 있다.	3.28	0.91	0.74	0.73	
221. 나는 집단의 구성원들과 잘 화합한다.	3.40	0.90	0.70	0.70	삭제
222. 나는 집단에서 일을 할 때 필요한 도움을 다른 사람에게 요청할 수 있다.	3.50	0.88	0.63	0.63	삭제
223. 나는 집단의 새로운 변화를 쉽게 받아들일 수 있다.	3.37	0.89	0.62	0.62	
224. 나는 집단으로 일을 할 때 서로의 의견이 잘 받아들여지도록 분위기를 조성한다.	3.32	0.86	0.68	0.67	
225. 나는 집단으로 일을 할 때 각 구성원이 해야 할 일을 적절히 나누어 줄 수 있다.	3.30	0.90	0.72	0.72	
226. 나는 집단회의를 잘 진행할 수 있다.	3.06	0.98	0.73	0.73	
227. 나는 집단으로 일을 할 때 친구들을 잘 이끌어 나간다.	3.12	0.95	0.73	0.73	삭제
228. 나는 소외되고 있는 친구를 집단활동에 참여시킬 수 있다.	3.26	0.96	0.67	0.67	

〈표 97〉 리더십기술의 문항 수정 결과

수정 전	수정 후	수정 이유
218. 나는 집단(학급, 동아리 등)의 목표를 앞장서서 결정할 수 있다.	삭제	220번과 유사함. 또한 '앞장서서' 결정한다는 것은 현대의 리더상과는 거리가 있음
221. 나는 집단의 구성원들과 잘 화합한다.	삭제	리더로서의 기술이라기보다 구성원으로서의 덕목으로 보임
222. 나는 집단에서 일을 할 때 필요한 도움을 다른 사람에게 요청할 수 있다.	삭제	리더로서의 기술이라기보다 구성원으로서의 덕목으로 보임
227. 나는 집단으로 일을 할 때 친구들을 잘 이끌어 나간다.	삭제	지나치게 포괄적임

5. 민주시민역량

청소년의 생활역량 중 민주시민역량을 나타내는 공동체참여기술, 생활예절기술에 대한 본검사를 실시하였다.

1) 생활예절기술

가정생활, 학교생활, 사회생활의 3개 하위 영역으로 구성되어 있는 생활예절기술의 문항은 총 16개의 문항으로 이루어져 있다. 하위 영역 및 개별 문항에 대한 정보는 〈표 98〉과 같다.

본검사 실시 후 생활예절기술 문항의 양호도를 검사하였다. 생활예절기술에 대한 전체 16개 문항 중 평균값이 3.5－4.0 미만인 문항은 9개, 3.0－3.5 미만인 문항은 7개로 나타났다. 전체 평균값은 3.52로 본검사에 참여한 청소년들은 매우 높은 생활예절기술을 갖고 있음을 알 수 있었다. 또한 생활예절기술의 경우 요인부하량이 0.52－0.74로 매우 높게 나타나 모든 문항이 양호함을 확인하였다(〈표 99〉 참조).

그러나 보다 양질의 최종 검사도구를 확정하기 위해 문항을 재검토하여 중복되는 의미를 가진 문항, 애매하거나 불명확한 용어로 인

〈표 98〉 생활예절기술의 하위 영역별 문항 구성

하위 영역	문 항	문항 수
가정생활	244, 245, 246, 247, 248, 249	6개
학교생활	250, 251, 252, 253	4개
사회생활	254, 255, 256, 257, 258, 259	6개
전 체		16개

〈표 99〉 생활예절기술의 문항양호도

문 항	평균	SD	요인 부하량	기술-문항 상관 계수	비고
244. 나는 가족 간에 정한 약속을 잘 지킨다.	3.46	0.95	0.64	0.64	
245. 나는 집안 어른에게 존댓말과 올바른 말을 사용한다.	3.39	1.08	0.56	0.58	수정
246. 나는 음식을 먹을 때 어른이 먼저 드신 후 먹는다.	3.29	1.07	0.54	0.57	삭제
247. 나는 방이나 화장실 출입 시 노크를 한다.	3.23	1.12	0.54	0.57	삭제
248. 나는 집안 어른이 돌아오거나 나가실 때 인사한다.	3.95	0.97	0.60	0.60	
249. 나는 귀가 시간이 늦을 때는 부모님께 전화를 하여 행선지를 밝힌다.	3.72	1.04	0.61	0.61	수정
250. 나는 학교나 학급의 규칙을 잘 지킨다.	3.53	0.93	0.69	0.68	
251. 나는 선생님을 만나면 먼저 인사한다.	3.72	0.93	0.64	0.63	수정
252. 나는 쉬는 시간에 다른 친구에게 방해되지 않도록 큰소리로 이야기하지 않는다.	3.19	0.98	0.56	0.56	
253. 나는 학교 시설물을 아껴 쓴다.	3.33	0.94	0.65	0.64	삭제
254. 나는 공공장소에서 차례를 잘 지킨다.	3.57	0.92	0.74	0.71	
255. 나는 공공기물에 낙서하거나 파손시키지 않는다.	3.69	0.94	0.67	0.66	
256. 나는 길거리에 쓰레기를 버리지 않는다.	3.15	1.02	0.52	0.53	
257. 나는 버스나 지하철에서 노약자에게 자리를 양보한다.	3.70	0.96	0.62	0.61	
258. 나는 다른 사람과 부딪히면 먼저 미안하다고 말한다.	3.64	0.98	0.64	0.63	삭제
259. 나는 공공장소에서 주위사람에게 방해가 되지 않도록 한다.	3.68	0.91	0.68	0.66	

해 검사자로 하여금 혼동을 줄 소지가 있는 문항은 삭제하거나 수정하였다. 그 결과 4개의 문항이 삭제되었고, 3개의 문항은 수정되었다. 이를 자세히 살펴보면 다음과 같다.

먼저, 246번과 247번 문항은 현실성이 떨어지는 문항으로 판단되어 삭제하기로 하였으며, 253번 문항은 255번에 포함되므로 삭제하였다. 또한 258번 문항은 생활예절기술이라 하기에 지나치게 사소한 상황이어서 삭제하기로 최종 결정하였다. 한편, 245, 249, 251번 문항은 좀 더 간결하고 명확히 의미를 전달하기 위해 일부 문구를 수정

〈표 100〉 생활예절기술의 문항 수정 결과

수정 전	수정 후	수정 이유
245. 나는 집안 어른에게 존댓말과 올바른 말을 사용한다.	나는 어른에게 존댓말과 올바른 말을 사용한다.	간결하고 명확한 의미전달이 필요함
246. 나는 음식을 먹을 때 어른이 먼저 드신 후 먹는다.	삭제	최근에는 개인의 일정에 따라 각기 식사하는 분위기가 많으므로 현실성이 떨어짐
247. 나는 방이나 화장실 출입 시 노크를 한다.	삭제	집에서 노크하는 것은 현실성이 떨어짐
249. 나는 귀가 시간이 늦을 때는 부모님께 전화를 하여 행선지를 밝힌다.	나는 귀가 시간이 늦을 때는 가족에게 전화하여 행선지를 밝힌다.	간결하고 명확한 의미전달이 필요함
251. 나는 선생님을 만나면 먼저 인사한다.	나는 학교에서 선생님이나 친구를 만나면 먼저 인사한다.	간결하고 명확한 의미전달이 필요함
253. 나는 학교 시설물을 아껴 쓴다.	삭제	255번에 포함됨
258. 나는 다른 사람과 부딪히면 먼저 미안하다고 말한다.	삭제	생활예절기술이라 하기에 지나치게 사소함

하였다. 이러한 과정을 통해 최종 12개의 문항이 확정되었다. 문항이 삭제되거나 수정된 사항을 〈표 100〉에 제시하였다.

2) 공동체참여기술

공동체참여기술은 시민의식, 참여활동, 봉사활동, 협력의 4개 하위 영역으로 구성되어 있다. 각 하위 영역별로 문항을 구성하여 총 15개의 문항을 토대로 본검사를 실시하였다(〈표 101〉 참조).

민주시민역량 중 청소년의 공동체참여기술에 속한 문항의 양호도를 검사하였다. 공동체참여기술의 15개 문항 중 평균값이 3.0−3.5 미만인 문항은 8개, 2.5−3.0 미만인 문항은 7개로 나타났다. 전체 평균값은 3.02로 본검사에 참여한 청소년들은 보통 정도의 공동체참여기술을 갖고 있음을 알 수 있었다. 한편, 공동체참여기술의 요인부

〈표 101〉 공동체참여기술의 하위 영역별 문항 구성

하위 영역	문 항	문항 수
시민의식	229, 230, 231, 232, 233	5개
참여활동	234, 235, 236, 237	4개
봉사활동	238, 239, 240, 241	4개
협 력	242, 243	2개
전 체		15개

〈표 102〉 공동체참여기술의 문항양호도

문 항	평균	SD	요인 부하량	기술-문항 상관계수	비고
229. 나는 평소 우리 지역이나 사회 문제에 관심을 가진다.	2.97	1.02	0.63	0.63	
230. 나는 우리 지역과 사회가 발전할 수 있는 방법이 있는지 찾아본다.	2.84	1.00	0.68	0.68	삭제
231. 나는 우리 지역을 위해 내가 할 수 있는 일(캠페인 참여, 서명운동, 청소 등)을 실천한다.	2.74	0.98	0.65	0.65	
232. 나는 우리 지역이나 사회 문제를 알기 위해 관련된 자료를 찾아본다.	2.71	0.99	0.68	0.67	삭제
233. 나는 남들이 보지 않아도 정해진 규칙을 잘 지킨다.	3.16	0.95	0.61	0.61	
234. 나는 학교나 학급행사와 관련된 결정을 할 때 나의 의견을 적극적으로 표현한다.	3.02	0.95	0.66	0.65	
235. 나는 학교나 학급활동 시 나에게 주어진 역할을 잘 수행한다.	3.33	0.91	0.58	0.58	
236. 나는 동아리나 청소년단체에 참여하여 적극적으로 활동한다.	3.06	1.00	0.66	0.66	
237. 나는 어려운 이웃을 위해 자선활동이나 성금활동을 잘 한다.	2.96	0.99	0.65	0.65	
238. 나는 봉사활동에 참여하기 전 필요한 정보를 찾아본다.	3.01	0.98	0.68	0.68	삭제
239. 나는 자발적으로 봉사활동에 참여한다.	2.92	1.03	0.70	0.69	
240. 나는 봉사활동에 지속적으로 꾸준히 참여한다.	2.72	1.04	0.67	0.66	
241. 나는 봉사활동 참여 시 중간에 포기하지 않는다.	3.31	1.04	0.53	0.55	
242. 나는 학교나 학급 문제를 해결하기 위해 친구들과 적극적으로 협력한다.	3.17	0.93	0.66	0.66	수정
243. 나는 학급에서 동의된 의견이 내 의견과 다르더라도 협력한다.	3.32	0.91	0.58	0.58	

하량은 0.58－0.70으로 나타나 매우 양호한 문항으로 구성되어 있음을 확인하였다(〈표 102〉 참조).

공동체참여기술의 모든 문항이 양호하다고 확인되었으나, 최종 검사도구의 확정을 위해 문항을 재검토하여 수정하거나 삭제하는 과정을 거쳤다. 그 결과, 230번과 232번 문항은 청소년기의 활동으로 적합하지 않다고 판단되어 삭제하였고, 238번 문항은 봉사활동을 더 잘 하기 위해 사전에 정보를 찾아보기보다는 최근 문제시되는 봉사점수와 관련되어 정보를 찾아보는 쪽으로 이해될 가능성이 있어 삭제하기로 결정하였다. 또한 242번 문항은 표현을 약간 바꾸어 보다 명확하게 수정하였다. 공동체참여기술의 15개 문항 중 3개 문항을 삭제하고 1개 문항을 수정하여 최종 12개의 문항을 확정하였다(〈표 103〉 참조).

〈표 103〉 공동체참여기술의 문항 수정 결과

수정 전	수정 후	수정 이유
230. 나는 우리 지역과 사회가 발전할 수 있는 방법이 있는지 찾아본다.	삭제	청소년기의 활동으로 적합하지 않음
232. 나는 우리 지역이나 사회 문제를 알기 위해 관련된 자료를 찾아본다.	삭제	청소년기의 활동으로 적합하지 않음
238. 나는 봉사활동에 참여하기 전 필요한 정보를 찾아본다.	삭제	문항이 의도와 달리 이해될 가능성이 있음
242. 나는 학교나 학급 문제를 해결하기 위해 친구들과 적극적으로 협력한다.	나는 학교나 학급 문제를 해결할 때 친구들과 적극적으로 협력한다.	의미를 명확히 전달하기 위해 문구 수정이 필요함

6. 문제상황대처역량

청소년의 생활역량 중 문제상황대처역량을 나타내는 매체중독대처기술과 유해환경대처기술에 대한 예비검사 결과를 바탕으로 본검사를 실시하였다.

1) 매체중독대처기술

매체중독대처기술에 대한 하위 영역은 인터넷, 휴대폰, TV의 3개로 구성되어 있다. 예비검사에서는 TV 대신 '미디어'로 표현하였는데, 청소년 생활역량의 문항들이 다양한 미디어 중 특히 TV에 대한 질문을 하고 있기 때문에 이를 TV로 수정하였다. 〈표 104〉와 같이 각 하위 영역별로 문항을 구성하여 총 15개의 문항으로 본검사를 실시하였다.

본검사에 사용한 15개의 문항 중 평균값이 3.5－4.0 미만인 문항은 3개, 3.0－3.5 미만인 문항은 7개, 2.5－3.0 미만인 문항은 5개로 나타났다. 전체 평균값은 3.13으로 본검사에 참여한 청소년들은 보통 정도의 매체중독대처기술을 갖고 있음을 알 수 있다. 또한 매체중독

〈표 104〉 매체중독기술의 하위 영역별 문항 구성

하위 영역	문 항	문항 수
인터넷	274, 275, 276, 277, 278, 279, 280	7개
휴대폰	281, 282, 283, 284	4개
T V	285, 286, 287, 288	4개
전 체		15개

〈표 105〉 매체중독대처기술의 문항양호도

문 항	평균	SD	요인부하량	기술-문항 상관계수	비고
274. 나는 인터넷 사용 시 시간을 정해 놓고 한다.	2.82	1.16	0.73	0.70	
275. 나는 인터넷 사용을 줄이기 위해 다른 취미활동을 한다.	3.10	1.10	0.74	0.71	
276. 나는 해야 할 일을 끝낸 후에 인터넷을 사용한다.	3.21	1.06	0.71	0.68	
277. 나는 시험기간에는 인터넷을 사용하지 않는다.	2.97	1.22	0.66	0.65	삭제
278. 나는 일주일 중 하루 정도 인터넷을 쓰지 않는 날을 정해 놓는다.	2.79	1.24	0.68	0.67	삭제
279 나는 모두가 볼 수 있는 거실 등에서 컴퓨터를 사용하겠다.	3.22	1.25	0.50	0.53	수정
280. 내가 인터넷 중독이라면 상담을 받겠다.	3.69	1.11	0.48	0.51	
281. 나는 내가 사용한 휴대폰 요금이나 사용내역을 확인해 본다.	3.59	1.16	0.48	0.51	
282. 나는 꼭 필요할 때만 휴대폰을 사용한다.	3.18	1.17	0.58	0.61	
283. 나는 공부할 때 휴대폰을 꺼놓거나 사용하지 않는다.	3.09	1.26	0.57	0.59	
284. 나는 휴대폰으로 게임을 많이 하지 않는다.	3.55	1.18	0.39	0.44	삭제
285. 나는 해야 할 일을 끝낸 후에 TV를 시청한다.	3.09	1.13	0.67	0.66	
286. 나는 TV시청 시 시간을 정해 놓고 본다.	2.67	1.14	0.68	0.66	
287 나는 TV시청을 줄이기 위해 다른 취미활동을 한다.	2.97	1.13	0.72	0.69	수정
288. 나는 TV시청을 줄이기 위해 가족이나 친구들과 시간을 가진다.	3.08	1.15	0.68	0.67	

대처기술의 요인부하량을 분석한 결과 284번 문항이 0.39로 나와 수정이 필요하였으나, 그 외 문항은 0.48−0.74 사이에 존재하는 것으로 나타나 매우 양호함을 알 수 있었다(〈표 105〉 참조).

매체중독대처기술에 대한 문항양호도 분석 결과, 요인부하량이 0.39로 나온 284번을 우선적으로 삭제하였다. 또한 277번 문항은 인터넷 중독을 예방하는 데 관심이 있기보다 읽는 이에 따라 시험을 잘 보는 것이 목표인 것처럼 느껴질 수도 있을 것 같아 삭제하기로 결정하였고, 278번은 274번 문항에 포함되는 것으로 판단되어 삭제하였다. 또한 279번 문항과 287번 문항은 좀 더 명확한 의미가 전

〈표 106〉 매체중독대처기술의 문항 수정 결과

수정 전	수정 후	수정 이유
277. 나는 시험기간에는 인터넷을 사용하지 않는다.	삭제	인터넷 중독 예방보다 시험을 잘 보는 것이 목표인 것 같음
278. 나는 일주일 중 하루정도 인터넷을 쓰지 않는 날을 정해 놓는다.	삭제	274번에 포함됨
279. 나는 모두가 볼 수 있는 거실 등에서 컴퓨터를 사용하겠다.	나는 모두가 볼 수 있는 거실 등에서 컴퓨터를 사용한다.	명확한 의미전달을 위해 표현을 수정함
284. 나는 휴대폰으로 게임을 많이 하지 않는다.	삭제	다른 문항에 비해 요인부하량이 낮음
287. 나는 TV시청을 줄이기 위해 다른 취미활동을 한다.	나는 TV시청을 줄이기 위해 독서, 운동 등 취미활동을 한다.	명확한 의미전달을 위해 표현을 수정함

달되도록 표현을 수정하였다. 이러한 과정을 거쳐 매체중독대처기술의 12개 문항이 확정되었다. 문항이 삭제되거나 수정된 사항을 〈표 106〉에 제시하였다.

2) 유해환경대처기술

청소년의 유해환경대처기술에 대한 하위 영역을 유해물질, 유해물건, 유해장소, 유해매체의 4개로 구성하였다. 〈표 107〉과 같이 총 14개의 문항으로 본검사를 실시하였다.

〈표 107〉 유해환경대처기술의 하위 영역별 문항 구성

하위 영역	문 항	문항 수
유해물질	260, 261, 262, 263, 264, 265, 266	7개
유해물건	267	1개
유해장소	268, 269, 270, 271, 272	5개
유해매체	273	1개
전 체		14개

유해환경대처기술에 대한 본검사 결과, 평균값이 4.0－4.5 미만인 문항은 3개, 3.5－4.0 미만인 문항은 10개, 3.0－3.5 미만인 문항은 1개로 나타났다. 전체 평균값은 3.77로 본검사에 참여한 청소년들은 유해환경대처기술이 매우 높음을 알 수 있다. 또한 유해환경대처기술의 요인부하량은 0.54－0.75로 나타나 모든 문항이 양호함을 확인하였다(〈표 108〉 참조).

〈표 108〉 유해환경대처기술의 문항양호도

문 항	평균	SD	요인부하량	기술-문항상관계수	비고
260. 나는 흡연·음주·약물 등의 예방교육에 적극적으로 참여한다.	3.57	1.11	0.54	0.56	수정
261. 나는 친구나 선배가 담배를 권하면 거절한다.	4.26	0.97	0.66	0.65	
262. 나는 친구나 선배가 술을 권하면 거절한다.	4.04	1.04	0.69	0.68	
263. 나는 친구나 선배가 본드나 각성제 등을 권하면 거절한다.	4.36	0.92	0.61	0.60	
264. 나는 청소년에게 술이나 담배를 파는 곳을 발견하면 신고한다.	3.14	1.24	0.58	0.61	
265. 나는 친구가 흡연·음주·약물을 한다면 하지 않도록 설득할 수 있다.	3.57	1.10	0.69	0.69	
266. 나는 흡연·음주·약물을 하게 되면 끊기 위해 선생님이나 부모님과 상담하겠다.	3.80	1.16	0.75	0.74	
267. 나는 친구가 흉기를 가지고 있으면 어른에게 알려 위험을 예방하겠다	3.73	1.10	0.75	0.74	
268. 나는 신체적 위협이나 폭력을 당했을 때 친구나 부모님에게 도움을 요청하겠다.	3.94	1.01	0.73	0.72	삭제
269. 나는 평소에 어둡거나 외진 곳을 지나가지 않는다.	3.52	1.13	0.62	0.63	삭제
270. 나는 내 주변에서 폭력이 발생했을 때 어른에게 알려 도움을 청한다.	3.67	1.02	0.73	0.72	수정
271. 나는 폭력서클에 가입한 친구가 있으면 탈퇴하도록 설득할 수 있다.	3.57	1.07	0.67	0.67	
272. 나는 청소년 출입을 금지하는 곳에는 가지 않는다.	3.89	1.05	0.73	0.73	
273. 나는 청소년에게 해로운 음란영상물, 성인만화 등을 보지 않는다.	3.74	1.19	0.58	0.60	

그러나 양질의 최종 검사도구를 확정하기 위해 문항을 재검토하였다. 그 결과, 268번의 내용이 포함되도록 270번의 문항을 수정하면서 268번을 삭제하고, 269번은 유해장소에 대한 의미를 축소하고 있는 것으로 판단되어 삭제하였다. 또한 260번은 현재의 기술에 대해 묻기보다 의지를 묻는 것으로 느껴져 이를 명확히 수정하였다. 이러한 과정을 통해 유해환경대처기술의 14개 문항 중 2개는 삭제되고 2개는 문구가 수정되어 최종 12개의 문항으로 확정되었다. 문항이 삭제되거나 수정된 사항을 〈표 109〉에 제시하였다.

〈표 109〉 유해환경대처기술의 문항 수정 결과

수정 전	수정 후	수정 이유
260. 나는 흡연·음주·약물 등의 예방교육에 적극적으로 참여한다.	나는 흡연·음주·약물 등의 예방교육 시 열심히 듣는다.	현재의 기술보다 의지를 묻고 있음
268. 나는 신체적 위협이나 폭력을 당했을 때 친구나 부모님에게 도움을 요청하겠다.	삭제	270번 문항에 포함됨
269. 나는 평소에 어둡거나 외진 곳을 지나가지 않는다.	삭제	유해장소에 대한 의미를 축소함
270. 나는 내 주변에서 폭력이 발생했을 때 어른에게 알려 도움을 청한다.	나는 폭력이 발생했을 때 친구나 부모님에게 도움을 요청한다.	268번 문항의 내용이 포함되도록 표현을 수정함

부록 3 청소년 생활역량진단검사

1. 자기조절역량

1) 감정조절기술

문 항	전혀 아니다	아니다	보통	그렇다	매우 그렇다
1. 주변사람들은 나에게 감정기복이 심하다고 말한다.					
2. 나는 나의 요구가 즉시 성취되지 않더라도 조르지 않고 기다린다.					
3. 나는 나 자신의 감정이나 행동의 이유를 알고 있다.					
4. 나는 기쁘거나 슬플 때 내 감정을 적절하게 조절한다.					
5. 주변사람들은 내가 화를 낼 때 지나치다고 말한다.					
6. 나는 화가 났을 때 물건을 던지거나 폭력 등의 행동으로 표현한다.					
7. 나는 화가 났을 때 욕설이나 폭언 등의 말로 표현한다.					
8. 나는 야단을 맞을 때 그 자리에서 곧바로 말대꾸한다.					
9. 나는 친구와 싸우거나 문제가 있을 때 화를 참지 못한다.					
10. 나는 화가 나거나 슬플 때 다른 일을 떠올리거나 다른 일에 집중한다.					
11. 나는 화가 날 때 마음을 가라앉히는 나만의 방법이 있다.					
12. 나는 최악의 경우에도 긍정적으로 생각한다.					

2) 신체관리기술

문 항	전혀 아니다	아니다	보통	그렇다	매우 그렇다
13. 나는 내 몸 상태(건강, 질병 등)에 대해서 잘 알고 있다.					
14. 나는 규칙적으로 자고 일어난다.					
15. 나는 외출해서 돌아온 후 손발을 깨끗이 씻는다.					
16. 나는 안전사고가 나지 않도록 항상 주의한다.					
17. 나는 건강관리를 위해 꾸준히 운동한다.					
18. 나는 밥보다 군것질을 많이 한다.					
19. 나는 아침, 점심, 저녁 세끼를 꼭 챙겨 먹는다.					
20. 나는 편식한다.					
21. 나는 식사시간이 일정하지 않고 불규칙하다.					
22. 나는 안 먹다가 한꺼번에 몰아서 먹는다.					
23. 나는 저녁 늦게 간식을 먹는 경우가 자주 있다.					
24. 나는 탄산음료, 패스트푸드, 인스턴트식품을 자주 먹는다.					

3) 시간관리기술

문 항	전혀 아니다	아니다	보통	그렇다	매우 그렇다
25. 나는 하루 일과에 대한 계획을 세운다.					
26. 나는 급하거나 중요한 일을 우선으로 하여 시간계획을 세운다.					
27. 나는 계획을 세울 때 일이 걸리는 시간을 고려한다.					
28. 나는 시간계획을 세울 때 이전에 계획했던 것을 참고한다.					
29. 나는 시간관리를 위해 다이어리나 수첩 등을 사용한다.					
30. 나는 내가 세운 계획대로 시간을 보낸다.					
31. 나는 시간을 아끼기 위해 비슷한 종류의 일은 모아서 한다.					
32. 나는 시간이 너무 지체될 것 같으면, 짧은 시간에 할 수 있는 일부터 처리한다.					
33. 나는 중요도에 따라 순서를 정해 일을 한다.					
34. 나는 자투리시간을 버리지 않고 사용한다.					
35. 나는 내가 세운 계획대로 생활했는지 되돌아본다.					
36. 나는 일이나 공부할 때 시간계획대로 되지 않으면 검토해서 수정한다.					

4) 용돈관리기술

문 항	전혀 아니다	아니다	보통	그렇다	매우 그렇다
37. 나는 용돈을 사용하기 전 반드시 계획을 세운다.					
38. 나는 예상하지 않았던 용돈이 생겨도 계획을 세워 사용한다.					
39. 나는 좋은 상품을 싸게 구입하기 위해 여러 곳에서 정보를 수집한다.					
40. 나는 용돈을 아껴 저축한다.					
41. 나는 갖고 싶은 물건이 있어도 꼭 필요한 것만 구입한다.					
42. 나는 용돈의 범위 내에서 돈을 쓴다.					
43. 나는 계획 세운대로 용돈을 사용한다.					
44. 나는 용돈을 알뜰하게 사용하는 친구의 방법을 참고하여 따른다.					
45. 나는 용돈사용을 기록한다.					
46. 나는 매주 또는 매월 용돈사용 금액을 확인한다.					
47. 나는 용돈을 잘 사용했는지 잘못 사용했는지 검토한다.					
48. 나는 용돈 쓴 것을 검토한 후 다음 용돈 계획에 반영한다.					

2. 자기개발역량

1) 창의성개발기술

문 항	전혀 아니다	아니다	보통	그렇다	매우 그렇다
49. 나는 주어진 문제를 해결하고도 이보다 더 좋은 방법은 없을까라고 다시 생각해 본다.					
50. 나는 문제를 해결할 수 있는 방법을 다양하게 생각해 본다.					
51. 나는 친구들과 게임이나 놀이를 할 때 다양한 방법을 제안한다.					
52. 나는 남이 하는 것을 따라하기보다 내가 생각해낸 독창적인 방법을 사용한다.					
53. 나는 생일파티나 발표회 등의 행사를 멋있게 계획할 수 있다.					
54. 나는 친구 생각의 좋은 부분을 받아들여 나의 생각에 참고한다.					
55. 나는 새로운 정보나 방법을 빨리 받아들인다.					
56. 나는 내가 생각한 것을 잘 표현하여 계획을 세울 수 있다.					
57. 나는 나의 생각을 그림이나 도표로 표현할 수 있다.					
58. 나는 학교에서 배웠거나 알고 있었던 것을 생활 속에 적용해 본다.					
59. 나는 다른 사람의 아이디어를 더 나은 것으로 발전시킬 수 있다.					
60. 나는 친구들과 토론한 아이디어를 모아 최선의 것으로 만들 수 있다.					

2) 목표설정기술

문 항	전혀 아니다	아니다	보통	그렇다	매우 그렇다
61. 나는 어떤 일을 실천하기 전 목표를 세운다.					
62. 나는 미래의 꿈을 실현하기 위한 구체적인 계획을 세워 놓았다.					
63. 나는 학기 초에 목표를 세운다.					
64. 나는 매주 해야 할 계획을 세운다.					
65. 나는 목표를 세울 때 다양한 자료를 검색한다.					
66. 나는 목표설정 시 실천할 행동도 같이 계획한다.					
67. 나는 설정한 목표를 실천하기 위한 기한(마감일)을 설정한다.					
68. 나의 목표를 다른 사람에게 분명하게 말할 수 있다.					
69. 나는 목표달성을 위해 우선순위를 세워 실천한다.					
70. 나는 목표달성을 위해 세운 계획은 곧바로 실천한다.					
71. 내가 세운 목표가 달성되었는지 스스로 평가해 본다.					
72. 나는 목표달성을 위해 세운 계획을 잘 실천하고 있는지 중간에 확인한다.					

3) 진로탐색기술

문 항	전혀 아니다	아니다	보통	그렇다	매우 그렇다
73. 나는 내가 어떤 일에 흥미가 있는지 알고 있다.					
74. 나는 내 성격의 장단점을 잘 알고 있다.					
75. 나는 장래 대학에서 하고 싶은 전공이 있다.					
76. 나는 나의 적성과 소질에 적합한 직업이 무엇인지 안다.					
77. 나의 적성을 살리기 위해 다양한 외부활동에 참여한다.					
78. 나는 적성검사나 흥미검사에 적극적으로 참여한다.					
79. 내가 진학하고 싶은 학교나 학과에 대한 정보를 적극적으로 찾아본다.					
80. 나는 내가 원하는 직업에 대한 정보를 적극적으로 찾아본다.					
81. 내가 희망하는 직업에 종사하기 위해 준비해야 할 자격증이 무엇인지 알고 있다.					
82. 나는 진로상담에 적극적으로 참여한다.					
83. 나는 최근 유망직종에 대한 정보를 알고 있다.					
84. 내가 원하는 직업을 가지는 데 있어 걸림돌이 무엇인지 알고 있다.					

4) 의사결정기술

문 항	전혀 아니다	아니다	보통	그렇다	매우 그렇다
85. 나는 의사결정을 할 때 한 단계 한 단계 체계적으로 한다.					
86. 나는 의사결정을 할 때 이후의 결과까지 생각한다.					
87. 나는 의사결정을 할 때 시간을 갖고 주의 깊게 생각한다.					
88. 나는 의사결정을 할 때 이전의 경험을 참고한다.					
89. 나는 내가 내린 의사결정에 대해 책임을 진다.					
90. 나는 의사결정을 할 때 문제의 핵심이 무엇인지 먼저 정확히 파악한다.					
91. 나는 의사결정을 하기 위해 수집한 정보들의 장단점을 확인한다.					
92. 나는 의사결정을 할 때 어떤 정보가 실천가능한지 아닌지 판단할 수 있다.					
93. 나는 의사결정을 하기 위해 수집한 정보들을 바탕으로 의사결정을 한다.					
94. 나는 의사결정 결과에 따라 행동한다.					
95. 나는 처음 내린 의사결정이 나쁠 경우 다른 방법을 제시할 수 있다.					
96. 나는 내가 내린 의사결정이 올바른 것이었는지 평가해 본다.					

3. 학습역량

1) 과제해결기술

문 항	전혀 아니다	아니다	보통	그렇다	매우 그렇다
97 나는 새로운 내용을 공부하기 전에 목차나 내용의 흐름을 미리 훑어본다.					
98. 나는 글을 읽을 때 어려운 낱말이나 내용의 뜻풀이를 찾아본다.					
99. 나는 글을 읽으면서 중요하다고 생각되는 것에 밑줄을 긋거나 표시를 해둔다.					
100. 나는 읽은 내용에 대해 스스로 질문해 보고 제대로 이해했는지 확인한다.					
101. 나는 외우기 힘든 내용들은 첫 글자만 이어서 외우는 등 나만의 암기방법을 사용한다.					
102. 나는 해야 할 과제의 중요한 순서를 정해 놓고 그 순서에 따라 진행한다.					
103. 나는 과제의 핵심이 무엇인지 정확히 파악한 후 과제를 시작한다.					
104. 나는 과제를 하기 전에 어떤 방법으로 해결할 것인지 먼저 생각한다.					
105. 나는 과제 마감날짜를 잊지 않도록 보이는 곳에 적어둔다.					
106. 나는 과제를 할 때 모르는 내용은 선생님이나 친구 혹은 부모님과 의논한다.					
107. 나는 과제를 하는 동안 제대로 하고 있는지 중간에 확인해 본다.					
108. 나는 과제를 끝낸 후에 다시 검토해본다.					

2) 정보활용기술

문 항	전혀 아니다	아니다	보통	그렇다	매우 그렇다
109. 나는 관심이 있는 분야에 대해서 꼼꼼하게 정보를 모은다.					
110. 나는 화제가 되고 있는 책이나 잡지는 한번 읽어 보는 편이다.					
111. 나는 과제 해결을 위해 교과서, 참고서 등을 활용하여 정보를 찾는다.					
112. 나는 과제 해결을 위해 인터넷을 활용하여 정보를 찾는다.					
113. 나는 과제 해결을 위해 신문이나 TV 등을 활용하여 정보를 찾는다.					
114. 나는 수집한 다양한 정보들을 특징에 따라 분류하여 정리한다.					
115. 나는 수집한 정보 중에서 어떤 것이 과제해결에 적합한 정보인지 알 수 있다.					
116. 나는 수집한 정보를 주고받기 위해 메일이나 메신저를 사용할 수 있다.					
117. 나는 수집한 정보를 활용하여 발표자료를 만들 수 있다.					
118. 나는 과제를 할 때 필요한 글, 그림, 음악 등의 파일을 활용할 수 있다.					
119. 나는 인터넷, 파워포인트, 워드프로세서 등 다양한 프로그램을 사용할 수 있다.					
120. 나는 내가 필요한 정보를 적절하게 출력할 수 있다.					

3) 학습태도기술

문 항	전혀 아니다	아니다	보통	그렇다	매우 그렇다
121. 나는 결석이나 지각을 하지 않는다.					
122. 나는 수업시작 전에 책과 노트를 미리 준비해 놓는다.					
123. 나는 수업시간에 바른 자세를 유지하려고 한다.					
124. 나는 수업시간에 선생님의 설명을 책이나 공책에 정리한다.					
125. 나는 수업시간에 배운 내용을 그때그때 확실히 알고 넘어간다.					
126. 나는 발표시간에 적극적으로 참여한다.					
127. 나는 수업시간에 배울 내용을 미리 예습한다.					
128. 나는 수업시간에 배운 내용을 밀리지 않고 복습한다.					
129. 나는 다른 사람이 시키지 않아도 스스로 공부한다.					
130. 나는 선생님이 과제를 내주실 때 이를 받아 적는다.					
131. 나는 선생님이 정한 기간에 맞춰 숙제를 제출한다.					
132. 나는 학습준비물을 꼬박꼬박 챙겨온다.					

4. 대인관계역량

1) 의사소통기술

문 항	전혀 아니다	아니다	보통	그렇다	매우 그렇다
133. 나는 대화 중에 사소한 내용도 무시하지 않는다.					
134. 나는 상대방이 말할 때 끼어들지 않는다.					
135. 나는 대화 중에 상대방이 말하고자 하는 것을 제대로 이해한다.					
136. 나는 상대방이 말할 때 시선을 맞추며 이야기를 듣는다.					
137. 나는 대화할 때 상대방의 입장에서 이야기를 듣고 대답한다.					
138. 나는 대화할 때 내가 상대의 말을 잘 알아듣고 있음을 말이나 고갯짓으로 알린다.					
139. 나는 하고 싶은 말을 쉽고 분명하게 표현한다.					
140. 나는 상황에 맞게 목소리를 조절하여 말한다.					
141. 나는 대화할 때 표정과 몸짓을 적절하게 사용한다.					
142. 나는 들었던 이야기를 다른 사람에게 정확히 전달한다.					
143. 나는 감정에 치우치거나 당황하지 않고 나의 의견을 말한다.					
144. 나는 상대방의 기분을 상하지 않게 하면서 반대의견을 말한다.					

2) 인간관계기술

문 항	전혀 아니다	아니다	보통	그렇다	매우 그렇다
145. 나는 상대방의 단점보다는 장점을 보려고 한다.					
146. 나는 힘이 들더라도 친구의 어려운 일을 도와준다.					
147. 나는 친구와의 비밀을 남에게 이야기하지 않는다.					
148. 나는 다른 사람들에게 친절히 대한다.					
149. 나는 친구와 잘 어울린다.					
150. 나는 가족과의 관계가 친밀하다.					
151. 나는 선생님과의 관계가 원만하다.					
152. 나는 다른 사람들의 느낌, 생각, 바라는 것을 잘 알아챈다.					
153. 나는 필요시 처음 본 사람에게 적극적으로 말을 건넨다.					
154. 나는 다른 사람의 장점이나 잘한 일에 대해 칭찬을 잘 한다.					
155. 나는 다른 사람의 충고와 비판을 잘 받아들인다.					
156. 나는 나의 관심거리에 대해서 다른 사람과 이야기를 잘 나눈다.					

3) 갈등조절기술

문 항	전혀 아니다	아니다	보통	그렇다	매우 그렇다
157. 나는 다른 사람과 다툴 때 약점을 건드리지 않는다.					
158. 나는 제3자 간의 갈등이 생겼을 때 이를 해결하도록 도와준다.					
159. 나는 친구와 나 사이에 기분 나쁜 일이 생기지 않도록 조심한다.					
160. 나는 친구와 나 사이에 기분 나쁜 일이 생기지 않도록 조심한다.					
161. 나는 친구와 서로 다르게 생각하는 것을 해결하기 위해 같이 의논한다.					
162. 나는 갈등을 해결하기 위해 나의 생각을 솔직하게 말한다.					
163. 나는 갈등이 생겼을 때 상대방의 입장에서 생각해 본다.					
164. 나는 친구와 갈등이 있을 때 다른 사람의 의견을 참고한다.					
165. 나는 갈등이 생겼을 때 원인을 찾으려고 한다.					
166. 나는 친구와 의견이 다를 때 조금씩 양보한다.					
167. 나는 친구와 생각이 다를 때 나의 의견을 이해하도록 설명할 수 있다.					
168. 나는 친구가 내 의견의 좋은 점을 이해하도록 설명할 수 있다.					

4) 리더십기술

문 항	전혀 아니다	아니다	보통	그렇다	매우 그렇다
169. 나는 어떠한 일에도 책임 있는 태도를 가진다.					
170. 나는 어떤 어려운 일도 헤쳐 나갈 용기가 있다.					
171. 나는 실수를 했을 때 내가 한 실수를 잘 해결할 수 있다.					
172. 나는 다양한 정보를 활용하여 집단의 문제를 효과적으로 해결할 수 있다.					
173. 나는 내가 속한 집단의 목표와 해야 할 일을 구성원에게 제대로 전달할 수 있다.					
174. 나는 집단에서 해야 할 일의 우선순위를 결정할 수 있다.					
175. 나는 집단구성원의 의견을 받아들여 집단의 의사결정을 내릴 수 있다.					
176. 나는 집단의 새로운 변화를 쉽게 받아들일 수 있다.					
177. 나는 집단으로 일을 할 때 서로의 의견이 잘 받아들여지도록 분위기를 조성한다.					
178. 나는 집단으로 일을 할 때 각 구성원이 해야 할 일을 적절히 나누어 줄 수 있다.					
179. 나는 집단회의를 잘 진행할 수 있다.					
180. 나는 소외되고 있는 친구를 집단활동에 참여시킬 수 있다.					

5. 민주시민역량

1) 생활예절기술

문 항	전혀 아니다	아니다	보통	그렇다	매우 그렇다
181. 나는 가족 간에 정한 약속을 잘 지킨다.					
182. 나는 어른에게 존댓말과 올바른 말을 사용한다.					
183. 나는 집안 어른이 돌아오거나 나가실 때 인사한다.					
184. 나는 귀가 시간이 늦을 때는 가족에게 전화하여 행선지를 밝힌다.					
185. 나는 학교나 학급의 규칙을 잘 지킨다.					
186. 나는 학교에서 선생님이나 친구를 만나면 먼저 인사한다.					
187. 나는 쉬는 시간에 다른 친구에게 방해되지 않도록 큰 소리로 이야기하지 않는다.					
188. 나는 공공장소에서 차례를 잘 지킨다.					
189. 나는 공공기물에 낙서하거나 파손시키지 않는다.					
190. 나는 길거리에 쓰레기를 버리지 않는다.					
191. 나는 버스나 지하철에서 노약자에게 자리를 양보한다.					
192. 나는 공공장소에서 주위사람에게 방해가 되지 않도록 한다.					

2) 공동체참여기술

문 항	전혀 아니다	아니다	보통	그렇다	매우 그렇다
193. 나는 평소 우리 지역이나 사회 문제에 관심을 가진다.					
194. 나는 우리 지역을 위해 내가 할 수 있는 일(캠페인 참여, 서명운동, 청소 등)을 실천한다.					
195. 나는 남들이 보지 않아도 정해진 규칙을 잘 지킨다.					
196. 나는 학교나 학급행사와 관련된 결정을 할 때 나의 의견을 적극적으로 표현한다.					
197. 나는 학교나 학급활동 시 나에게 주어진 역할을 잘 수행한다.					
198. 나는 동아리나 청소년단체에 참여하여 적극적으로 활동한다.					
199. 나는 어려운 이웃을 위해 자선활동이나 성금활동을 잘 한다.					
200. 나는 자발적으로 봉사활동에 참여한다.					
201. 나는 봉사활동에 지속적으로 꾸준히 참여한다.					
202. 나는 봉사활동 참여 시 중간에 포기하지 않는다.					
203. 나는 학교나 학급 문제를 해결할 때 친구들과 적극적으로 협력한다.					
204. 나는 학급에서 동의된 의견이 내 의견과 다르더라도 협력한다.					

6. 문제상황대처역량

1) 매체중독대처기술

문 항	전혀 아니다	아니다	보통	그렇다	매우 그렇다
205. 나는 인터넷 사용 시 시간을 정해 놓고 한다.					
206. 나는 인터넷 사용을 줄이기 위해 다른 취미활동을 한다.					
207. 나는 해야 할 일을 끝낸 후에 인터넷을 사용한다.					
208. 나는 모두가 볼 수 있는 거실 등에서 컴퓨터를 사용한다.					
209. 내가 인터넷 중독이라면 상담을 받겠다.					
210. 나는 꼭 필요할 때만 휴대폰을 사용한다.					
211. 나는 공부할 때 휴대폰을 꺼놓거나 사용하지 않는다.					
212. 나는 내가 사용한 휴대폰 요금이나 사용내역을 확인해 본다.					
213. 나는 해야 할 일을 끝낸 후에 TV를 시청한다.					
214. 나는 TV시청 시 시간을 정해 놓고 본다.					
215. 나는 TV시청을 줄이기 위해 가족이나 친구들과 시간을 가진다.					
216. 나는 TV시청을 줄이기 위해 독서, 운동 등 취미활동을 한다.					

2) 유해환경대처기술

문 항	전혀 아니다	아니다	보통	그렇다	매우 그렇다
217. 나는 흡연·음주·약물 등의 예방교육 시 열심히 듣는다.					
218. 나는 친구나 선배가 담배를 권하면 거절한다.					
219. 나는 친구나 선배가 술을 권하면 거절한다.					
220. 나는 친구나 선배가 본드나 각성제 등을 권하면 거절한다.					
221. 나는 청소년에게 술이나 담배를 파는 곳을 발견하면 신고한다.					
222. 나는 친구가 흡연·음주·약물을 한다면 하지 않도록 설득할 수 있다.					
223. 나는 흡연·음주·약물을 하게 되면 끊기 위해 선생님이나 부모님과 상담하겠다.					
224. 나는 친구가 흉기를 가지고 있으면 어른에게 알려 위험을 예방하겠다.					
225. 나는 폭력이 발생했을 때 친구나 부모님에게 도움을 요청한다.					
226. 나는 폭력서클에 가입한 친구가 있으면 탈퇴하도록 설득할 수 있다.					
227. 나는 청소년 출입을 금지하는 곳에는 가지 않는다.					
228. 나는 청소년에게 해로운 음란영상물, 성인만화 등을 보지 않는다.					

| 찾아보기 |

ㅇ

ㅈ

ㅊ

ㅌ

ㅍ

ㅎ

저자 소개

윤명희(尹明姬)
서울대학교 가정관리학과(학사)
University of Iowa 대학원 교육평가전공(석사, 박사)
여대생커리어개발센터 소장
부산광역시청소년상담지원센터 운영위원
현재 동의대학교 인문대학 평생교육학과 교수
관심분야: 심리검사 개발, 진로교육, 학교평생교육, 프로그램평가, 연구방법 및 통계

서희정(徐姬貞)
동의대학교 가정관리학과(학사)
부산대학교 대학원 교육심리전공(석사)
동의대학교 대학원 평생교육전공(박사)
청소년상담사
청소년지도사 국가자격검정 출제위원
현재 동의대학교 인문대학 평생교육학과 강의전담교수
관심분야: 청소년활동, 청소년지도, 학습동아리, 평생교육방법, 연구방법

아산재단 연구총서 제339집
청소년 생활역량 값 15,000원

2013년 1월 30일 1판 1쇄

저 자 윤명희 · 서희정
발 행 인 임 동 규
발 행 처 **집 문 당**
주 소 110-360 서울특별시 종로구 돈화문로 82
등 록 1971. 3. 23. 제406-2003-000039호
영 업 부 (02)743-3192~3 팩스(02)742-4657
전자우편 sale@jipmoon.co.kr
편 집 부 (02)743-3096~7 팩스(02)743-0227
전자우편 edit@jipmoon.co.kr
홈페이지 www.jipmoon.co.kr

ISBN 978-89-303-1563-0
978-89-303-1500-5(세트)

이 도서의 국립중앙도서관 출판시도서목록(CIP)은 e-CIP홈페이지(http://www.nl.go.kr/ecip)와 국가자료공동목록시스템(http://www.nl.go.kr/kolisnet)에서 이용하실 수 있습니다.
(CIP제어번호: CIP2013000126)

아 | 산 | 재 | 단 | 연 | 구 | 총 | 서

1 전환기의 중국경제
김윤환 외 | 단국대 경제학과
2 폴란드 경제의 변천 개혁과 그 전망
김광수 | 숭실대 경제학과
3 재소한인
이광규 외 | 서울대 인류학과
4 소련산림과 임업
홍성천 외 | 경북대 임학과
5 아세안의 정치경제
김국진 외 | 외교안보연구원
6 태국의 사회변동과 경제발전
최석만 외 | 전남대 사회학과
7 중국의 사회경제 통계분석
신한풍 외 | 고려대 통계학과
8 중국의 정치와 경제
박두복 외 | 외교안보연구원
9 동유럽의 개혁과 시장경제의 도입
허만 외 | 부산대 사범대학
10 동유럽의 개혁운동
박영신 | 연세대 사회학과
11 현대 러시아 연구
기연수 외 | 한국외대 노어과
12 전략적 선택과 기업의 국제경쟁력
이장호 | 서강대 경영대학
13 협동사회의 정착과 정부의 역할
이종범 외 | 고려대 행정학과
14 한국 제조기업 생산성의 동적 분석
노부호 외 | 중앙대 경영대학
15 분배의 정의
변형윤 외 | 서울대 경제학과
16 도덕적 행동의 강화
이훈구 외 | 연세대 심리학과
17 관료부패의 통제
김해동 외 | 서울대 행정대학원
18 한국경제의 내실 있는 성장
정창영 외 | 연세대 경제학과
19 한국국민정신운동의 역사와 발전방향
박수명 외 | 부산대 사범대학
20 한국대학생의 가치성향과 상담효과
이영히 외 | 숙명여대 교육학과
21 가출청소년과 학교관리체제
안한규 외 | 부산대 교육학과
22 동북아 정세변화와 한・일관계
한승조 외 | 고려대 정치외교학과
23 언론과 부정부패
정대철 외 | 한양대 신문방송학과
24 한국의 고등학교 교육
이원호 외 | 부산대 교육학과
25 가족과 방송
김학수 외 | 서강대 신문방송학과
26 재정개혁의 전망과 재산세제의 개편 과제
오연천 | 서울대 행정대학원
27 청소년을 위한 전자게임 프로그램의 규제 및 평가체계 개발
박혜원 외 | 울산대 가정관리학과
28 정신장애자 가족의 사회심리적 특성
이근후 외 | 이화여대 의과대학
29 가족의 관계역동성과 문제인식
이광규 외 | 서울대 인류학과
30 현대인과 한국전통음식
송징자 | 숙명여대 식품영양학과
31 기업의 초고속정보통신망활용
안중호 | 서울대 경영학과
32 지역발전을 위한 교육자치제의 개선방안
김남순 | 조선대 사범대학
33 전환기의 공무원 가치관
조경호 | 울산대 행정학과
34 지방자치와 사회복지의 과제
김영모 | 중앙대 사회복지학과
35 WTO체제하의 지방중소기업 지원정책
최명주 외 | 계명대 통상학부
36 현대한국의 시민운동
이효선 | 중앙대 사회학과
37 기업 세계화의 단계 및 정도의 측정
허영도 외 | 울산대 경영학과
38 가족복지를 위한 가족주치의 시범사업의 효과
이혜리 외 | 연세대 가정의학교실
39 한국대학생의 삶의 만족도
김재은 외 | 이화여대 교육심리학과
40 지역경제와 지역산업구조의 개편방향
정기화 외 | 전남대 경제학부
41 중국기업의 소유형태별 경영특성
노철화 외 | 부산대 무역학과
42 남북한의 인성・사상교육
한승조 외 | 고려대 정치외교학과
43 연계적 뇌기능 조언을 위한 의료용 멀티미디어 시스템의 설계
유선국 | 연세대 의용공학교실
44 다민족국가의 민족문제와 한인사회
최협 외 | 전남대 인류학과
45 저소득층지역 청소년 여가문화와 소집단 활성화
박문수 외 | 서강대 사회학과
46 삶의 질의 국제비교와 지역간 비교분석
이재기 외 | 울산대 경제학과
47 21세기 지역주민의 삶의 질
양종회 외 | 성균관대 사회학과

48 삶의 질에 대한 국가간 비교
조명한 외 | 서울대 심리학과

49 외국인 노동자의 노사관계와 사회적 적응
석현호 외 | 성균관대 사회학과

50 한국의 사법제도와 발전 모델
정종섭 | 건국대 법학과

51 고령화사회와 중상층 노인의 사회활동
조성남 외 | 이화여대 사회학과

52 한국의 서비스 시장 개방정책
한홍렬 | 한양대 경제학부

53 한국과 AFTA간의 교역증진 및 경제 협력방안
손일태 외 | 경희대 경제통상학부

54 물류비 절감을 위한 무역업체의 정보화전략
이영수 외 | 경북대 경제통상학부

55 사회주의 체제전환과 사회정책
오정수 외 | 충남대 사회복지학과

56 남북통일 이후 농업생산체계 개편
홍성규 외 | 건국대 농업경제학과

57 국제화와 세계화
하영선 외 | 서울대 외교학과

58 IMF 개혁정책의 평가와 한국경제의 신(新) 패러다임
조동근 | 명지대 경제학과

59 구조개혁과 실업대책
박동운 | 단국대 경제무역학부

60 21세기 신노사관계
심윤종 외 | 성균관대 사회학과

61 학교에서의 집단 따돌림
이춘재 외 | 가톨릭대 심리학과

62 한국노인의 정신건강실태와 건강증진
조맹제 외 | 서울대 의과대학

63 혁명과 개혁 속의 중국 농민
김광억 | 서울대 인류학과

64 중국의 경제환경과 한국기업의 진출 전략
지용희 외 | 서강대 경영학과

65 김대중 대통령의 시스템 사고
김동환 | 중앙대 공공정책학부

66 실업과 가족해체
최일섭 외 | 서울대 사회복지학과

67 합리적 부채비율 조정방안
오상근 | 동아대 경제학과

68 한국 중산층의 생활문화
문숙재 외 | 이화여대 소비자 · 인간발달학과

69 계층간 갈등상태에서 최적소득세
김진욱 | 건국대 경상학부

70 글로벌 경쟁력 제고를 위한 기업전략과 조직구축
이만우 외 | 고려대 경영학과

71 의료보험과 국민연금의 관리효율화를 위한 통합방안
사공진 외 | 한양대 경제학부

72 정부개혁의 과제와 전략
박우서 외 | 연세대 행정학과

73 책임운영기관 제도에 관한 비교분석
김근세 | 가톨릭대 행정학과

74 새로운 패러다임하에서의 한국기업의 바람직한 지배구조
최운열 외 | 서강대 경영학과

75 현대 한국사회의 계층구조
양춘 외 | 고려대 사회학과

76 한국의 산업정책과 산업구조조정
강인수 | 숙명여대 경제학부

77 기업구조조정
김석진 | 경북대 경영학부

78 지식경영을 위한 인적자원 개발 및 관리체계
장영철 | 경희대 경영학부

79 뉴 비즈니스 모델
전성현 | 국민대 정보관리학부

80 중산층의 정체성과 소비문화
함인희 외 | 이화여대 사회학과

81 외국관광객 유치를 위한 마케팅 전략
박상규 | 강원대 경영학과

82 한국인의 세대별 문학의식
이동순 | 영남대 국문과

83 공공부문의 효율성 평가와 측정
김재홍 외 | 울산대 사회과학부

84 한국 청소년의 정치의식과 형성요인
김광웅 외 | 숙명여대 아동복지학과

85 한국 대학생의 정치의식
배한동 | 경북대 윤리교육과

86 산업의 정보화와 산업발전
이기동 | 계명대 통상학부

87 한국 제조업의 고용조정 분석
이종원 외 | 성균관대 경제학부

88 지식자산에 대한 경영전략적 평가모형 개발
배재학 외 | 울산대 컴퓨터 · 정보통신공학부

89 관광사업을 위한 한국적 이미지의 휴식복 개발
채금석 | 숙명여대 의류학과

90 한국 정치제도의 개혁
신정현 | 경희대 사회과학부

91 e비즈니스와 아웃소싱 전략
정승화 외 | 연세대 경영학과

92 집단 따돌림의 진단 및 치료방안
홍준표 | 중앙대 인간생활환경학과

93 16대 총선과 낙선운동
조기숙 | 이화여대 국제대학원

94 부동층 유권자 행태 분석
진영재 | 연세대 정치외교학과

95 사이버 공동체의 성공요인
이재관 | 숭실대 경영학부

96 온라인 소비자 행동의 이론과 실증
윤성준 | 경기대 경영학부

97 글로벌 시대 정약용 세계관의 가능성과 한계
차성환 | 한일장신대 역사사회학과

98 러시아의 체제전환 과정에서 나타난 국가의 역할과 그 전망
이상민 외 | 부산대 정치외교학과

99 남북한의 경제발전 수준과 산업구조 비교, 그리고 경제교류 협력방향
주성환 | 건국대 경제학과

100 집단따돌림과 교육해체
한준상 | 연세대 교육학과

101 공적연금제도의 효율성과 개선방안
유금록 | 군산대 행정복지학부

102 벤처기업-대기업의 성공적인 협력 모델
나중덕 | 경산대 경영학과

103 북한의 재외동포정책
조정남 외 | 고려대 정치외교학과

104 사이버 공동체 형성의 역동적 모형
장용호 | 서강대 신문방송학과

105 기업이론과 기업의 소유지배구조
김일태 외 | 전남대 경제학부

106 가축분뇨 자원화를 위한 공동이용조직에 대한 농가선호도 분석
유덕기 | 동국대 생명자원경제학과

107 개혁정책과 전문가 집단
이경원 외 | 제주대 행정학과

108 현대 한국사회의 이중가치체계
신수진 외 | 이화여대 가정관리학과

109 한국의 산업구조 변화와 기업집단 다각화 전략
김용학 외 | 연세대 사회학과

110 지식정보사회의 경제적 모형 설정 및 사례 연구
김범환 | 배제대 경영정보학부

111 변호사징계제도
오종근 | 한림대 법학부

112 인터넷 특허법
김순석 | 광주대 법학과

113 e-비즈니스 시대의 금융 및 재정정책의 새로운 패러다임
이종욱 | 서울여대 경제학과

114 청소년의 하위문화와 정체성
조성남 | 이화여대 사회학과

115 디지털금융시대의 금융구조변화와 정부규제 및 정책
이충열 | 고려대 경제학부

116 지식경영을 위한 기업의 조직설계방안
김경수 외 | 전남대 경영학과

117 전자금융의 발달과 경제정책의 새로운 패러다임
이명훈 | 명지대 경제학과

118 동아시아의 안보와 유엔체제
강성학 편저 | 고려대 정치외교학과

119 유료 치매노인 그룹홈의 개발과 관련 정책
최정신 외 | 가톨릭대 소비자·주거학과

120 소비자 지향적 문화산업 정책
홍영준 | 호남대 광고홍보학과

121 국제·국가·지방 환경규제의 연계
정준금 외 | 울산대 행정학과

122 현행 회사 합병·분할제도의 평가와 개선방안
옥무석 외 | 이화여대 법학과

123 배려지향적 도덕성과 정의지향적 도덕성
정옥분 외 | 고려대 사범대학

124 기업구조조정에 대한 채권금융기관 및 금융감독기관의 역할과 책임
이중기 | 한림대 법학과

125 실업대책으로서 한국의 법정기준근로시간 단축
박영범 | 한성대 경제학과

126 프랑스어의 비분리성 소유개념 표현
노윤채 | 연세대 언어정보연구원

127 지방채의 효율적 관리방안
강태구 | 호원대 법행정학부

128 21세기 산업구조 변화와 과학기술정책
임채성 외 | 그리스도신학대 경영정보학부

129 인터넷 쇼핑몰 이용자의 불평행동
예종석 | 한양대 경영학부

130 한국기업의 성과급제도 현황, 효과 및 개선방안
김성수 | 서울대 경영학과

131 전자상거래와 소비자보호
서민교 외 | 경일대 인터넷국제통상학과

132 평생학습 사회에서의 인적자원개발을 위한 사회적 파트너십 구축
김영희 | 홍익대 교육학과

133 한국 공교육의 새로운 구상과 전략
권대봉 외 | 고려대 교육학과

134 한국의 정부개혁
김태룡 | 상지대 행정학과

135 지방정부 생산성 측정의 이론과 실제
이은국 외 | 연세대 행정학과

136 불가 시분학론
배규범 | 경희대 학술연구 교수

137 남북경제교류의 법적 문제
제성호 | 중앙대 법학과

138 경제위기와 청소년 발달
구인회 | 서울대 사회복지학과

139 생명과학기술의 응용과 기본권보호적 한계
정상기 외 | 한남대 법학과

140 경제발전과 정치환경의 한·일 비교분석
정갑영 외 | 연세대 동서문제연구원

141 한국 공교육의 진단
윤정일 외 | 서울대 교육학과

142 우리나라 지방자치 발전을 위한 자치단체장의 역할
정성호 외 | 경기대 사회과학부

143 의료보험제도의 개혁방안
권순원 | 덕성여대 경제학과

144 중등 도덕교육의 현실과 문제
손동현 외 | 성균관대 철학과

145 사이버공동체 발전론
이명식 | 상명대 경영학과

146 남북경협 확대에 대비한 북한 담보제도의 정비방안
박훤일 | 경희대 법과대학

147 한국 공무원 인사제도 개혁
김판석 | 연세대 행정학과

148 교사화법 교육
임칠성 외 | 전남대 국어교육과

149 세계화의 문화정치학
임혁백 외 | 고려대 정치외교학과

150 효과적인 e-SCM을 위한 의사결정 조정 시스템 모형
이원준 | 성균관대 경영학부

151 환경거버넌스
김종순 외 | 건국대 행정학과

152 자동차산업의 인적자원관리
이덕로 | 서원대 경영학부

153 한국과 영국 간 지식기반산업 비교
이명호 | 한국외대 경영학과

154 한국 벤처기업의 기술네트워킹 및 기술마케팅 전략
장영일 | 인제대 경영학부

155 회사변호사의 윤리
오승종 | 성균관대 법과대학

156 미디어교육론
이정춘 | 중앙대 신문방송학과

157 조선시대 서원과 양반
윤희면 | 전남대 역사교육과

158 환경문제와 철학
박찬국 | 서울대 철학과

159 노인보건복지 이론과 실제
김명 외 | 이화여대 보건교육학과

160 북한의 법체계
권재열 외 | 숭실대 법학과

161 생명공학기술의 안전성 확보에 관한 법적 고찰
이재협 | 경희대 법학부

162 청소년복지학
김성이 외 | 이화여대 사회복지학과

163 변화하는 세계, 변화하는 복지국가
조영훈 | 동의대 사회복지학과

164 의리의 윤리와 한국의 유교문화
김낙진 | 진주교대 도덕교육과

165 미국의 통상정책과 통상법
윤충원 | 전북대 무역학과

166 사회복지 프로그램 평가
김학주 | 경상대 사회복지학과

167 환경주의와 지속가능한 발전
정대연 | 제주대 사회학과

168 무역과 환경
김기흥 외 | 경기대 경제학부

169 산업계 유해폐기물의 위험과 관리
김금수 | 호서대 경상학부

170 백범 김구의 지적 계발과정 탐색
문용린 | 서울대 교육학과

171 태평양전쟁 발발 이후 일제의 인적 지배와 그리스도교계의 대응
윤선자 | 전남대 사학과

172 거버넌스 상황에서 갈등관리를 위한 대체적 분쟁해결제도
서순복 | 광주대 법정학부

173 시장경제의 유형과 민주주의
최배근 | 건국대 경상학부

174 일본고전소설 총론
김현정 | 국립한국전통문화학교

175 국어 교육을 위한 국어 문법론
이관규 | 홍익대 국어교육과

176 율곡의 군주론
전세영 | 부산교대 윤리교육과

177 동북아시아 환경협력
정서용 | 명지대 법학과

178 기후변화협약과 기후정책
신의순 외 | 연세대 경제학과

179 인터넷과 국제 학술정보 네트워크-하이퍼링크 분석
박한우 | 영남대 언론정보학과

180 국내 기업복지의 활성화 방안
최수찬 | 연세대 사회복지대학원

181 세계화와 인간안보
김우상 외 | 연세대 정치외교학과

182 세계문화유산 종묘 이야기
지두환 | 국민대 국사학과

183 한국 평생교육의 사회철학적 과제
곽삼근 | 이화여대 교육학과

184 강점모델
정순둘 | 이화여대 사회복지학과

185 글로벌시대의 계약법
박영복 | 한국외대 법과대학

186 배심제와 시민의 사법참여
안경환 | 서울대 법학과

187 동북아공동체
김재한 | 한림대 정치외교학과

188 정치 참여와 탈물질주의
김욱 | 배재대 정치외교학과

189 퍼지전문가회로망을 이용한 금융기관의 사이버 기업여신결정 지원시스템의 개발
권혁대 | 목원대 경영학과

190 환경정책과 환경법
송인성 | 전남대 지역개발학과

243 인터넷과 한국정치
강원택 | 숭실대 정치외교학과

244 북한의 시장경제이행
정영화 외 | 서경대 법학과

245 시스템사고로 본 지속가능한 도시
문태훈 | 중앙대 도시및지역계획학과

246 실버산업과 유비쿼터스 컴퓨팅
고일상 | 전남대 경영학부

247 재활상담과 사례관리
나운환 | 대구대 직업재활학과

248 영유아교육기관에서의 장애 이해 교육
유수옥 | 우석대 유아특수교육과

249 장애의 사회적 의미와 사회통합
박수경 | 대진대 사회복지학과

250 경제분석의 수리적 기초
조인성 | 공주대 경제통상학부

251 비영리부문의 비교연구
김승현 | 서울산업대 행정학과

252 고등교육경제학
반상진 | 전북대 교육학과

253 과학윤리교육의 이론과 방법
조희형 | 강원대 과학교육학부

254 결혼이민자가족의 이해
김오남 | 대불대 사회복지학과

255 동아시아 국가의 공공부조
신동면 | 경희대 사회과학부

256 특수아동 진단 및 평가
이나미 | 대불대 특수교육과

257 계약형 사회복지와 권리옹호시스템
이명현 | 경북대 상주캠퍼스 사회복지학과

258 실내공기질 및 위해성 관리
양원호 | 대구가톨릭대 산업보건학과

259 충남 방언 문법
한영목 | 충남대 국어국문학과

260 교육권론
노기호 | 군산대 법학과

261 도시경관계획론
임승빈 | 서울대 조경 · 지역시스템공학부

262 교통의 새로운 패러다임
김형철 | 경원대 도시계획 · 조경학부

263 노인의 삶의 질 향상을 위한 주거환경 디자인
천진희 | 상명대 디자인대학 실내디자인전공

264 사회복지와 문화
박병현 | 부산대 사회복지학과

265 장애인복지의 이론과 실제
이선우 | 인제대 사회복지학과

266 창의성 개발을 위한 디자인교육 콘텐츠
김선영 | 인천가톨릭대 조형예술대학 환경디자인학과

267 구성주의 사회복지 실천 기술론
고미영 | 서울신학대 사회복지학과

268 장애아교육학
김기흥 | 부산교육대 유아교육과

269 지역사회복지와 자원부문
한상진 외 | 울산대 사회학과

270 환경관리회계
육근효 | 부산외국어대 회계학부

271 인권 관점에서 보는 장애인복지
유동철 | 동의대 사회복지학과

272 정신증상
송지영 | 경희대 의과대학병원 신경정신과

273 사이버공간의 사회심리학
이성식 외 | 숭실대 정보사회학과

274 노인에 대한 사회적 돌봄과 돌봄 서비스의 질 보장
최희경 | 신라대 가족노인복지학과

275 아동 심리치료의 실제
신현균 | 전남대 심리학과

276 사회복지와 위험관리
노충래 | 이화여대 사회복지전문대학원

277 국제 탄소시장의 이해
양승룡 | 고려대 식품자원경제학과

278 타자의 초상
신문수 | 서울대 영어교육과

279 한국정치와 환경정치
나정원 | 강원대 정치외교학과

280 북한이주민
윤인진 | 고려대 사회학과

281 음주의 사회경제적 비용
정우진 외 | 연세대 보건대학원

282 지방정치와 동북아 도시거버넌스
박재욱 | 신라대 행정학과

283 노숙인 복지론
남기철 | 동덕여대 사회복지학과

284 유럽통합과정과 지역협력
이규영 | 서강대 국제대학원

285 사회복지재정 연구
지은구 | 계명대 사회과학대학 사회복지학과

286 지역사회 교육개혁을 위한 시민사회 조직의 참여
김영화 | 홍익대 교육학과

287 복지사회를 대비한 국민연금의 구조개혁
박영석 외 | 서강대 경영학부

288 한미 FTA 지재권 협상에 따른 의약품 분야 사회후생 변화
오근엽 | 충남대 무역학과

289 산업입지, 환경 그리고 지역경제
이기동 외 | 계명대 국제통상학과

290 감성지능 개발을 통한 삶의 질 향상
김경수 외 | 전남대 경영학부

291 교육복지론
이용교 외 | 광주대 사회복지학부

292 인간과 행복에 대한 철학적 성찰
박찬국 | 서울대 철학과

293 유럽연합의 사회통합 사례와 교훈
이무성 | 명지대 정치외교학과

아 | 산 | 재 | 단 | 연 | 구 | 보 | 고 | 서

1 한국인의 도덕성 연구
배해수 | 고려대 국문학과

2 산업화와 청소년 진로
이원호 | 울산대 교육학과

3 공동체의식과 시민운동
김영섭 | 한양대 행정학과

4 한국청년의 삶의 의미 충족도와 만족적 태도
안정수 | 경희대 철학과

5 중국조선족의 사회발전과 한·중관계의 위상
손장권 | 고려대 사회학과

6 해송림 "솔껍질깍지벌레"의 천적 및 주요 종의 생태
김규진 | 전남대 농생물학과

7 사회정의와 실천윤리
박종대 | 서강대 철학과

8 동구개혁의 영향
김달중 | 연세대 정치외교학과

9 한국청소년의 의식세계
김문조 | 고려대 사회학과

10 고강도 철근 콘크리트 구조의 실용화
정헌수 | 중앙대 건축학과

11 신기술의 연관형태 및 출현예측의 구조모형
권철신 | 성균관대 산업공학과

12 민간기업의 연구개발을 위한 조세정책
권영훈 | 한양대 경제학부

13 기술개발 활성화방안
송승구 | 울산대 화학공학부

14 부패의 현상과 진단
이문조 | 영남대 정치외교학부

15 연구투자의 지역적 편중화와 부산지역의 기초과학연구 활성화방안
윤웅찬 | 부산대 화학과

16 GATT의 신구 덤핑방지협정과 그 대응방안
전창원 | 동국대 무역학과

17 한국사회의 도덕성 제고를 위한 진단과 처방
황경식 | 서울대 철학과

18 새로운 노사관계 방향
이진규 외 | 고려대 경영학과

19 21세기 동북아 정세예측과 한국의 전략적 대응방안
최평길 외 | 연세대 행정학과

20 소련의 한국에 대한 정책목표분석
신승권 | 한양대 정치외교학과

21 메모리 커패시터용 $Pb(Zr_xTi_{1-x})O_3$ 강유전체 박막의 제작과 특성
장지근 외 | 단국대 전자공학과

22 러시아 국제법학의 전통
김용구 | 서울대 외교학과

23 유럽연합의 현황과 전망
김동현 외 | 성균관대 행정학과

24 중국의 정치동원
송영우 외 | 건국대 정치외교학과

25 산업적 활용을 위한 이동로보트 시스템의 개발
박민용 외 | 연세대 전자공학과

26 중국조선족의 정치사회화과정과 동화적 국민통합의 방향
전인영 외 | 이화여대 사회생활학과

27 공적부조의 이론과 실제
최일섭 외 | 서울대 사회복지학과

28 대외통상환경의 변화와 법제개편
서헌제 | 중앙대 법학과

29 기업금융의 국제화
최생림 | 한양대 경영학부

30 자동차부품공업의 노사관계
김호진 외 | 고려대 행정학과

31 산업화 과정에서의 한국가족의 실태와 전망
정창수 외 | 성균관대 사회학과

32 공무원 가치관 실태와 정립방안
배병룡 외 | 경상대 행정학과

33 해외귀국청소년의 국내적응연구
이장영 | 국민대 사회학과

34 초고속정보통신망에서 LAN서비스 제공방안
이재용 | 연세대 전자공학과

35 WTO체제의 정책적 대응
김병진 외 | 경희대 행정학과

36 유럽의 통합정치
최수경 외 | 충남대 정치외교학과

37 유기질폐기물을 이용한 고단백사료원인 조류의 생산공정
최정우 외 | 서강대 화학공학과

38 초고속정보통신망의 수용성과 정책방향
박영상 외 | 한양대 신문방송학과

39 중국의 강남사회와 한중교섭
조영록 외 | 동국대 사학과

40 세계화시대의 사회 · 문화의식
신행철 외 | 제주대 사회학과

41 국내 외국인 노동자의 문제와 대책
성규탁 외 | 연세대 사회복지학과

42 노인인력 활용정책과 프로그램
김정후 외 | 강원대 법과대학

43 한일간 학술교류 현황과 활성화방안
정홍익 외 | 서울대 행정대학원

44 계량모형에 의한 한일 경제관계의 이해
김면지 외 | 한양대 경제학부

45 직장인의 음주행태와 삶의 질
진기남 외 | 연세대 보건행정학과

46 유통정보 시스템의 구조와 설계
정용길 | 충남대 경영학과

47 남북통일 이후 사회통합을 위한 교육의 역할
안기성 외 | 고려대 교육학과

48 대중음악에 심취한 청소년들의 심리적 특성
김인경 외 | 연세대 인간행동연구소

49 멀티미디어 시스템을 활용한 교육환경의 개선방안
김한일 | 제주대 컴퓨터교육학과

50 탈냉전기 한일관계의 쟁점
최상룡 | 고려대 정치외교학과

51 자치시대 새로운 '삶의 질' 지표의 모색
김형기 외 | 경북대 경제통상학부

52 유럽통합의 역내외 협력과 갈등
이호재 외 | 고려대 정치외교학과

53 21세기를 대비한 신노사관계
김재원 | 한양대 경제학부

54 대학의 시간제학생 등록제
안규철 외 | 전남대 교육학과

55 21세기에 대비한 방송통신정책
한진만 외 | 강원대 신문방송학과

56 주민참여를 통한 혐오시설 관리운영방안
박균성 외 | 경희대 법학부

57 여성의 정치적 권리인식과 정치참여
전경옥 외 | 숙명여대 정치외교학과

58 한국인 위장질환과 식생활 · 환경요인 및 *H. pylori* 감염과의 관계
이양자 외 | 연세대 식품영양학과

59 학생과 시민의 자원봉사활동
윤정일 외 | 서울대 교육학과

60 동북아 환경문제와 지역환경협력의 모색
신연재 외 | 울산대 정치외교학과

61 노인 자원봉사활동을 통한 사회통합 프로그램 개발
김동배 | 연세대 사회복지학과

62 물류정보 시스템
김태현 | 연세대 경영학과

63 전자식 문서교환을 이용한 항공화물 운송체계
민재형 | 서강대 경영학과

64 청소년과 성
이근후 | 이화여대 의과대학

65 민족통합과 무궁화호 위성의 남북한 공동활용방안
방정배 | 성균관대 신문방송학과

66 채식주의가 20대 여성의 영양상태와 에스트로겐 대사에 미치는 영향
성미경 | 숙명여대 식품영양학과

67 가상정보공간을 통한 지역개발 활성화 전략
유재천 외 | 한림대 언론정보학부

68 조산아 관리현황 및 정책수립 방안
박상기 외 | 조선대 의과대학

69 남북한관의 의식조사와 통일교육 개선방안
김동규 외 | 고려대 북한학과

70 동양 전통 자연사상 탐구
장동순 | 충남대 환경공학과

71 초고속정보망의 시뮬레이터 구현
한기준 | 경북대 컴퓨터공학과

72 유통원가 시스템의 유효성
정다미 | 명지대 경영학과

73 국악과 문화관광의 만남
정익준 외 | 동아대 국제관광통상학부

74 기업의 지식경영 활용사례
김창은 | 명지대 산업공학과

75 선진국과 한국의 직업교육 · 훈련제도의 특성과 한계
정주연 | 고려대 경제학과

76 제주지역 성인 여성의 자원봉사활동
이상철 외 | 제주대 사회학과

77 M&A와 문화충돌 관리
박원우 | 서울대 경영학과

78 폐금속광산 인근 주민들의 중금속 오염실태
정종학 외 | 영남대 의학과

79 북한 농촌 · 농업실태와 인력자원개발 시스템을 통한 북한 농민의 구호방안
박성열 | 건국대 교육공학과

80 중소 소매점의 경쟁력과 소매성과
채명수 외 | 한국외대 무역학과

81 고령자를 위한 쾌적한 실내온도와 착의량의 설정
정운선 | 안동대 의류학과

82 지역문화 이벤트 PR
박종민 | 경희대 언론정보학부

83 인터넷 지역정보화의 실태와 전략
유평준 외 | 연세대 행정학과

84 여성 삶의 질 향상을 위한 사회교육 활성화 방안
김양희 | 중앙대 가족복지학과

85 벤처기업과 벤처금융
강대석 외 | 충남대 무역학과

86 구조조정기에 있어서 실업대책과 사회안전망 구축
박천익 | 대구대 경제학과

87 한국 유아의 조기교육
이명조 외 | 한국외대 교육대학원

88 남북한 경제공동체 형성전략
이상만 | 중앙대 경제학과

89 지방자치회계의 투명성과 주민의 알 권리
권찬태 외 | 경북대 경영학부

90 정치지도자의 정책리더십
이해영 | 경일대 행정학과

91 경제위기와 한국인의 복지의식
신광영 외 | 중앙대 사회학과

92 북한의 노동
김강식 | 한국항공대 경영학과

93 우리나라 중소기업의 정보기술 활용 현황과 경쟁력 강화를 위한 제안
정승호 | 부산외대 정보시스템학과

94 인간배아복제의 법적 · 윤리적 문제점과 그 해결방안
최병규 | 한경대 법학부

95 가치변화에 따른 투표행태
조찬래 외 | 충남대 정치외교학과

96 인터넷 경매에서의 계약체결과 소비자 보호
이기수 외 | 고려대 법과대학

97 세계화시대 남북한 통합의 방향과 과제
윤민재 | 서울대 사회발전연구소

98 글로벌 시대 지방정부의 문화마케팅 전략
박흥식 | 중앙대 행정학과

99 대졸여성실업의 실태분석 및 대학-노동 시장 간 효율적 연계방안
이은우 외 | 울산대 사회과학부

100 그린 투어리즘의 분석
이응진 | 대구대 관광학부

101 지방자치단체장의 부정부패
오일환 | 한양대 아태지역연구센터

102 산업화가 유교체제하 중국여성의 지위에 미친 영향
천성림 | 배재대 사회과학연구소

103 움직이는 말하기
유혜숙 외 | 나사렛대 교양학부

104 장애학생을 위한 특수교육공학의 활용
김용욱 | 대구대 중등특수교육과

105 지식기반사회의 평생교육 이해와 평생교육 프로그램 개발
박성열 | 건국대 교육공학과

106 N세대의 미술교육
김동철 | 대구교육대 미술교육학과

107 노후계획과 투자
권택호 | 여수대 국제통상학과

108 영화산업
양영철 | 경성대 연극영화학부

109 동유럽의 변혁과 언론의 역할
정대수 | 경남대 정치언론학부

110 환율, 임금, 물가가 국제경쟁력 및 수출입산업에 미치는 영향
하인봉 | 경북대 경제통상학부

111 일본기업의 기술혁신 전략
위정현 | 중앙대 상경학부

112 노후보장정책과 역저당연금제도
조덕호 외 | 대구대 행정학과

113 유비쿼터스 라이프와 미래 사회
김석수 | 한남대 멀티미디어공학과

114 죽음과 관련된 생명윤리적 문제들
구인회 | 가톨릭의과대 인문사회과학교실

115 경제적 세계화와 빈곤문제, 그리고 국가
김준현 | 한일장신대 인문사회과학부

116 한국의 세계불교유산
김종명 | 한국학중앙연구원 한국학대학원

117 복지레저서비스론
고태규 | 한림대 국제학부

118 자생적 철학체계로서 인간중심철학
선우현 | 청주교대 윤리교육과

119 전략적 통합과 한반도 평화체제
김승채 | 고려대 정책대학원

120 환경사법론
전경운 | 경희대 법학부

121 인터넷 자료를 통해 본 한국의 이혼 문화와 사회복지
성정현 외 | 협성대 사회복지학과

122 유럽연합의 사회정책에 관한 연구
문진영 | 서강대 신학대학원 사회복지학과

123 여성건강의 통합적 관점
김혜원 | 관동대 간호학과

124 복잡계 네트워크 과학
강병남 | 서울대 물리천문학부

125 경제적인 3세대 전원주택 개발
박근준 | 호서대 건축공학과

126 사회복지와 인적자원개발
이상일 | 인제대 국제경상학부